改訂4版

グロービス

MBA
アカウンティング
ACCOUNTING

グロービス経営大学院［編著］

ダイヤモンド社

● はじめに

「経営の視点から書かれた、財務会計と管理会計を網羅しているわかりやすいアカウンティング（会計）の教科書はないのですか」。1996年に上梓した初版『MBAアカウンティング』は、多くの人から寄せられたこうした質問に応えることからスタートした。

　企業経営に携わる、あるいは将来携わることを志すビジネスパーソンにとって、経営戦略、マーケティング、人的資源管理、リーダーシップ、ファイナンス、アカウンティングなど身に付けるべき知識は数多くある。なかでもアカウンティングは、グロービス経営大学院や企業研修の受講生の間でも「学びたい」ニーズがたいへん根強い科目である。

　企業経営において、現状を的確に認識し、経営戦略の立案から現場の日常業務の遂行に至るまでさまざまな意思決定を行い、そしてその成果を評価してステークホルダーに報告する。アカウンティングは、ファイナンスとともにこうした経営の多様な側面を「数値化・定量化」することで支えている。

　ビジネスで勝ち残っていくためには、アカウンティングに関する基本的な概念やルールを理解し、それに則って表現される財務数値や財務指標の読み解き方に習熟し、ひいてはそれを経営上の意思決定や管理活動に生かしていく手法を身に付けることが不可欠と言える──初版『MBAアカウンティング』は、まさにこうした考えの下に作られ、直近の改訂3版に至るまで版を重ね、多くの方に読み継がれてきた。

　なお、アカウンティングは経営状況を数値によってより適切に記述、評価すること、ファイナンスは将来にわたって企業価値を高める上でより効果的な意思決定の理論や手法を追求することだ。主な関心領域に差異はあるものの、ビジネスを行ううえで両者は密接に関わりあっていて不可分なものである。本書を通じてアカウンティングを学ばれた方は、ぜひ姉妹書『新版グロービスMBAファイナンス』等によってファイナンスについても理解を深めていただきたい。

　本書は、第1部財務会計、第2部管理会計の2部構成となっている。第1部財務会計では、企業活動を数値として可視化するための諸々のルールと、その読み解き方につい

て解説する。基本的なフレームワークである財務諸表と、代表的な財務指標、そして企業個々の経営方針と会計ルールとの関係について触れていく。第2部管理会計は、第1部で学んだ会計知識を基に、それを社内のさまざまな意思決定やコントロールにどのように活かしていくか、代表的なツールと運用方法について解説する。

　各節は、通常のMBAシリーズの構成に倣い、POINTとCASEと本文から構成されている。POINTは、各節の内容を短くまとめた概要である。CASEは、当該節で紹介するツールの活用状況をイメージしていただくため、ビジネスの現場で実際に遭遇しそうなシーンを描いた。実在の企業の財務数値を引用したものもあるが、CASE自体は架空のものであり、実在企業の論評が目的ではない点はご了承いただきたい。

　本文についても、極力図表や具体的な設例と計算例を入れることによって、単なる解説に留まらず、わかりやすく、また読者が計算過程を追うことで再現性を高められるように工夫している。

　本書は、2008年に刊行された『改訂3版グロービスMBAアカウンティング』を、14年ぶりに改訂するものである。

　この間、国際財務報告基準（IFRS）の世界的普及とそれに対する日本基準のコンバージェンスをはじめとして、企業結合、包括利益、収益認識など会計ルールの変更が断続的に行われてきており、これらに関する記述をアップデートすることを第一の目的として作業を行った。

　ここ数年、会計に関する経営上のイシューとして重要性を増している税務会計、ESG、統合報告書などの概念についても、新たに加筆している。また、ファイナンス的な将来予測と投資の意思決定に不可欠な予測財務諸表の作り方の解説を充実させたほか、ROICや責任会計システム、グローバル企業の管理会計制度など、管理会計の近年の潮流についても追加した。

　この本が経営の視点からアカウンティングを学ぼうとする方の一助となれば幸いである。

執筆者一同

● 目次

グロービス
MBA アカウンティング

第 1 部

財務会計

第 **1** 章

財務会計と会社を見る目

◉ 第1章のはじめに

◉

　現代の社会経済は、多くの企業がさまざまな活動を行うことで成り立っている。一口に企業と言っても多種多様であり、規模や業種業界、国籍など、多岐にわたる。また、企業間の利害の関係性もさまざまである。製品やサービスの売買をすることもあれば、他の企業に株主として出資するようなこともある。このように、多数の企業が互いに複雑な取引活動を行うことで、社会全体としての経済活動が成り立っているのである。

　ところで、企業の活動が成功しているかどうかを、どのように確かめるのが良いだろうか。経営者はどうすれば、自社がうまくいっていると確信を得られるだろうか。また、自社に出資する株主や取引先に対し、経営状況を説明する場面において、どのように説明すれば十分な理解を得られるだろうか。もちろん、経営者としての長年の経験や勘に基づき、ビジネスの成功度合いを感覚的に判断するということもあろう。しかし、確実に会社の現状を把握し、問題点を網羅するとともに、適切な対応策を適時に打つためには、裏づけのない心証だけでは心もとない場合も多く、さらにそれを外部に説明するとなるとより困難を伴う。

　例えば、事業の規模が拡大しているという感覚に基づき、経営が順調であると考えていても、知らぬ間に手元の現金が不足し、資金繰りに困ることもある。また、取引していた得意先が予想外の倒産をし、売上の代金が回収できない状況も起こり得るだろう。このような不測の事態におちいる前に、リスクや問題点を洗い出すためには、ビジネスの状況を定量化し、会社の健康状態を可視化する必要がある。

　このような「会社の健康状態を可視化」する1つの方法が会計（アカウンティング）である。貸借対照表、損益計算書、キャッシュフロー計算書を3本の柱とする財務諸表は、会社の健康状態を、数字を用いて網羅的に可視化した資料であり、会社の現状をデータに基づいて示す会社の健康診断書である。さらには、社会共通の考え方である会計に基づき企業の健康状態を表すことにより、取引先や投資家等、自社とさまざまな利害で関係し合うステークホルダーに対しても、説得力を持って説明できる。

　しかしながら、会社の健康診断書である財務諸表は、紙面だけ眺めていてもただの数

字の羅列にすぎない。医師が糖尿病の疑いについて調べる時に血糖値を確認するように、会社においても確認すべきポイントがあり、それに応じた「見るべき数字」がある。知りたい情報を得るためには、財務諸表の読み方を理解し、「見るべき数字」を自分から見に行くためのコツを身に付ける必要がある。本章ではこのような「見るべき数字」とは何なのか、過程を追って学んでいくことで、会社の健康状態を読み解く目を養っていく。

1 ● 会社の実態を見抜く

　財務諸表とは、会社の経営成績や財政状態を表す決算書の総称である。財務諸表の中心となるものには、会社のある一定の日における財政状態を表す貸借対照表、ある一定期間の会社の経営成績を表す損益計算書、ある一定期間の現金の出入りを表すキャッシュフロー計算書があり、これらを合わせて財務三表と呼ぶ。本節では、それぞれの成り立ちと基本的な読み方について学んでいく。

　川田結衣は、数年前に友人と立ち上げたスタートアップを発展軌道に乗せるべく奮闘中である。セルクルという名のその会社は、アプリのプログラマーであり、とあるアーティストのファングループをSNS上で主宰していた友永幸司が、ふとした思いつきからアプリを自作してファングループの活動をそこへ移したことがきっかけで生まれた。

　既存のSNSにはない、こまごました機能が濃密なコミュニケーションをとりたいファンのニーズにはまり、友永の作ったアプリはちょっとした評判になった。もともとアプリ開発の技術を元手に独立志向のあった友永は、これを好機と起業を志し、当時勤めていたITサービス企業で同僚だった川田を誘ったのだった。

　設立当初のセルクルは、必ずしも順調とはいかなかった。グループ機能で楽しめるアプリというだけでは、利用者はそれなりに集まってもマネタイズにつながらなかったのだ。何度かのピボットを繰り返した結果、グッズやノベルティのセカンドマーケットというサービスがついにPMF（プロダクトマーケットフィット）に達し、目に見えて売上が伸び始めた。

　川田は、ある程度売上が伸び、社員も増えてきた段階で、COO（最高執行責任者）兼CFO（最高財務責任者）の役職に就いた。もともと幅広く気配りのできる性格で、

周囲のメンバーを支援する仕組みづくりを得意とし、前職のITサービス企業でもオペレーション管理的な仕事を担当していた。プログラミングをはじめ技術面に強みを持つ他の創業メンバーとの役割分担は十分である。とはいえ、会社経営の経験などなかった川田にとっては苦戦の連続だ。業務管理的な面については前職の経験もあってまだ感覚はつかみやすかったが、経理・会計に関しては一から勉強が必要だった。

　ある日、スタートアップの経営者が集まるセミナーに参加した川田は、セルクルより一回り規模の大きな企業でCFOを務める松井若葉と親しくなった。

「セルクルさんも、いよいよ勢いが出て来ましたね。いま何かと大変でしょう」

「ええ、恥ずかしながら会計面は本当にしろうとなもので。とりあえず基本的な会計ソフトは何とか使えるようになって、税務申告も何期か経験しましたが、これから何が必要でしょうか。ぜひ先輩起業家としてのアドバイスを聞かせてください」

「私もいまの職に就くまで会計の経験はなかったから、ずいぶん苦労したな。1つ挙げるとすれば、財務諸表を『読める』ようになる必要があることかな」

「財務諸表を『読む』、ですか」

「そう。単に、どこに何が書いてあるかわかる、簿記的にこの費目はこういう処理と知っているという状態では駄目で、例えば前期よりこの数字が伸びたということは、きっとこういうことがあったんだなとか、株主資本がこのくらいだということは、この会社はこういう状態なのかもというように、数字からいろいろと経営状態の推理ができなければ困るよ」

「なるほど」

「もしかして『自分にはまだ必要ないな』くらいに思っているでしょう。むしろ焦ったほうがいいくらいよ。当然、次の資金調達が視野に入ってるでしょう。だとしたら投資家とコミュニケーションをとる必要が出てくるし、成長計画の精度を上げる必要もあるから」

　松井の言葉は、それまでも自らの会計知識に不安を感じていた川田の心に火をつけた。確かに、銀行やベンチャーキャピタルといった資金提供者に自社の業績を説明するには、業績を表した財務諸表の仕組みを理解しなくてはならない。その際には、過去の結果だけでなく将来の計画についても財務諸表の形で表現する必要も出てくる。それだけではない。自社の業績を把握するには、競合他社、あるいは似通った成長ステージの他社と比較をする必要もある。そのためには他社の財務諸表を分析し意味ある示唆を引き出せなくてはならない。もちろん、こうしたことをすべて一人でやるわけではないが、スタッフを抱えるとしても、それら専門家ときちんとコミュニケーションができるような知識や識見を持たねばならない。やるべきことは山積みである。

　川田は早速、忙しい時間を何とかやりくりして、財務諸表を読み解くための勉強を始めるべく、企業会計に関するビジネス書を新たに買い求めた。同時に通い出したビジネススクールで勧められたのは、まずは実在の企業が公表している財務諸表を何期分か並べて見てみるということだ。セルクルがこれから注力していくのは、ネットを通じたマーケットビジネスである。川田は、手始めにフリマアプリの最大手、メルカリの財務諸表を分析することにした。

1●貸借対照表の成り立ち

　貸借対照表は、ある一定の日における企業の財政状態を表す財務諸表である（**図表1−1**）。

　貸借対照表は左右に分割された形式になっており、左側に**資産**、右側に**負債**と**純資産**が計上される。貸借対照表はバランスシート（Balance Sheet, B/S）とも呼ばれるが、このバランスという言葉には2つの意味がある。1つは、分割した左右それぞれの合計欄が等しくなる（バランスする）という意味である。もう1つは、貸借対照表は企業がある一時点で有する資産、負債、純資産にかかる各項目の残高（バランス）を示しているという意味である。

　資産とは、現金、商品、売掛金（売上代金のうち未回収の残高）、建物、設備など企業が有する財産のことを指す。企業が財産をどういう形で保有しているか、「資金の運用形態」を示したものとも言える。

　これに対して、その財産を持つための資金はどこから調達したのか、「資金の調達の

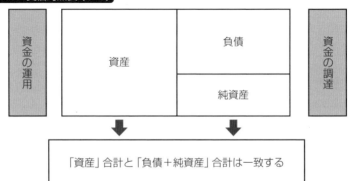

図表1−1　貸借対照表（B/S）

| 資金の運用 | 資産 | 負債 | 資金の調達 |
| | | 純資産 | |

「資産」合計と「負債＋純資産」合計は一致する

源泉」を表すのが負債と純資産である。

　負債とは、買掛金（商品や原材料の購入代金のうち未払いの残高）や借入金などの株主以外からの資金調達であり、返済期限を有するものである。純資産とは、株主からの出資及び事業活動の結果である利益の累積である。純資産は負債と異なり、会社が存続する限り返済の必要がない。

　貸借対照表の右側（負債と純資産）で調達した資金が、左側の資産に姿を変えているというように考えると、左右合計が常に一致するということは、同じ資金を異なる側面から見ているだけの違いとして捉えられる。

2●損益計算書の成り立ち

　損益計算書は、ある一定期間における企業の経営成績を表す財務諸表である（**図表1－2**）。賃借対照表が一時点の状況を表すストックの概念であるのに対して、損益計算書は一定期間の会社の活動を集計したフローの概念に基づくものである。英語名である"Profit and Loss Statement"の頭文字をとりP/Lなどと呼ばれている通り、損と

図表1－2　損益計算書（P/L）

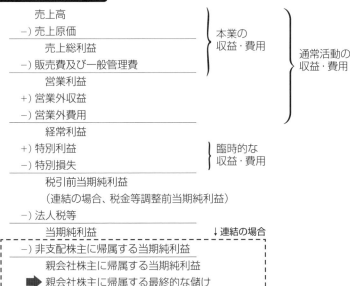

益がどのように発生し、結果いくら儲かったのかを示す表である。

　損益計算書の形式は、収益を**売上高**、**営業外収益**、**特別利益**の3項目に、費用を**売上原価**、**販売費及び一般管理費**（販管費）、**営業外費用**、**特別損失**、**法人税等**の5項目に分類し、**売上総利益**、**営業利益**、**経常利益**、**税引（税金等調整）前当期純利益**、**当期純利益**の5つの段階利益を算出する構成となっている。

　各段階利益及び算出のための構成要素は以下の通りである。

① 売上総利益　＝　売上高　−　売上原価

　売上高から売上原価を引いた利益を売上総利益という。売上高とは会社の目的である財・サービスの提供により獲得された収益である。売上原価とは、販売された財・サービスの原価であり、売り上げた商品の仕入原価や製品の製造原価からなる。

　売上総利益は企業の技術開発や製造の効率性、売上対象の付加価値を示す利益である。なお、売上総利益のことを「粗利益」、または縮めて「粗利」ともいう。

② 営業利益　＝　売上総利益　−　販売費及び一般管理費

　売上総利益から販売費及び一般管理費を引いた利益を営業利益という。販売費及び一般管理費とは、販売活動や経営管理活動にかかる費用である。例えば販売活動にかかる費用には営業担当者の人件費や広告費、経営管理活動にかかる費用には管理部門の人件費や本社ビル家賃などが含まれる。

　営業利益は会社本来の営業活動の結果として得られた利益である。

③ 経常利益　＝　営業利益　＋　営業外収益　−　営業外費用

　営業利益に営業外収益を足し、営業外費用を引いたものを経常利益という。営業外収益・費用の「営業外」の意味は、主に財務活動、すなわち本業を行うための資金調達や運用活動に関して生じたものを指す。具体的には、営業外収益には受取利息、受取配当金などが、営業外費用には支払利息などが含まれる。このような財務活動も会社が常時行うものであると考えると、それを加味した後の経常利益は、会社が通常行う活動の結果としての利益であると言える。

④ 税引前当期純利益　＝　経常利益　＋　特別利益　−　特別損失

　経常利益に特別利益を足し、特別損失を引いたものを、税引前当期純利益という。特別利益・損失には臨時的・偶発的に発生した損益が計上される。

　なお、企業グループ全体の財務諸表の1つである「連結損益計算書」においては、**税**

金等調整前当期純利益と呼ばれる。この、連結財務諸表（連結貸借対照表、連結損益計算書等）については、15ページで解説する。

⑤　**当期純利益　＝　税引前当期純利益　－　法人税等**

　税引前当期純利益から、所得に対して課される税金である法人税等、すなわち法人税、住民税、事業税の金額、及び法人税等調整額を引いたものを当期純利益という。なお、連結損益計算書においてはさらに、当期純利益から親会社以外の株主である非支配株主に帰属する当期純利益を引くことで、**親会社株主に帰属する当期純利益**が導かれる。

　企業の最終的な儲けを表す利益という意味で、企業単体の損益計算書における当期純利益に対応するのは、連結損益計算書においてはこの「親会社株主に帰属する当期純利益」である。

　なお、当期純利益は、貸借対照表の純資産にも剰余金の一部として加えられる。すなわち、貸借対照表と損益計算書は当期純利益を通じて結びついていると言えるのである。

3●キャッシュフロー計算書の成り立ち

　キャッシュフロー計算書は文字通りキャッシュ、すなわち現金の出入りを表す財務諸表である（**図表1−3**）。キャッシュフロー計算書が重要視されるようになった一番の背景に、利益とキャッシュ（現金）の乖離がある。損益計算書で求められる利益は、企業活動の実態を表すよう実現主義（94ページ）及び発生主義（100ページ）の考え方に基づき求められる。しかしながら、発生または実現のタイミングは必ずしも現金の出入りのタイミングとは一致せず、損益計算書だけでは現金の流れがわからない。

　例えば利益が計上されていても借入金の返済原資がないために倒産（黒字倒産）するようなリスクは、損益計算書だけでは捉えられない。したがって、キャッシュの側面からも会社の実態を把握するために、キャッシュフロー計算書が作成されることとなったのである。なお、キャッシュフロー計算書は上場企業等に開示が義務付けられている。

　キャッシュフロー計算書は、当該期間におけるキャッシュの純増減額を、3つの小計欄に分ける形式となっている。各キャッシュフローの小計欄の内容は以下の通りである。

　営業活動によるキャッシュフロー：会社の本来の営業活動によりいくら稼いだかを示す

　投資活動によるキャッシュフロー：固定資産の取得等の設備投資、株式の売買、貸付金の融資などに関わるキャッシュの増減を示す

図表1-3　キャッシュフロー計算書

I. 営業活動によるキャッシュフロー
　　　税金等調整前当期純利益　　　　　　　　　　　　　XXX
　　　減価償却費　　　　　　　　　　　　　　　　　　XXX
　　　有形固定資産売却益　　　　　　　　　　　△　XXX
　　　貸倒引当金の増加額　　　　　　　　　　　　　　XXX
　　　受取利息及び受取配当金　　　　　　　　　△　XXX
　　　支払利息　　　　　　　　　　　　　　　　　　　XXX
　　　売上債権の増加額　　　　　　　　　　　　△　XXX
　　　棚卸資産の減少額　　　　　　　　　　　　　　　XXX
　　　仕入債務の減少額　　　　　　　　　　　　△　XXX
　　　　小計　　　　　　　　　　　　　　　　　　　　XXX
　　　利息及び配当金の受取額　　　　　　　　　　　　XXX
　　　利息の支払額　　　　　　　　　　　　　　△　XXX
　　　法人税等の支払額　　　　　　　　　　　　△　XXX
　　　営業活動によるキャッシュフロー　　　　　　　　XXX

II. 投資活動によるキャッシュフロー
　　　有形固定資産の取得による支出　　　　　　△　XXX
　　　有形固定資産の売却による収入　　　　　　　　　XXX
　　　投資有価証券の取得による支出　　　　　　△　XXX
　　　投資有価証券の売却による収入　　　　　　　　　XXX
　　　貸付けによる支出　　　　　　　　　　　　△　XXX
　　　貸付金の回収による収入　　　　　　　　　　　　XXX
　　　投資活動によるキャッシュフロー　　　　　　　　XXX

III. 財務活動によるキャッシュフロー
　　　長期借入による収入　　　　　　　　　　　　　　XXX
　　　長期借入金の返済による支出　　　　　　　△　XXX
　　　社債の発行による収入　　　　　　　　　　　　　XXX
　　　社債の償還による支出　　　　　　　　　　△　XXX
　　　株式の発行による収入　　　　　　　　　　　　　XXX
　　　自己株式の取得による支出　　　　　　　　△　XXX
　　　配当金の支払額　　　　　　　　　　　　　△　XXX
　　　財務活動によるキャッシュフロー　　　　　　　　XXX

IV. 現金及び現金同等物に係る換算差額　　　　　　　　XXX
V. 現金及び現金同等物の増減額　　　　　　　　　　　XXX
VI. 現金及び現金同等物の期首残高　　　　　　　　　　XXX
VII. 現金及び現金同等物の期末残高　　　　　　　　　 XXX

※ 有価証券報告書等での表記は「キャッシュ・フロー」であるが、本書では「キャッシュフロー」の記載に統一している。また、上
　記キャッシュフロー計算書の小項目は典型例を示したものである。

財務活動によるキャッシュフロー：営業活動や投資活動を支援するために必要な資金の調達、返済にかかるキャッシュの増減を示す。借入や返済、増資などが含まれる

4◉貸借対照表を読む

メルカリの2021年6月期の財務諸表を用いて実際の数字を見ていく。

◉───── 連結と単体

留意が必要な点として、本項での以後の数値はすべて**連結財務諸表**に基づくものである。

連結財務諸表とは、親会社の数値のみならず、一定の基準を満たした子会社及び関連会社についての数値も取り込み、グループ全体としての事業活動の成果を表す財務諸表である。有価証券報告書を提出している会社は、基本的に連結財務諸表の開示が求められる。

子会社については、連結会計処理を通じて、財務諸表全体が合算される。一方、関連会社については、財務諸表全体は合算されず、対象会社の損益の持ち分比率相当が、貸借対照表上は投資有価証券の増減として、損益計算書上は「持分法による投資損益」として取り込まれる（この処理を**持分法**という）。

なお、メルカリでは、親会社である株式会社メルカリのみならず、株式会社メルペイ、株式会社鹿島アントラーズ・エフ・シー等の国内子会社、米国子会社であるMercari, Inc.等を含めたグループ全体としての連結財務諸表を開示している。また、それと合わせ、株式会社メルカリ単体としての財務諸表も開示している。

連結決算に含める子会社の範囲を判定するにあたっては、当該企業の意思決定機関を実質的に支配しているかが判断基準となる。したがって、単に議決権の過半数を有している場合のみならず、保有議決権が過半数を下回るような場合であっても、緊密者（当該企業の役員等、出資、人事、資金、技術、取引等において緊密な関係があることにより、当該企業の意思と同一内容の議決権を行使すると認められる者）、役員や使用人（従業員）、契約関係等の実態を考慮し、実質的な支配があるかどうかの判定が必要となる。また、関連会社の範囲については、出資、人事、資金、技術、取引等の関係を通じて、事業方針に重要な影響を与え得るかで判断する。議決権の20%以上の保有という目安は示されているが、これについても実質的な影響の判断が必要となり、それ未満の議決権保有の場合でも関連会社と判断される場合もあることに留意が必要である。

図表1−4　メルカリの連結貸借対照表

（単位：百万円）

資産の部	前連結会計年度 （2020年6月 30日）	当連結会計年度 （2021年6月 30日）	負債の部	前連結会計年度 （2020年6月 30日）	当連結会計年度 （2021年6月 30日）
流動資産			流動負債		
現金及び預金	135,747	171,463	短期借入金	—	19,602
売　　掛　　金	1,119	2,413	1年内返済予定の長期借入金	900	35,398
有　価　証　券	5,260	—	未　　払　　金	16,206	17,775
未　収　入　金	15,612	47,001	未　払　費　用	861	1,147
前　払　費　用	1,609	2,336	未払法人税等	1,427	6,140
預　　け　　金	9,718	6,251	預　　り　　金	83,954	117,099
そ　の　他	1,614	876	賞　与　引　当　金	1,314	1,683
貸倒引当金	△ 1,404	△ 2,416	ポイント引当金	522	802
流動資産合計	169,277	227,926	株式報酬引当金	177	152
固定資産			そ　の　他	4,764	5,529
有形固定資産	2,905	2,623	流動負債合計	110,128	205,331
無形固定資産	679	658	固定負債		
投資その他の資産			長期借入金	51,547	16,148
投資有価証券	5,881	215	退職給付に係る負債	75	92
敷　　金	2,128	1,631	資産除去債務	126	126
繰延税金資産	108	2,362	繰延税金負債	191	183
差入保証金	16,598	26,767	その他の引当金	6	—
そ　の　他	435	344	そ　の　他	570	633
投資その他の資産合計	25,151	31,321	固定負債合計	52,516	17,184
固定資産合計	28,736	34,603	負債合計	162,645	222,516
資産合計	198,014	262,529	純資産の部		
			株主資本		
			資　　本　　金	41,440	42,630
			資　本　剰　余　金	41,396	42,585
			利　益　剰　余　金	△ 51,870	△ 46,149
			自　己　株　式	△ 0	△ 0
			株　主　資　本　合　計	30,966	39,065
			その他の包括利益累計額		
			その他有価証券評価差額金	3,995	—
			為替換算調整勘定	△ 175	△ 5
			その他の包括利益累計額合計	3,819	△ 5
			新　株　予　約　権	—	566
			非支配株主持分	582	386
			純　資　産　合　計	35,368	40,013
			負債純資産合計	198,014	262,529

◉──── メルカリの連結貸借対照表

　まず、会社の財政状態を表す連結貸借対照表から見てみよう（**図表1−4**）。大項目としては、資産の部、負債の部、純資産の部に分かれている。

　まず、資産の部を見ると、資金の運用形態である資産が列挙されており、大きく上下に**流動資産**と**固定資産**に分かれている。

　流動資産とは、会社の通常の営業サイクルに含められる資産、または決算日から1年以内に現金化される資産である。一方、固定資産とは、会社の通常の営業サイクルに含まれない資産であり、決算日から1年以内で現金化されない資産である。

　流動資産と固定資産の分類に際しては、**正常営業循環基準**と**1年基準**という2つの判断基準が適用される。正常営業循環基準とは、仕入、製造、販売、代金回収といった、会社の通常の営業活動のサイクルに含められる資産を流動資産とする判断基準である。

　一方、1年基準（ワン・イヤー・ルール）とは、営業サイクルに含められない資産につき、貸借対照表の決算日の翌日から起算し、1年以内に現金化されるものを流動資産、1年超となるものを固定資産とする判断基準である。判断に際しては、正常営業循環基準が1年基準に優先して適用される。なお、この分類方法は流動負債と固定負債の分類に際しても同様に考える。

　メルカリの場合には、現金及び預金をはじめ、売掛金、購入者からの代金未回収分である未収入金、出品者への代金先払い分である預け金等が流動資産となっている。また、メルカリで該当はないが、製造業や小売業などでは、原材料や製品、商品などの**棚卸資産**も流動資産に含められる。このうち、売掛金や棚卸資産は前述の営業サイクルに含まれる資産として流動資産に分類されるものであることから、実際に現金化されるまでに1年超かかるようなものについても、流動資産に計上されることに留意が必要である。

　一方、建物や車両等の形のある**有形固定資産**や、ソフトウェア等の無形の資産を表す**無形固定資産**が固定資産に分類されることも同様の判断に基づくものである。すなわち、これらの資産は通常の営業のサイクルに含まれるものではなく、1年以内に現金化することも予定しないため、固定資産として分類されるのである。

　メルカリでは建物及び構築物等が有形固定資産に、買収に伴い認識した商標権等が無形固定資産に計上されている。また、無形固定資産が多額な場合、買収によるのれん（買収に伴い認識される超過収益力）の計上に起因しているようなことも多い。のれんについては21ページで詳しく解説する。

　さらに、敷金や差入保証金で1年以内に回収の予定がないものや繰延税金資産（104ページ）等は、いずれも営業サイクルに含まれず、かつ決算日から1年以内には

現金化されないため、**投資その他の資産**として固定資産とする。

　次に負債の部を見てみよう。負債についても資産の部同様、**流動負債**と**固定負債**に分類されているが、この分類の基準についても正常営業循環基準と1年基準を用いる。すなわち、営業サイクルに含まれる負債、またはこれに含まれずとも1年以内に現金にて支払われる負債は流動負債に、営業サイクルに含まれず、かつ現金による支払いも1年超を予定するものは固定負債とする。

　メルカリの場合には、購入者からの入金で1年以内に出品者への支払いが予定される預り金、契約日から1年以内に返済期限が到来する借入である短期借入金、契約日から返済期限までが1年超である借入（長期借入金）のうち決算日から1年以内に支払期限が到来する借入金、未払法人税などが流動負債となる。また、賞与引当金、ポイント引当金等の引当金の計上も見られる（引当金については93ページ）。また、メルカリで該当はないが、原材料や商品等の代金で支払いが済んでいないものを意味する買掛金も、営業サイクルに含まれる負債として流動負債に計上される。

　一方、返済予定時期が決算日後1年超となる長期借入金などは、固定負債となる。

　次に「純資産の部」を見てみよう。純資産の部は、**株主資本**、**その他の包括利益累計額**、**新株予約権**、**非支配株主持分**に分かれている。

　まず、株主資本の中を見ると、**資本金**、**資本剰余金**、**利益剰余金**、**自己株式**に分けられている。このうち、資本金と資本剰余金が、株主からの出資による払い込み分である。利益剰余金とは、会社設立当初からの利益の累積額のうち、未配当で社内に留保している部分を意味し、将来使用するための備えである任意積立金、まだ使用目的が決まっていない繰越利益剰余金からなる。

　自己株式とは、企業が自社の株式を買い戻したものである。自己株式の購入は、例えば投資家への利益還元の一環など、さまざまな目的から実際には良くある取引である。他社が発行した株式を購入すれば通常は資産として計上されるが、自己株式の購入は株主資本のマイナスとして計上される。

　その他の包括利益累計額には、その他有価証券評価差額金や為替換算調整勘定が計上されている。その他の包括利益累計額とは、当期純利益以外に起因する純資産増減の累計額であるが、詳しくは、25ページ**包括利益**で解説する。

　新株予約権は会社に対して株式をあらかじめ定められた価格で購入できる権利をいう。新株予約権を発行した際に払い込まれた金額を新株予約権として計上する。新株予約権は将来、権利行使され払込資本となる場合と、失効して払込資本とはならない場合の双方が考えられるが、いずれの場合も会社に返済義務はなく負債とは言えない項目のため、純資産の部に表示される。

　非支配株主持分は連結貸借対照表のみに計上される項目であり、グループ会社の純資産のうち、親会社以外の外部の株主の持分に該当する部分である。非支配株主とは、具体的には、グループ内の子会社につき、親会社の株式保有割合が100%未満であるような場合、残りの株式を保有するその他の株主がこれに該当する。

　なお、通常の場合においては資産合計が負債合計を上回るため、純資産の金額は正の値となる。しかし、財務的な危機から資産の合計額が負債の額を下回ることにより、純資産がマイナスとなる場合がある（**債務超過**）。この場合、資本金や資本剰余金の額は通常プラスである。したがって、純資産全体でマイナスということは、過去の利益の累積である利益剰余金のマイナス、すなわち損失の累積が主な原因である。

　このことからもわかるように、資本金の金額は純資産のうちの一項目に過ぎず、会社の体力を判断する際に資本金の金額の大小のみではなく、純資産全体として把握することが重要である。

コラム：ブランドや人材・技術力は「資産」にどのように反映されているか

　会社の競争力の源泉として、近年、ブランドやノウハウ、技術力といった目には見えない無形の経営資源、いわゆる**知的財産**の活用が重視されてきている。

　一方で、財務会計においては、貸借対照表の「無形固定資産」として、「特許権」や「商標権」、「のれん」といった科目があるが、会社の「知的財産」のすべてが計上されているわけではない。

　例えば、会社内部での事業活動により生成されたブランドやノウハウといった「知的財産」については基本的には計上されない（ただし、自社開発の特許権の登録費用など一部の支出について「無形固定資産」として計上される場合がある）。

図表　知的財産とは何か

	取得形態	会計処理	例示
知的財産	外部から取得したもの	時価が算定可能な場合は無形固定資産として計上	他社から取得した特許権、商標権など
	会社内部で生成されたもの	原則、資産として計上されない（自社で開発した特許・商標・意匠の登録費用など、限定的に資産として計上されるケースあり）	自社で開発した特許権、商標権、ブランド、ノウハウなど

　その理由は、財務会計では会社間の財務数値の比較可能性や公正性を重視しており、貸借対照表上の「資産」の範囲を①その資産に起因して、将来の経済的便益（収入アップや費用の削減）につながる可能性が高いこと、及び②資産の取得原価

を信頼性をもって算定できることを満たす場合のみに限定しているためである。

例えば、会社内部で特許を取得するための研究開発や調査などのコストが発生したとする。コスト発生時点では、最終的に特許権として認められ、ライセンス収入など将来の経済的便益につながるものかどうかの判断は難しく不確実性が高いため、①の要件を満たさず資産としての計上はできないことになる。

一方、外部から特許権を取得（企業結合の一部として取得した場合を含む）した場合は、将来の経済的便益につながるものとして取引が行われたものとみなされ（①の要件）、特許権としての取引価格が特定される（②の要件）ことから、当該取引価格で資産計上が行われる。

このため、財務会計においては、会社内部での研究開発の成果として獲得した特許権については、それまでの研究開発に要したコストは通常の場合費用処理され、資産として計上されるのは特許の登録費用などに限定される。特許権そのものがもつ価値（特許権を使用することによる将来の売上の獲得など）が貸借対照表に資産として反映されているわけではない。貸借対照表を見る時は、このような点に注意が必要である。

一方で、「知的財産」の企業経営に与える重要性の高まりを受け、会社の知的財産の活用について戦略的な観点からの開示が求められている。

日本においては、2004年には経済産業省から「知的財産情報開示指針」が公表され、上場企業を中心に、知的財産経営についてアニュアルレポートや知的財産報告書などの形で開示が進められてきた。2021年6月には、東京証券取引所の**コーポレートガバナンス・コード**が改訂され、新たに人的資本や知的財産への投資等について「自社の経営戦略・経営課題との整合性を意識しつつわかりやすく具体的に情報を開示・提供すべき」と言及している。

この改訂を受けて、上場企業では、会社の知的財産の活用について戦略的な観点からの開示がより求められるとともに、取締役会などでは、知的財産への投資についてより活発な議論が求められることになるなど、知的財産をめぐる情報開示・ガバナンス体制の強化が注視されてきている。

◉──── **取得原価主義**

貸借対照表上における資産の各科目の金額については、基本的に取得原価、すなわち購入した時の対価を基準として計上されている。これを**取得原価主義**という。資産の評価に取得原価が用いられる理由としては、取得対価という客観的な証拠に基づく価額を

用いることができる検証可能性、また収益計上における実現主義との一貫性が考えられる。

　しかし、取得原価は過去の価値であり、貸借対照表の決算日におけるその資産の時価とは異なる。例えば市場で売買される有価証券などは日々時価が変動するものであるし、棚卸資産でも保有しているうちに価値が変化する場合もある。このように考えると、取得原価主義による資産計上額が、決算日における真の資産価値と乖離し、その差額である含み損が顕在化しない恐れも考えられるのである。これを担保するため、棚卸資産の評価（84ページ）、有価証券の時価評価（100ページ）、固定資産の減損（92ページ）などの会計基準を通じ、取得原価主義の補完がなされているのである。

◉━━ のれん

　のれんとは、買収に際し認識される無形固定資産であり、買収価額から被買収企業における時価ベースの純資産を差し引いて求められる（**図表1－5**）。被買収企業の貸借対照表上の資産及び負債は時価ベースに再評価され、買収側企業の連結貸借対照表には当該金額で取り込まれる。

　これに加え、被買収企業において貸借対照表に計上されていないような資産・負債であっても、例えば商標権、特許権や顧客リストのように識別可能なものであれば、買収時点の時価を基礎として測定し、買収企業側の貸借対照表に計上する。これを、取得原価の配分（Purchase Price Allocation, PPA）と呼ぶ。のれんの計上に際しては、被買収企業の貸借対照表上の資産・負債のみならず、取得原価の配分で認識される資産・負債についても、買収価額から差し引いて計算することとなる。

図表1－5　被買収企業の時価純資産、買収価額と「のれん」の関係

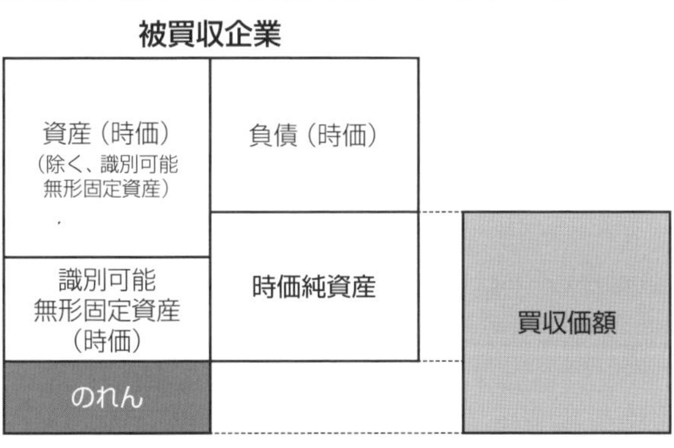

被買収企業

資産（時価） （除く、識別可能 無形固定資産）	負債（時価）
識別可能 無形固定資産 （時価）	時価純資産
のれん	

買収価額

コラム：のれんとは何か

　企業の買収などによって生じることの多い「のれん」の意味合いについて、さらに詳しく見てみよう。

　本文記載の通り、のれんとは被買収企業の買収価額と時価ベース純資産との差額を表す概念であり、買収価額＞時価ベース純資産の場合は「のれん」（原則、無形固定資産として貸借対照表に計上）、買収価額＜時価ベース純資産の場合は「負ののれん」（発生時の利益として損益計算書に計上）としての会計処理を行う。

　一方、買収価額は、買収によって将来どれくらいのキャッシュフローを生み出せるのかという算定価値をベースに決定される。この価値の算定にあたってはさまざまな手法が用いられるが、主に買収後の事業活動によって得られる将来キャッシュフローを見積り、現在価値に割り引いて計算する方法（ディスカウンテッド・キャッシュフロー〈DCF〉法）により算定されることが多い（詳しくは193ページ）。

　この将来キャッシュフローを見積る際には、被買収企業のブランド力や人材・組織力などの被買収企業そのものが生み出す収益力だけでなく、買収による市場占有率の拡大による売上アップや、組織統合によるコスト削減など買収後のシナジー効果も含める。

　このため、買収価額には、被買収企業の時価ベース純資産に加え、資産として個別に特定されなかった被買収企業の強みや買収後のシナジー効果が織り込まれることになり、その上乗せ分がのれんとして計上されることになる。

　一方、「負ののれん」は、買収価額が被買収企業の時価ベース純資産より低い場合に生じる。想定されるケースとしては、被買収企業の時価ベース純資産に織り込まれていないマイナス要素（訴訟リスクや市場における被買収企業の競争力低下など）が買収価額に影響した、業績が低迷している会社（赤字経営）で被買収企業単独では将来の収益性が見込めなかった、等がある。

　ただ、負ののれんの発生は時価ベース純資産の価値よりも割安な価格で取引されたことを意味し、経済的合理性の観点から一般的に想定されにくいケースと言える。そのため会計処理上、負ののれんが発生した場合には、まず、被買収企業の時価純資産の算定が適切であるかを見直し、それでも負ののれんが発生すると判明した場合は、発生した年度の特別利益として計上することになる。

　2000年代半ば頃から、日本企業による海外企業の大型買収などが活発に行われるようになるとともに、人材や知的財産といった無形の価値が重要視されてきており、M&Aによるのれんを多額に計上する会社が増えている。

　このように、のれんとは、買収等による将来の収益力アップを見込んだ価値とい

えるが、買収時に描いた収益計画が見込み通りにいかなかった場合には、のれんとしての資産価値が下がることになる。その場合は下落したのれんの価値を修正し、減損損失として会社の業績に影響を与えることになる。会社の成長戦略としてM&Aが活発に行われるようになった昨今においては、単に「どの会社（事業）をいくらで買うか」だけでなく、M&A後に当初見込んだ収益計画通りに実績を上げられているかの検証が重要視されている。

5● 損益計算書を読む

　次に、メルカリの連結損益計算書を見てみよう（**図表1－6**）。

　まず、連結損益計算書は一番上にある売上高から始まる。売上高は本業で獲得された収益であり、利益獲得の源泉である。メルカリにおいては、2020年度は1061億円（億円以下切り捨て。以下同様）であったことがわかる。

　次に売上原価がある。一般的な小売業者の場合、販売した商品の仕入原価が計上される一方、製造業であれば、販売した製品の製造原価が計上される。具体的には外部から仕入れた原材料の仕入原価だけでなく、製造ラインの従業員の人件費である労務費や、製造機械の減価償却費、水道光熱費なども売上原価に含まれる。なお、メルカリのようなIT事業者においては、サービス提供にかかるシステムコストや人件費等が主な売上原価項目となる。ここで、売上高から売上原価を差し引き、メルカリの売上総利益（粗利）が算出される。

　次に販売費及び一般管理費がある。メルカリの場合、広告宣伝費や支払手数料などの販売費と、バックオフィス機能の人件費といった一般管理費がここに計上されている。

　ここで、売上総利益から販売費及び一般管理費を差し引き、メルカリの本業により獲得された利益である営業利益が算出される。

　次に営業外収益と営業外費用がある。営業外収益には、受取利息や助成金収入といった、財務活動からの収益や本業以外からの収益が計上される。営業外費用としては、支払利息や社債発行費、為替差損等、主に財務活動からの費用が計上されている。

　ここで、営業利益に営業外収益を加え、営業外費用を差し引いて、メルカリの財務活動等を含めた通常の活動から獲得された利益である経常利益が算出される。

　次に特別利益と特別損失がある。特別損益としては、臨時的・偶発的に発生する利益または損失が計上され、一般的な例としては、長期保有目的の投資有価証券の売却損益（のうち臨時的・偶発的に発生したもの）、固定資産の売却または廃棄に伴う固定資産売

図表1－6　メルカリの連結損益計算書及び連結包括利益計算書

（単位：百万円）

【連結損益計算書】	前連結会計年度 （自 2019年7月1日 至 2020年6月30日）	当連結会計年度 （自 2020年7月1日 至 2021年6月30日）
売上高	76,275	106,115
売上原価	20,661	24,312
売上総利益	55,613	81,802
販売費及び一般管理費	74,921	76,617
営業利益又は営業損失（△）	△ 19,308	5,184
営業外収益		
受取利息	116	30
還付消費税等	7	27
助成金収入	19	74
その他	68	45
営業外収益合計	211	177
営業外費用		
支払利息	248	232
為替差損	31	31
社債発行費	—	111
その他	15	11
営業外費用合計	295	387
経常利益又は経常損失（△）	△ 19,391	4,975
特別利益		
投資有価証券売却益	—	6,942
その他	—	65
特別利益合計	—	7,008
特別損失		
減損損失	922	—
投資有価証券評価損	204	109
特別損失合計	1,127	109
税金等調整前当期純利益又は税金等調整前当期純損失（△）	△ 20,519	11,874
法人税、住民税及び事業税	2,317	6,981
法人税等調整額	123	△ 631
法人税等合計	2,440	6,349
当期純利益又は当期純損失（△）	△ 22,959	5,524
非支配株主に帰属する当期純損失（△）	△ 186	△ 195
親会社株主に帰属する当期純利益又は親会社株主に帰属する当期純損失（△）	△ 22,772	5,720

（単位：百万円）

【連結包括利益計算書】	前連結会計年度 （自 2019年7月1日 至 2020年6月30日）	当連結会計年度 （自 2020年7月1日 至 2021年6月30日）
当期純利益又は当期純損失（△）	△ 22,959	5,524
その他の包括利益		
その他有価証券評価差額金	3,995	△ 3,995
為替換算調整勘定	△ 17	170
その他の包括利益合計	3,978	△ 3,825
包括利益	△ 18,981	1,699
（内訳）		
親会社株主に係る包括利益	△ 18,794	1,895
非支配株主に係る包括利益	△ 186	△ 195

却損益・固定資産廃棄損、リストラに伴う早期退職金や関係会社整理にかかる損失、災害関連損失などが挙げられる。メルカリの場合、投資有価証券売却益及び投資有価証券評価損が計上されている。

　ここで、経常利益に特別利益を加え、特別損失を差し引いて、メルカリの2020年度全活動から獲得された利益である税金等調整前当期純利益が算出される。

　ここから法人税、住民税及び事業税を差し引き、並びに法人税等調整額を足し引きすることにより当期純利益を計算する。連結損益計算書においては、当期純利益をさらに、非支配株主に帰属する当期純利益と親会社株主に帰属する当期純利益に分けて表示する。このうち親会社の株主に帰属する当期純利益が、メルカリがグループとして獲得した最終利益となるのである。

◉───── 包括利益

　なお、図表1−6では、連結損益計算書の下に連結包括利益計算書が続いている。これは、金融商品取引法において、上場企業の連結損益計算書の中で開示が求められているものである（これらを一体の表として、連結損益及び包括利益計算書として開示することも認められている）。

　従前は、貸借対照表の純資産の期首から期末までの増減額は、増資や配当等を除けば、当期純利益に合致するものと考えられていた。しかし、近年の会計基準の発達や国際間統一により、純資産の増減額と当期純利益の金額に差異が生じるような会計処理が用いられるようになってきた。例えば、企業が長期保有する株式などの投資有価証券の時価が前期比で上昇し、これを貸借対照表計上額に加算するとする。この時、当該時価上昇額を利益として損益計算書に計上せず、貸借対照表上の投資有価証券と純資産だけを増額させるような会計処理が求められるといったケースがある。このような純資産の増減を考えるにあたり用いられる概念が包括利益である。

　ここで、純資産の期首と期末の差額を包括利益と定義する。かたや当期純利益は、利益の累積である利益剰余金の増加分として計上されることから、株主資本の期首と期末の差額と考えられる。包括利益と当期純利益には差額が生じるため、この差額をその他の包括利益と名付ける。すなわち、これらの利益には以下の関係が成り立つ。

包括利益 = 当期純利益 + その他の包括利益

　その他の包括利益については、損益計算書における当期純利益の開示に続けて、包括利益計算書として開示がなされるとともに、その他の包括利益の累計額については、純資産の部の中にその他の包括利益累計額として開示される。なお、その他の包括利益と

なるような項目の例としては、その他有価証券評価差額金、繰延ヘッジ損益、為替換算調整勘定、退職給付に係る調整額などがある。

　このように、包括利益の概念を用いることにより、純資産の期首及び期末の差額が当期の利益と合致するという関係性が維持されることとなる。

6●キャッシュフロー計算書を読む

　キャッシュフロー計算書は、営業活動によるキャッシュフロー、投資活動によるキャッシュフロー、財務活動によるキャッシュフローの3つに区分してキャッシュの増減を表している（**図表1－7**）。

◎────営業活動によるキャッシュフロー

　本業にて獲得されたキャッシュである営業活動によるキャッシュフローは、会社の活動全般において必要なキャッシュの、重要な原資である。メルカリの場合、約33億円のキャッシュが今期獲得されたことがわかる。

　キャッシュフロー計算書における営業活動によるキャッシュフローの記載形式について見ていこう。13ページで述べたように、売上や費用の計上のタイミングと実際の現金の出入りのタイミングとは必ずしも一致しない。そこで、営業活動によるキャッシュフローを求める上では、いったん、当期の利益の分だけキャッシュが獲得されたと仮定したうえで、利益とキャッシュ増減の差異を調整していくという形式がとられている。

　具体的には、まず、税金等調整前当期純利益を一番上に記す。そこから下へ順に、例えば**減価償却費**をキャッシュの増加項目として記載していく。これは減価償却費の分だけ文字通り企業にキャッシュが入ってきたという意味ではない。減価償却費は費用ではあるものの当期の現金支出を伴うものではないため、利益に足し戻す（引き過ぎていたものを調整する）ことでキャッシュベースに直すということを意味している。

　また、資産である売上債権の増加や未収入金の増加は、キャッシュの減少項目として、また負債である預り金の増加がキャッシュの増加項目として記載されている。最後に法人税等の支払額を控除し、営業キャッシュフローが算出される。

●運転資本

　営業活動によるキャッシュフローの構成項目の中で、資産の増加がキャッシュの減少項目として、負債の増加がキャッシュの増加項目として記載されていると述べた。このような考え方の背景には、**運転資本**の概念がある。運転資本とは、営業活動に投下され

図表1-7　メルカリの連結キャッシュフロー計算書

（単位：百万円）

	前連結会計年度 （自 2019年7月1日 至 2020年6月30日）	当連結会計年度 （自 2020年7月1日 至 2021年6月30日）
営業活動によるキャッシュフロー		
税金等調整前当期純利益又は税金等調整前当期純損失（△）	△ 20,519	11,874
減価償却費及びその他の償却費	1,463	845
のれん償却額	176	—
減損損失	922	—
投資有価証券売却損益（△は益）	—	△ 6,942
投資有価証券評価損益（△は益）	204	109
社債発行費		111
貸倒引当金の増減額（△は減少）	309	1,011
ポイント引当金の増減額（△は減少）	△ 346	279
賞与引当金の増減額（△は減少）	641	368
株式報酬引当金の増減額（△は減少）	△ 727	△ 24
受取利息	△ 116	△ 30
支払利息	248	232
売上債権の増減額（△は増加）	577	△ 1,294
未収入金の増減額（△は増加）	137	△ 31,388
未払金の増減額（△は減少）	8,638	1,531
預け金の増減額（△は増加）	△ 4,334	3,466
預り金の増減額（△は減少）	37,695	32,908
その他	2,413	3,006
小計	27,384	16,065
利息の受取額	116	30
利息の支払額	△ 248	△ 232
差入保証金の増減額（△は増加）	△ 11,983	△ 10,168
法人税等の支払額	△ 2,735	△ 2,429
その他	—	102
営業活動によるキャッシュフロー	12,533	3,367
投資活動によるキャッシュフロー		
投資有価証券の取得による支出	△ 109	—
投資有価証券の売却による収入	—	6,942
有形固定資産の取得による支出	△ 773	△ 420
敷金の差入による支出	△ 331	—
敷金の回収による収入		370
連結の範囲の変更を伴う子会社株式の取得による支出	△ 1,534	—
連結の範囲の変更を伴う子会社株式の売却による収入	18	—
その他	75	14
投資活動によるキャッシュフロー	△ 2,653	6,907
財務活動によるキャッシュフロー		
短期借入金の純増減額（△は減少）	—	19,602
長期借入れによる収入	1,000	—
長期借入金の返済による支出	△ 1,261	△ 900
株式の発行による収入	973	835
連結の範囲の変更を伴わない子会社株式の取得による支出	△ 246	—
その他	—	236
財務活動によるキャッシュフロー	465	19,773
現金及び現金同等物に係る換算差額	13	406
現金及び現金同等物の増減額（△は減少）	10,358	30,454
現金及び現金同等物の期首残高	130,774	141,008
連結除外に伴う現金及び現金同等物の減少額	△ 124	—
現金及び現金同等物の期末残高	141,008	171,463

ている資金のことをいい、**ワーキングキャピタル**（WC）とも呼ばれる。運転資本は一般的に以下のように求められる（**図表1-8**）。

運転資本 = 売上債権 + 棚卸資産 − 仕入債務

　運転資本は、通常の事業活動の中で資金が他の物に拘束されている部分であるため、これを圧縮することがキャッシュの観点からは有利となる。具体的には以下のように考える。

　例えば、原材料等の棚卸資産を仕入れ、製造し、完成品を販売して売上債権を回収するまでは、資金を手にすることはできない。一方、仕入債務の支払いは販売とは別途に行われる。すなわち、通常においては、原材料の仕入代金などの支払いが先行して行われ、販売代金の受け取りは事後になることが多い。したがって、支払いから回収のタイムラグの期間、資金ショートを回避するために一定のキャッシュを融通しておく必要が生じる。このような資金需要が運転資本である。

　売掛金や在庫が増加しキャッシュの拘束額が増加することで、キャッシュフローはマイナスの影響を受ける。一方、仕入債務が増加しキャッシュの支払いが猶予されることで、キャッシュフローはプラスの影響を受ける。これが、営業活動によるキャッシュフローにおいて、流動資産の増加がキャッシュのマイナス、流動負債の増加がキャッシュのプラスとして表される背景である。

　なお、運転資本を求める際、目的によっては、事業に必要な現預金も含めて「流動資産−流動負債（有利子負債除く）」というような形で求めることもある。

　メルカリの事例を考えた場合、通常の物品販売における棚卸資産や仕入債務の重要性は低い一方、運転資本の構成項目として未収入金や預り金についても考慮することが適切と考えられる。これは、売り手と買い手の仲介業というビジネスモデルにおいて、買い手より預り金として事前入金を受けることが多い一方、一部買い手の代金支払いを立て替え、未収入金として計上するような事業も取り扱っているため、通常の取引の資金サイクルの中で未収入金や預り金も重要な構成項目の一端を担っていると考えられるからである。

図表1-8　運転資本

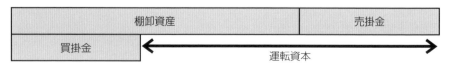

◉──── 投資活動によるキャッシュフロー

　会社の投資活動に伴うキャッシュの増減を示す投資活動によるキャッシュフローは、会社の将来に対する投資への姿勢を表す。投資活動によるキャッシュフローには、具体的には、設備投資の実施や証券投資、融資による支出、設備や株式の売却、貸付金の回収などによる収入が記載される。なお、投資対象資産の取得による支出はキャッシュの減少、投資対象資産の売却による収入はキャッシュの増加となる。

　通常、投資に伴う支出の金額は損益計算書において読み取ることはできない。例えば有形固定資産を購入した場合、支出は購入に伴い行われることが多い一方、損益計算書上は減価償却費として耐用年数にわたり費用計上されるため、支出と費用の計上時期に乖離が生じる。このため、投資活動によるキャッシュフローの項目を設けることで、損益計算書だけではわかりづらい投資に係るキャッシュの出入りを明示するのである。なお、会社の成長段階においては、将来を見越して設備投資等が旺盛に行われるため、投資活動によるキャッシュフローがマイナスになる傾向がある。一方、投資活動によるキャッシュフローがプラスの場合は、有形固定資産や株式の売却による資金化が行われたような場合が考えられる。メルカリの場合、投資活動によるキャッシュフローはプラスの約69億円であった。これは、当期に投資有価証券の売却が行われたことに起因する。

　なお、営業活動によるキャッシュフローと投資活動によるキャッシュフローを合算したものを**フリー・キャッシュフロー**と呼ぶ。

◉──── 財務活動によるキャッシュフロー

　財務活動に伴うキャッシュの増減を示す財務活動によるキャッシュフローは、会社が営業活動と投資活動を行うためにどのように資金を調達し、または返済しているのかを表している。財務活動によるキャッシュフローには、具体的には、銀行借入、社債発行や株式発行による資金調達やその返済、配当支払いや減資等による現金の増減が記載される。なお、借入や株式発行による資金調達はキャッシュの増加、借入金の返済や配当の支払いはキャッシュの減少となる。メルカリの場合、財務活動によるキャッシュフローはプラスの約197億円であった。これは、今期に短期借入金による追加の資金調達があったことが主な理由である。

　以上を見てみると、メルカリでは、営業活動で約33億円キャッシュを獲得していることに加え、投資有価証券の売却により投資活動でもキャッシュを獲得し、さらには短期借入金の追加により財務活動でもキャッシュを獲得している。結果、期首に約1410億円であった現金及び現金同等物は、期末に約1714億円まで増加している。

　キャッシュフロー計算書は、貸借対照表というストックの情報や、損益計算書における利益の情報だけではわからない、キャッシュの流れの側面から企業理解を可能とする財務諸表である。これを読むためには、「営業」「投資」「財務」の3つの区分におけるキャッシュの増減がプラスかマイナスか、また金額規模の関係はどうかという視点が重要である。貸借対照表及び損益計算書に、キャッシュフロー計算書から得られる理解を足すことにより、企業活動の状況を多面的に把握することが可能になるのである。

補論1●国際財務報告基準（IFRS）

●────国際財務報告基準（IFRS）とは

　本書で解説している財務諸表は**会計基準**という会計上のルールに基づいて作成されるが、この会計基準はそれぞれの国・地域によって商慣行や政治経済等を反映し、作成されてきたものである。そのため、どの国のルールに従って作成されるかによって利益等の財務諸表の結果に差異が生じ、国をまたいだ財務数値の比較を難しくしているという問題が生じていた。一方、経済のグローバル化は急加速し、事業活動や投資が多国籍間で行われることが日常となった昨今、このような国をまたいだ会計基準の違いが財務諸表の読み手の判断を鈍らせるようなことが問題視されるようになった。そもそも、会計はビジネスを理解するための共通言語であり、ルールが広く共有されるからこそ価値を発揮するものである。このような地域間差異をなくし、より迅速なグローバルビジネスに貢献するために世界的に広まりつつあるものが**国際財務報告基準（IFRS）**である。

　IFRSとは、国際会計基準審議会（IASB）が公表する会計基準の総称である。IFRSについては国際財務報告基準という呼称が正式であるが、IASBの組織改編以前に公表された基準は国際会計基準（IAS）と呼ばれ、このうち未改訂のものについては現状も有効であることから、日本では一般にまとめて国際会計基準と呼ばれる場合もある。IASBは2001年に組成された組織で、ロンドンを拠点として多様な国から招集されたボードメンバーにより活動が行われている。

　現在、各国の従来の会計基準に代わりIFRSを自国の会計基準として採用する国が増えている。2005年のEUでの公開企業に対するIFRS強制適用を皮切りに世界各国で導入が進み、現在は130国以上で採用されている。強制適用がされていない中国等でも自国の会計基準をIFRSに近づける**コンバージェンス**（収斂）という手法で、IFRSに近い会計基準の導入を進めている。米国においては、外国企業のみ任意適用が認められることとなっており、国内企業はIFRSの適用は認められていない。米国会計基準とIFRSのコンバージェンスは近年進められてきてはいるものの、基準内容に関する詳細な議論

は続いており、IFRSの全面的な強制適用については意思決定が保留されている状況である。

　日本においては、IFRSを念頭に置いた自国会計基準（日本基準）のコンバージェンスを推進する一方、2010年3月期以降、一定の条件を満たした企業に対し、IFRSの任意適用を認めている。2022年6月現在、258社、上場企業の約7%の日本企業がIFRSを採用している。なお、IFRS任意適用が認められるのは、上場企業の連結財務諸表のみであり、IFRSを任意適用する企業であっても単体の財務諸表については従来通り日本基準での作成が必要となる。また、これとは別に2015年にIFRSからのれんの償却とその他の包括利益の純利益への組み替え（リサイクリング）に関してのみ修正を加えた「修正国際基準」が公表され、別途任意適用が認められることとなったが、国際的な認知が広まらないこともあり実際の導入は進んでいない。

◉────国際財務報告基準（IFRS）の特徴

　IFRSの特徴として以下のものが挙げられる。

①原則主義

　IFRSでは基本的に概念に沿った原則的な会計処理の方法のみが示され、数値基準を含む詳細な取り扱いは設けないとする**原則主義**をとっている。原則主義の下では適切に把握された実態に沿って、原則的な方法を適用し、会計処理を行っていく。これに対する概念として細則主義があり、これは会計基準や解釈指針などで広範にわたり詳細な判断基準や数値基準を示す方法である。IFRSの原則主義においては全体として経営者の判断の必要性が増すため、基準自体はシンプルになる一方、細則に捉われずより実態にあった会計処理を可能とする利点がある。一方、判断の余地を多く残すため、状況や判断によって細かい会計処理方法が異なる状況も生じ得ることに留意が必要である。

②資産負債アプローチ

　IFRSでは、財務諸表の構成要素を定義するにあたり、まず資産及び負債を定義し、その差額を純資産とする。さらに、資本取引を除く資産・負債の増減から収益と費用を定義し、結果としての利益を求めている。このような考え方を**資産負債アプローチ**という。これに対し、収益及び費用を先に定義し、そこから利益を算出する考え方を収益費用アプローチという。

③公正価値

　IFRSにおいては、**公正価値**という概念がさまざまな会計処理において用いられている。IFRSの特徴として、公正価値につき一律の考え方の基準を定め、さまざまな会計処理において共通してこの公正価値の考え方を採用しているという点が挙げられる。公正価値とは、測定日時点で、市場参加者間の秩序ある取引において、資産を売却するために受け取るであろう価格または負債を移転するために支払うであろう価格である。すなわち、公正価値は出口価格（売却価値）であり、入口価格（購入価値）とは異なる概念である。

　公正価値測定の評価技法としては、以下の方法がある。市場データ等、観察可能なインプットを最大限用いて測定を行うこととされているが、市場相場がないから公正価値が測定できないというものではないことに留意が必要である。

　　・マーケット・アプローチ：同一または類似の項目の市場価格に基づく評価
　　・インカム・アプローチ：将来キャッシュフローの現在価値に基づく評価
　　・コスト・アプローチ：資産の用役能力の再調達にあたり必要な金額に基づく評価

④国際財務報告基準（IFRS）の財務諸表

　IFRSにおける財務諸表は主に、財政状態計算書（Statement of financial position）、純損益及びその他の包括利益計算書（Statement of profit or loss and other comprehensive income）、キャッシュフロー計算書（Statement of cash flow）から構成される。それぞれ、日本基準における貸借対照表、損益及び包括利益計算書、キャッシュフロー計算書に相当するものである。各財務諸表の機能としては日本基準とIFRSで大きく異なるものではないが、以下のような異なる特徴があることに留意が必要である。

・財政状態計算書

　日本基準では主に流動性配列法（流動資産を上部に記載し、固定資産を下部に記載する方法）が取られる一方、IFRSでは項目を表示する順序や様式は定められておらず、固定性配列法（固定資産を上部に記載し、流動資産を下部に記載する方法）も採用できる。

・純損益及びその他の包括利益計算書

　日本基準では特別損益の区分があるが、IFRSでは特別損益という区分での損益計上

が認められない。したがって、日本基準にある経常損益という段階利益も表示されない
こととなる。なお、IFRSでも日本基準と同様、純損益とその他の包括利益を一括の表
とする形式、損益計算書と包括利益計算書を別個の表とする形式の双方が認められてい
る（24ページ）。

　また、注記で開示すべき情報については、日本基準と比べIFRSに基づくほうがより
多くの開示を求められていることが多い。IFRSでは原則主義が用いられているため、
会計処理において経営者の判断にゆだねられる部分も多く、財務三表の表示についても
最低限の規定に留められている。そのため、特に経営者の判断や見積りが関係するよう
な領域については、注記による表示を拡充することで、財務諸表利用者にとって有用な
情報提供を試みているからである。

補論2●税務会計

　本書で一般的に扱うような財務諸表は、企業会計の制度に基づいて作成されたもので
ある。一方、これに類似したもので**税務会計**の考え方がある。税務会計は税金費用の計
算を主な目的とするものであり、計算方法は企業会計とは異なる考え方に基づく。企業
としては通常、税金費用を最適化し負担を軽減したいと考えるため、企業会計との相違
点についてある程度理解をしておくことが必要となる。さらに、昨今の企業活動の多国
籍化、複雑化に伴い、税務リスクをコントロールし、企業グループ全体としての税務の
最適化を図ることの重要性が増している。本書ではこのような背景を鑑み、基本的な税
務会計の考え方とグローバル化に伴う論点につき補論として触れることとする。

◉──── 企業会計と税務会計の違い

　企業会計と税務会計は、ともに企業の活動を定量的に捉える枠組みではあるが、その
目的は大きく異なる（**図表1-9**）。
　企業会計は主に、上場企業を中心に扱う金融商品取引法及び、広く会社全般を扱う会
社法によって支えられている。金融商品取引法に基づく会計の開示は、株主など一般投
資家に向けて会社の経営成績や財政状態を開示することで、適切な投資の意思決定を助
けることを目的とする。また、会社法は、拠出した資本がどのように運用され配当され
ているか、債権者の債権回収に問題は生じていないか等を明示することで、株主及び債
権者の利害調整及び保護を行うことを目的とする。すなわち、企業会計にはステークホ
ルダーの保護やその利害調整といった目的が背景としてあるのである。これに対し、税

務会計は、公平な税負担を図るため、一定のルールに沿った適切な課税所得を計算することを主な目的としている。企業会計と税務会計では、このように、存在目的自体が大きく違うため、混同しないよう留意が必要である。

図表1−9　企業会計と税務会計の違い

		根拠及び目的
企業会計	金融商品取引法	投資家の保護
	会社法	株主及び債権者の保護
税務会計	法人税法等	課税所得の計算、税負担の公平性確保

①税金の種類

　税金というと、損益計算書の下部に計上される法人税を想定することが多いかもしれないが、実際は多種多様な税金を企業は納付している。税金の内容により、損益計算書上も計上科目が異なることに留意が必要である。**図表1−10**では、一般的に企業が納付する税金を記す。

　なお、損益計算書下部の「法人税、住民税及び事業税」（法人税等）は法人の所得をもとにして計算する税金が基本的に計上されるため、上記のうち、法人税、地方法人税、住民税、事業税所得割が含まれる。その他の税金については、「租税公課」等の勘定科目を用いて、事業内容に照らし合わせたうえで売上原価や販管費に計上されることとなる。

　現行の法人税率は23.20％である（資本金1億円を超える普通法人）。これに地方法人税、法人住民税、法人事業税を加味した全体としての税負担である実効税率は、約30％となっている。国の実効税率は企業誘致の観点から重要な政策論点である。日本の実効税率は過去段階的に引き下げられてきているものの、国際間比較という意味ではまだ比較的高水準であると言える。

②利益と所得の違い

　税務会計における税金計算では、課税所得の計算が重要である。課税所得とは企業会計でいう「利益」に相当する用語で、法人税等の課税対象となる。課税所得の計算は企業会計上の利益とまったく別個のアプローチで算出されるわけではなく、原則として企業会計の利益に準拠し、会計上の利益に、主に「別段の定め」に基づく調整額を加減算することで求められる。なお、「別段の定め」は、主に租税理論上必要となる調整項目

図表1－10　企業が納付する税金

主に所得に対して課税される税金		
名称	種類	課税対象
法人税	国税	・所得に対して課税
地方法人税	国税	・所得に対して課税
法人住民税	地方税	・法人税額に対する「法人税割」 ・会社規模に対する「均等割」
法人事業税	地方税	・所得に対する「所得割」 ・資本金に対する「資本割」
その他の税金例		
・固定資産税・償却資産税 ・事業所税 ・印紙税 ・消費税		

であり、法人税法等で定められたものである。これに加え、特定の政策実行のために定められた租税特別措置法の規定に基づく調整も行われる。

③繰越欠損金

　課税所得は事業年度ごとに算定されるものであり、基本的には他の事業年度に影響しない。しかし、法人の業績不振により欠損金（課税所得がマイナスになること）が生じた場合には、租税負担を軽減する趣旨から、欠損金を翌期以降に繰り越すことできるとされている。繰り越された欠損金は翌期以降の損金に含めることで、その分課税所得を減らすことができる。なお、欠損金の繰り越しは、現在10年まで認められており、繰り越せる金額の限度は法人の規模や政策により定められている。

④申告と納付

　法人税に関して、会社は各事業年度終了の日の翌日から原則として2カ月以内に、確定した決算に基づいて作成した申告書を提出しなければならない。これを**確定申告**という。また、事業年度開始日から6カ月については中間納付を行うために中間申告書を提出する。

　基本的に確定申告は会社ごとに行うが、昨今、企業グループ経営の拡大に対応するよ

うな施策も取り入れられている。2022年4月1日以降に開始する事業年度からは、企業グループを一体的取り扱いとする**グループ通算制度**が導入された。本制度は各社において個別に申告・納税を行うことを基本としたうえで、親会社及びその100％所有子会社を含む企業グループ内においては欠損金等を通算して取り扱い課税を行うとするものである。

◉──── グローバル化に伴う税務論点

　企業の経済活動のグローバル化が進み、企業の活動を1つの国の中だけで捉えることが難しい場面も増えてきた。一方、課税制度は国ごとに制定されるものであるため、多国籍企業は複数の国・地域における租税制度の影響を受ける。このような租税制度の違いを利用し、企業全体としての課税負担の低減を図るような動きが見られるようになってきた。

　特にこのようなリスクが顕在化した背景の1つが2008年のリーマンショックである。リーマンショック後、各国における国民負担が増す一方、一部の多国籍企業が各国の税制や国際課税のルールの違いを利用し課税逃れを行う、国際間二重非課税の状態であったことが注目され、多くの批判が集まった。これを受け、国家間の協力のもと、課税の公平性の追求にさまざまな対策が推進されることとなったのである。

　以下、国家間の課税の公平性を保つためのさまざまな制度を紹介する。

①移転価格税制

　多国籍企業においては、国をまたぐグループ会社間で取引を行うことも多い。この場合、例えば国内の企業が、国外の子会社などとの売買取引を行う際、その売買価格を有利に設定することにより、所得を外国に移転し、グループ全体としての税金負担を少なくしようというような試みが一部で見られるようになった。

　これを受けて、国をまたぐグループ間取引において、独立企業間価格（アームズレングス・プライス）と異なる価格に基づく取引により国内所得が減少する場合には、独立企業間価格で取引がなされたものとして課税所得に修正を加える方法が採用されることとなった。これを**移転価格税制**という。

　独立企業間価格とは独立第三者間で取引された場合の価格である。独立企業間価格としては、特殊関係にない売り手・買い手間における同種・同条件での取引にかかる価格等、場合に応じて最適な方法を選定する必要がある。

②タックスヘイブン対策税制

　税負担は各国が制定した税率に影響されるが、このような税負担は国際間で一定ではなく、企業の所在地国がどこかによって異なる。この税率差異を利用した租税回避を防ぐ制度が**タックスヘイブン対策税制**である。タックスヘイブンとは政策上、課税が免除、あるいは著しく軽減された国や地域であり、租税回避地などともいわれる。このような国・地域に外国子会社を設立し、グループの所得を留保させることで、意図的に親会社の税負担を軽減させる傾向が見られるようになったことから、タックスヘイブン対策税制が導入された。

　この制度下では、外国子会社がペーパーカンパニーやその他経済活動の基準を満たさないような実態のない企業であり、租税負担が一定の割合を下回る場合は、そのような外国子会社の所得を日本にある親会社の所得に合算することとされる。

③BEPSプロジェクト

　さらに、国家間の包括的な取り組みとして、「**BEPS（Base Erosion and Profit Shifting、税源浸食と利益移転）プロジェクト**」が現在推し進められている。これは、多国籍企業による国際的な課税逃れを防ぎ、公平な競争条件を整えるために、経済協力開発機構（OECD）が中心となって推進するプロジェクトである。日本も含む130カ国以上が参加し、2015年9月には国際的に協調してBEPSに対処するための15項目の「BEPS行動計画」に基づく最終報告書が取りまとめられた。今後は、急速な発展下にあるデジタルビジネスに対する国際課税上の課題などがより詳細に議論されていくこととなる。

2● 経営の実態を見抜く

POINT

　指標分析（比率分析）は、会社の経営の実態を見抜き、それをさまざまな意思決定に反映させるうえで非常に有効なツールである。ただし、指標分析を行う場合には、一面的な分析にならないよう、さまざまな視点から行う必要がある。また、用いる指標の意味を十分理解することはもちろん、その限界や留意点についてもしっかり認識しておかなくてはならない。

CASE

　セルクル社の川田結衣は、多忙ながらも何とか財務諸表を「読める」ようになっていった。あのセミナーの後の懇談で松井が予言した通り、成長軌道に乗り始めるや、ベンチャーキャピタルや銀行との交渉機会が急速に頻度を増し、そのたびに直近数期の財務諸表や将来の業績計画の作成を求められ、細部にわたって質問の矢を浴びた。いやおうなく実戦の場で鍛えられることとなったのだ。

　そんな中、さらにセルクルに転機の兆しが訪れた。アプリ上でのマーケット運営に留まらず、実店舗を持つべきかという課題が浮上したのだ。スマホの画面上で選ぶ以上に、実店舗でグッズを見たり触れたりすることで顧客の購買意欲がかき立てられるという仮説は、それなりに説得力があった。ショウルーミングのスペースとしても利用可能かもしれない。アイデアはさかんに出るものの、その採算性を見極めるのは川田の役目である。

　しかし、これまでセルクルがベンチマークにしていた企業はアプリビジネス専業がほとんどで、実店舗を有する企業はなかった。店舗を持つとすれば、当然その用地や什器などの有形固定資産は増えるし、在庫を持つ必要も出てくる。そうなると財務的にはどんな変化が出てくるのかと考えた川田は、類似のリユース商材を扱う、実店舗型小売業

であるブックオフの財務諸表と比較してみることにした。

1●指標分析の体系

　指標分析とは、前節で学んだ損益計算書、貸借対照表の数字を組み合わせて算出した指標を用いることで、より効率的にその会社の経営状況を多面的に比較、検討、評価することである。

　「多面的」の意味合いは、2つある。

　1つ目は、分析の目的に応じて、自社の過去の数字や業界平均の数字などと比較分析する、その比較対象が多様だということである。このことにより、その会社の事業活動の実態を把握したり、問題点や課題をあぶりだしたりすることができる。

①時系列比較

　過去の指標と現在の指標を時系列比較することで、その会社の業績が好調か不調か、どのような経営状態かを中長期的視点で把握することができる。また、傾向の推移を見ることで、良化（悪化）の兆候を判断することができる。

②業界平均値との比較

　業界平均と比較することで、業界内において自社の経営状況が相対的にどのような状況なのか、立ち位置を把握することができる。また、業界内における自社の指標のユニークさに表れる自社の戦略の特徴や、自社の強み、弱みなどを見抜くことができる。

③競合他社との比較

　競合他社と比較することで、自社との経営状態の違いを把握することができる。また、自社の優れている点や劣っている点を認識することで、戦略の検討材料にすることができる。例えば、自社の売上が前年から成長していたとしても、競合の売上成長がそれを上回っていた場合、自社の成長戦略の見直しが必要と判断できる。

④目標との比較

　中長期的な目標値と比較することで、現状と目標とのギャップを把握することができる。現状と目標とギャップがある場合は、どこに問題があるのか原因を分析し、改善策の検討が必要となる。

図表1-11　指標分析の体系

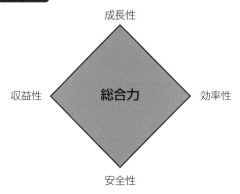

　指標分析の多面性のもう1つは、会社が利益を生み出す力が大きいか小さいか（収益性）、貸借対照表上の（各種）資産がどの程度売上に結びついているか（効率性）、債権者に対する支払能力が十分かどうか（安全性）等の観点を組み合わせて分析することである。売上の成長が著しく損益計算書上では順調に見える会社でも、成長の裏側で運転資本が増加した結果、資金繰りが厳しくなり倒産してしまうことが起こり得る。このように、収益性の一面だけで見ていては判断を見誤ることがあるため、指標を使って「多面的」に分析することが重要である（**図表1-11**）。

　指標分析は総合力、収益性、効率性、安全性、成長性の5つに分類できる。次項よりそれぞれの指標をメルカリとブックオフの実例を用いながら一つひとつ紹介していく。なお、ここでは、メルカリとブックオフの指標が良いか悪いかを評価するのではなく、2社のビジネスモデルや事業活動の特徴が数字にどう表れているかに着目して考える。

2●分析の流れ

　具体的な指標の紹介に入る前に、指標分析の流れを確認しておきたい（**図表1-12**）。

①事業構造を概観する

　指標分析は、財務三表とは別の情報源を通じ、分析対象となる企業の事業構造を概観することから始まる。具体的には、顧客は誰か、その顧客に対してどのような価値を提供していて、その価値提供の活動は何か、活動に必要な経営資源は何かのつながりを整理する。

図表1-12 分析の流れ

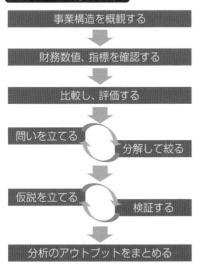

事業構造を概観する	[顧客]-[提供価値]-[価値提供のための活動]-[活動に必要な経営資源]のつながりを考える
財務数値、指標を確認する	財務諸表や指標の数値を大きく捉えて、数値上の特徴をつかむ
比較し、評価する	競合、業界平均、時系列などの数値を物差しにして、「良い／悪い」を確認する
問いを立てる／分解して絞る	「なぜそんな数字になっているのか？」 大きく捉えた数値から具体的な企業活動がイメージできそうなレベルまで分解する
仮説を立てる／検証する	正解にこだわらず答えを想像してみる 「本当か」と疑ってみる
分析のアウトプットをまとめる	人に伝えやすい言葉でシンプルに表現する

②財務数値、指標を確認する

　主要な財務数値や各財務指標を確認し、どのような特徴があるか、ざっくりと全体像を把握する。

③比較し、評価する

　分析の目的に応じて、競合、業界平均、時系列などの数字を物差しにし、その会社の数字の「良い／悪い」を確認する。こうすることで、その会社の着目すべきポイントの目星をつけることができる。

④問いを立て、分解して絞る

　①で整理をしたその会社の事業構造を踏まえて、③で目星をつけた着眼点について、「なぜそのような数字になっているのか」と問いを立て、分解をしながらその要因を一つひとつ検討する。例えば、この会社のROE（自己資本利益率）が高ければ、なぜ高いのかを収益性、効率性、安全性に分解をして考えていく。

⑤仮説を立て、検証する

　④を通して、「この指標が良いのは、きっとこの会社のあの戦略が効いているからだ

ろう」「この指標が悪いのは、海外のあのマーケットで苦労していたせいかな」というように、なぜ指標がそのような数字になっているのか仮説を立てる。そして、この仮説が本当にそうなのかということを、他の情報との照合等を通じて検証する。正解にこだわらず仮説を立て、それを検証する作業を繰り返すことで、仮説の精度が上がる。

⑥分析のアウトプットをまとめる

　仮説と検証を繰り返すことで、その会社のビジネスの特徴や経営課題が明らかになる。これを人に伝えやすい言葉でシンプルにまとめると、分析のアウトプットになる。

3●総合力を見抜く

　総合力とは、会社全体として利益を上げることのできる力、つまり総合的な収益性を指す。代表的な指標として、**ROA**（Return on Assets：総資産利益率）と**ROE**（Return on Equity：自己資本利益率）がある。

　この2つの指標が総合力指標と言われるのは、大きく次の2つの理由による。

　1つ目は、この2つの指標はいずれも、活動に投入された資源に対して、どれくらいリターンがあったのか、つまり「利回り」を表した指標という点である。言い換えれば、ROAは会社が投下した資本、つまり会社が保有する資産を使ってどれくらい効率的に儲けたか、ROEは投資家が投下した資本を使ってどれくらい効率的に儲けたかを表す。ROAもROEもこの「利回り」というコンセプトに沿って、会社の財務パフォーマンスを総合的に評価した指標と言えるため、総合力の指標と言われる。

　2つ目の理由は、以下で解説するとおり、ROAは収益性と効率性、ROEは収益性、効率性、安全性というように、それぞれ着眼点の異なる複数の要素を掛け合わせたものと見なせるからである。

　例えば収益性に優れた会社でも、効率性が悪ければ総合力指標は良い値が出ない。このように、会社のパフォーマンスをある1つの評価軸だけでなく、複数の評価軸の掛け合わせとして把握できる点に価値がある。

①　ROA（Return on Assets：総資産利益率）　＝　当期純利益　÷　総資産（資産合計）

　ROAは、会社が保有する資産合計（総資産）からどれだけの利益を上げたかを示す。事業活動に沿って説明すると、まず会社は資金提供者から調達した資金を使って資産を保有する。そしてその資産を用いて売上を上げた結果、利益を獲得する。つまり、

ROAが高ければ、それだけ保有している資産を効率的に使って利益を上げていることになり、うまく事業活動を行っているということである。このため、ROAは経営者にとって重要な指標と言える。

ROAは以下のように分解することができる。

$$ROA = (当期純利益 \div 売上高) \times (売上高 \div 総資産)$$
$$= 売上高当期純利益率 \times 総資産回転率$$

総資産回転率は、保有している資産からどれくらい売上を上げたのかを示す。つまり、総資産回転率をみることで、その会社が保有資産をどれくらい効率的に活用して売上を上げているかがわかる。また、売上高当期純利益率は、売上からどの程度利益が残ったかを示し、その会社の稼ぐ力を知ることができる。このように、ROAを分解することで、ROAがなぜ高いか、あるいはなぜ低いかの要因が、効率性にあるのか、収益性にあるのかを特定することができる。

なお、厳密にはROAを算出する際の「利益」は、利息及び税金控除前利益（EBIT：Earnings Before Interest and Taxes）を使用するが、分析の目的によって「営業利益」「経常利益」「当期純利益」などで代用することも多い。例えば、競合他社とROAを比較する場合は比較のしやすい当期純利益を使用したり、社内の部門ごとの業績管理に使う場合は部門別に算出しやすい営業利益を使用したりする。なお、本書では、異なる会計基準における比較可能性を第一に考え、当期純利益を用いている。

CASEでは、ビジネスの特徴をつかむという観点からメルカリとブックオフとの比較を試みた（**図表1−13**）。ROAはメルカリ：2.18％、ブックオフ：0.33％と、メルカリのほうが高いことがわかる。なお、利益は当期純利益を用いた。また、総資産は期中平均を用いる方法もあるが、ここでは簡便性を重視し期末残高を用いた。両社の差を、ROAの分解式を利用して分析してみよう。

メルカリ：売上高当期純利益率 5.39％
*   総資産回転率   0.40回*

ブックオフ：売上高当期純利益率 0.17％
*   総資産回転率   1.99回*

売上高当期純利益率はメルカリがブックオフより5パーセントポイント強ほど高く、総資産回転率についてはブックオフがメルカリよりも5倍ほど高くなっている。このこ

図表1-13　メルカリとブックオフの財務指標比較

	メルカリ（連結）		ブックオフ（連結）	
	2020/6	2021/6	2020/3	2021/5 4Q (12M)
【総合力】				
ROA［%］	△11.50	2.18	0.58	0.33
売上高当期純利益率［%］	△29.86	5.39	0.28	0.17
総資産回転率［回］	0.39	0.40	2.03	1.99
ROE［%］	△65.46	14.64	1.88	1.05
売上高当期純利益率［%］	△29.86	5.39	0.28	0.17
総資産回転率［回］	0.39	0.40	2.03	1.99
財務レバレッジ［倍］	5.69	6.72	3.25	3.14
【成長性】				
売上高成長率［%］	47.58	39.12	4.45	△4.93
総資産成長率［%］	20.97	32.58	2.18	△2.92
【収益性】				
売上高総利益率［%］	72.91	77.09	60.53	60.78
売上高営業利益率［%］	△25.31	4.89	1.69	2.07
売上高経常利益率［%］	△25.42	4.69	2.25	2.68
売上高当期純利益率［%］	△29.86	5.39	0.28	0.17
【効率性】				
総資産回転期間［日］	947.56	29.69	5.91	6.03
売上債権回転期間［日］	5.35	8.30	8.21	9.65
棚卸資産回転期間［日］	—	—	56.79	62.69
仕入債務回転期間［日］	—	—	1.99	2.55
有形固定資産回転期間［日］	13.90	9.02	27.13	26.61
【安全性】				
自己資本比率［%］	17.57	14.88	30.74	31.88
流動比率［%］	153.71	111.00	141.97	136.58
当座比率［%］	153.71	111.00	63.33	58.23
固定比率［%］	81.25	86.48	138.78	125.96
固定長期適合率［%］	32.92	61.52	72.02	72.00
手元流動性比率［月］	22.18	19.39	0.87	0.87
インタレスト・カバレッジ・レシオ［倍］	△77.39	22.47	8.98	10.82

※ ブックオフは2021年度より決算期を3月期から5月期に変更したことにより、2021年5月期は14カ月の変則決算になることから、ここでは比較の簡便性を重視し、2021年第4四半期（12カ月）の数値を用いた。
出所：SPEEDAをもとにグロービス作成

とから、効率性はメルカリよりもブックオフが高いが、メルカリの収益性の高さはそれを上回っているため、メルカリのROAはブックオフよりも高くなっていることがわかる。

② **ROE（Return on Equity：自己資本利益率） ＝ 当期純利益 ÷ 自己資本**
 ※ROEの分子の当期純利益は、正確には親会社株主に帰属する当期純利益を用い、分母は自己資本を用いる。自己資本は、純資産から新株予約権及び非支配株主持分を控除して求める（連結財務諸表の場合）。

　ROEは、株主の持ち分である自己資本から、どのくらいの利益を上げたかを示す。株主から見れば、投資の利回りを表しているとも言える。つまり、ROEが高ければ高いほど、株主にとって魅力的な会社と言える。なお、ROEの分子は必ず当期純利益を用いる。株主に帰属する利益は、営業利益でも経常利益でもなく、当期純利益だからである。
　ROEは以下のように分解することができる。

ROE ＝ （当期純利益÷売上高）×（売上高÷資産合計）×（資産合計÷自己資本）
 ＝ 売上高当期純利益率×総資産回転率×財務レバレッジ
 ＝ ROA×財務レバレッジ

　分解式をみてもわかるように、ROEは、ROAに**財務レバレッジ**を掛けたものである。財務レバレッジとは、総資産（資産合計）をどの程度自己資本で調達したかを示しており、言い換えれば総資産をどの程度負債によって賄っているか、つまり負債活用度の大きさを示している。
　このように、ROEを分解することで、ある会社のROEが高い要因は、ROAが高いからなのかもしくは財務レバレッジが高いからなのか、つまり事業活動がうまく行われている（ビジネスの強さ）からなのか、もしくは負債を多く活用している（財務リスクを取っている）からなのかを見抜くことができる（**図表1−14、図表1−15**）。
　ここで注意が必要なのは、財務レバレッジを上げるとROEが高まるという点である。財務レバレッジを上げる方法は、負債を増加させるか、あるいは自己資本を減少させるかである。いずれの方法も結果として負債比率を上げることになるため、安全性を損なう危険性がある。どこまで財務レバレッジを上げるかは安全性とのバランスをみながら判断することが重要だ。
　メルカリとブックオフのROEを比較してみると（図表1−13）、メルカリ：14.64

図表1-14　ROEの分解

■ROEは「売上高当期純利益率」「総資産回転率」「財務レバレッジ」に分解される

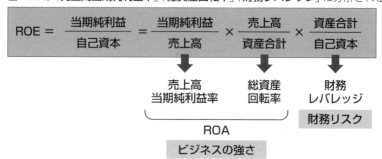

図表1-15　指標分析の全体像

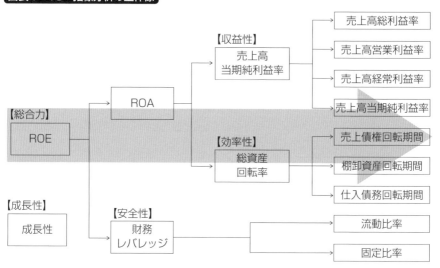

%、ブックオフ：1.05%と、メルカリのほうがかなり良いことがわかる。ROEを分解してその要因を確認してみよう。

メルカリ：売上高当期純利益率 5.39%　　ブックオフ：売上高当期純利益率 0.17%
　　　　　総資産回転率　　　 0.40回　　　　　　　　総資産回転率　　　　1.99回
　　　　　財務レバレッジ　　 6.72倍　　　　　　　　財務レバレッジ　　　3.14倍

　総資産回転率はブックオフが高いが、売上高当期純利益率と財務レバレッジはメルカリのほうが高い。これより、メルカリのROEがブックオフよりも高いのは、メルカリはブックオフに比べて収益性が高いことと、財務レバレッジが高いからだとわかる。では、なぜそのような数字になっているのか、次節以降では収益性、効率性、安全性に分解して確認してみよう。

4●収益性を見抜く

　収益性は、会社が利益を上げることのできる力を示し、売上高に対してどのくらいの利益を獲得できているかを表す。収益性の指標は、売上高総利益率、売上高営業利益率、売上高経常利益率、売上高当期純利益率の4つがある。この4つの指標を見ることで、どの段階でどれくらいの利益を上げているかがわかる。以下、それぞれの利益率について見ていこう。

① 売上高総利益率 ＝ 売上総利益 ÷ 売上高
　売上高総利益率は、売上に対して売上総利益（売上から売上原価を引いた額）がどの程度あるかを示した指標である。販売している商品や提供しているサービスの付加価値がどのくらいあるかを示すことから、粗利率、マージン率と言われることもある。また、売上原価が売上のどの程度あるかを示した指標を売上原価率という。
　売上高総利益率が高いのは、原価に対して売価を高く設定できるという意味で、ブランドや品質など、顧客にとって魅力のある商品、サービスを提供していると言える。もしくは、仕入れコストを抑えるための原材料の調達の工夫や、製造プロセスの効率化により原価を低減することで売上総利益を上げている場合もある。

② 売上高営業利益率 ＝ 営業利益 ÷ 売上高
　売上高営業利益率は、売上に対して営業利益（売上総利益から営業や販売活動、管理活動などにかかる費用を引いた額）がどの程度あるかを示し、いわゆる本業の収益性を表している。
　売上高営業利益率が高ければ、会社が本業で稼ぐ力が強いと言える。同業他社と比較

して売上高営業利益率に差がある場合は、販売費の内容を確認すると良い。例えば広告宣伝費や販売手数料、販売促進費などに差があるのであれば、それを分析することによって、マーケティング戦略の違いを把握することができる。

③　売上高経常利益率　＝　経常利益　÷　売上高

　売上高経常利益率は、売上高に対して経常利益（営業利益から財務活動にかかる損益などを控除した額）がどの程度あるかを示し、財務活動なども含めた企業が継続（経常）的に行う活動の収益性を表す。

　金融収支の良し悪しや資金調達力の違いなどの財務体質も含めた総合的な収益性が反映される。このため、一般的に借入が多い会社は支払利息も多く、売上高営業利益率に比べて売上高経常利益率は低くなる。

④　売上高当期純利益率　＝　当期純利益　÷　売上高

　売上高当期純利益率は、当期純利益（経常利益から特別損益及び税金の支払いを勘案した、会社のすべての活動の結果として得られる利益）が売上に対してどの程度あるかを示し、最終的な利益の比率として、会社の活動が、株主の配当原資や純資産の増加にどの程度結びついたかを表す。

　ただし、含み益のある投資有価証券（関係会社株式、関係会社社債も含む）や土地などを売却すると売却益が出るため、その期の当期純利益は増加する。このように売上高当期純利益率は通常の企業活動以外の活動の影響を受けるため、売上高営業利益率等と比較してその数値になった要因を確認したり、時系列で見たりすることが大切だ。

　それでは、ビジネスモデルの違いが表れやすい売上高総利益率と売上高営業利益率に着目し、メルカリとブックオフの収益性を比較してみよう（図表1－13）。

　まず、売上高総利益率は、メルカリが77.09％、ブックオフが60.78％とメルカリのほうが約16パーセントポイント高い。

　メルカリは、個人ユーザー間で中古品の売買ができるインターネット上のマーケットプレイスを提供している。このビジネスでは、出品者は商品が売れた際に取引金額の10％を販売手数料としてメルカリに支払い、これがメルカリの売上となる。売上原価は、マーケットプレイスを提供するための費用（人件費など）で構成される。つまり商品の取引量が増えれば増えるほど、売上高に占める売上原価の割合は低くなる。すなわち、売上高総利益率が高くなりやすい。

　ブックオフは、不要となった書籍やゲームソフトなどを買取り、それを店舗で販売す

る中古品販売業を営んでいる。中古品の売れた額が売上となり、その買取りにかかった費用が売上原価となる。不用品や中古品を安く仕入れ、それに利益を上乗せした価格で販売するため、一般的な小売業と比較し売上高総利益率は高くなる傾向がある。しかしそれでも、売上に比例して売上原価が変動する構造であり、上記のメルカリ（売上原価はマーケットプレイス提供の費用に限られる）と比べれば、売上高総利益率は低くなっている。

　次に、売上高営業利益率を見てみよう。メルカリが4.89％、ブックオフが2.07％と、メルカリのほうが2.82パーセントポイント高いが、その差はかなり縮まってくる。

　販売費及び一般管理費（以下、販管費）を見てみると、販管費比率（売上高に対する販管費の割合）は、メルカリはブックオフよりも高い。メルカリの販管費の内訳を見てみると、広告宣伝費の負担が大きいことがわかる。メルカリは多くのユーザーに使ってもらえばもらうほど収益が上がるビジネスモデルのため、メルカリの認知を上げユーザーを増やすために積極的に広告宣伝を行う戦略をとっていることが見て取れる。

　ブックオフの販管費の内訳を見てみると、パート・アルバイトの給与と地代家賃がかさんでいる。同社公表資料（2022年5月期）によれば407店舗の国内直営店からの売上（EC直営店からの売上含む）が全体の95％を占めていることから、店舗運営のための人件費や店舗の賃借料の負担が大きくなる費用構造だということがわかる。なお、これらの費用は売上に関係なく発生する費用（固定費）のため、売上が低迷すると利益の圧迫要因となることは注意が必要だ。

5● 効率性を見抜く

　効率性は、会社がどのくらい効率的に資産を使って売上を上げたかを示す。分母には貸借対照表の数値を、分子には損益計算書の数値を用いることにより、貸借対照表の数値が小さく損益計算書の数値が大きいと効率が高いと言える。

① 　**総資産回転率（回）　＝　売上高　÷　総資産（資産合計）**
　　（総資産回転期間（日）　＝　総資産（資産合計）　÷　（売上高　÷　365））
　総資産回転率は会社のすべての資産をいかに効率的に使って売上に結びつけているかを表す。総資産回転率が1回の場合は、総資産＝売上高となり、2回であれば、総資産の2倍の売上を上げたということになる。分母の総資産が小さく、分子の売上が大きいと総資産回転率は高くなる。つまり、資産を小さくしながらも売上を大きく上げると効率が高くなり、この数値が高いほど資産が効率的に売上に結びついたことを意味する。

　総資産回転期間は、総資産回転率とは逆に分子を総資産、分母を（1日当たり）売上高として計算したもので、総資産が売上高の何日分あるかを示す。この期間が短いほど効率性が高いことを意味する。

　なお、総資産の効率性を測る際には、総資産が売上高の何日分あるかを知ることよりも、総資産に対してどれくらい売上を上げたかを見たほうがその会社の効率性をイメージしやすいため、総資産回転率を用いることが多い。

　効率性分析では、総資産回転率からその会社全体の資産効率を見るだけでなく、売上債権、棚卸資産、仕入債務を見ることで資金の効率性を測る。資金の効率性を測る際には、回転率ではなく回転期間を用いることが多い。

② **売上債権回転期間（日）　＝　売上債権　÷　（売上高　÷　365）**
　（売上債権回転率（回）　＝　売上高　÷　売上債権）

　売上債権回転期間は、売上債権を1日当たりの売上高で割ることで、売上債権が売上の何日分あるかを表し、売上債権が回収されるまで（売上計上から代金が入金されるまで）の期間を示す。つまり、売上債権回転期間は短いほど、売上債権の回収が早く行われていることを意味している。

　一般的に、BtoCのビジネスでは現金での販売が比較的多いか、もしくは売上金の回収が早く行われるため売上債権回転期間が短い傾向にあり、BtoBでは掛け（売買成立時ではなく、一定期間経過後にまとめて代金を精算すること）で取引されることが多いため売上債権回転期間は長い傾向にある。

③ **棚卸資産回転期間（日）　＝　棚卸資産　÷　（売上原価　÷　365）**
　（棚卸資産回転率（回）　＝　売上原価　÷　棚卸資産）

　棚卸資産回転期間は、棚卸資産を1日当たりの売上原価で割ることで、棚卸資産が売上原価の何日分あるかを表し、棚卸資産が販売されるまでの期間を示す。つまり、棚卸資産回転期間が短いほど、その商品を在庫として保有している期間が短いことを意味する。

　なお、一般的には棚卸資産回転期間を求める際には、売上高ではなく売上原価を用いる。例えば小売業であれば、棚卸資産はその仕入価格で計上されるが、売上高は棚卸資産の仕入価格に利益を加味した金額である。棚卸資産が在庫として滞留している期間を求める際には、仕入価格をベースに計上されている売上原価を用いるほうが適切と言えるからである。

④ **仕入債務回転期間（日） = 仕入債務 ÷ （売上原価 ÷ 365）**
　（仕入債務回転率（回） = 売上原価 ÷ 仕入債務）

　仕入債務回転期間は、仕入債務を1日当たりの売上原価で割ることで、仕入債務が売上原価の何日分あるかを表し、仕入債務を支払う（掛取引で仕入れた原材料などの、仕入代金の支払い）までの期間を示す。つまり、仕入債務回転期間が長いほど、仕入債務の支払いの猶予が長いということを意味している。

　なお、一般的には仕入債務回転期間も棚卸資産回転期間と同様に、売上高ではなく売上原価を用いて算出する。これは、売上高は仕入価格に利益を加味した金額のため、仕入債務の支払い期間を算出するためには、仕入価格をベースに計上されている売上原価を用いるほうが適切と言えるからである。

　それではメルカリとブックオフの効率性を比較してみよう。
　ここでは、上記の指標を組み合わせて求められる**CCC（キャッシュ・コンバージョン・サイクル）** というフレームワークを紹介したい。CCCは、製造や販売に必要な材料や商品を仕入れるために資金を投じてから、製品や商品を販売して売上を回収するまでの期間を示したもので、運転資本（26ページ）を期間で表したものである。CCCは一般的には、「売上債権回転期間＋棚卸資産回転期間−仕入債務回転期間」で計算され

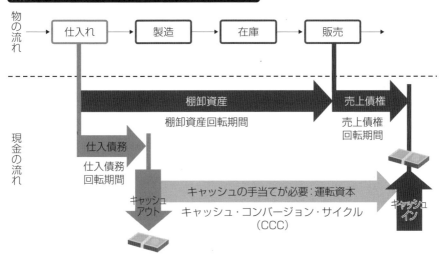

図表1−16 キャッシュ・コンバージョン・サイクル

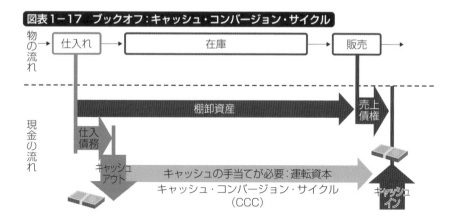

図表1-17　ブックオフ：キャッシュ・コンバージョン・サイクル

る。日数が短ければ短いほど、資金効率が高く必要となる運転資本の金額が小さくなる（**図表1-16**）。

　まずブックオフのCCCを見てみよう。ブックオフは個人顧客が商品を現金で購入する場合が多いため、売上債権回転期間は比較的短いが、個人から中古品を現金で買取るため仕入債務回転期間も同様に比較的短い。持ち込まれる中古品は必ずしも顧客のニーズと合致したものばかりではないため、棚卸資産回転期間はある程度長くなる傾向にある。このため、一定の運転資本が必要なビジネスモデルであり、CCCがプラスになることがわかる（**図表1-17**）。

　一方で、メルカリのCCCを考えてみよう。16ページで見た通り、メルカリの貸借対照表にはCCCの構成要素である棚卸資産と仕入債務がないため、一般的な意味でCCCは非常に短期間となる。

　実はメルカリの場合、CCCに影響を与えるのは単に上記だけではない。ユーザーがメルカリのアプリでクレジットカードを利用して商品を購入したとする【①】。商品の取引代金の10％が手数料としてメルカリの売上、残りの90％が出品者の売上になるので、クレジットカード会社からメルカリに商品代金が振り込まれるまでは、購入代金の10％がメルカリの売上債権、90％が未収入金となる【②】。商品代金がカード会社からメルカリに振り込まれると、未収入金は預り金に振り替えられ、メルカリから出品者への支払いが行われるまで預り金として計上される。その後、出品者からメルカリへ振込申請がなされると、この預り金が出品者に支払われる【③】。つまり、商品の代金回収（キャッシュイン）が先、出品者への支払い（キャッシュアウト）が後という関係になるため、CCCがマイナスとなる。ブックオフなどの従来のビジネスモデルとは異

図表1−18　メルカリ：キャッシュ・コンバージョン・サイクル

なり、仕入代金の支払いから売上代金の回収までの運転資本が不要であるだけでなく、売れれば売れるほど手元に現金が残るビジネスモデルであることがわかる（**図表1−18**）。

　総資産回転率は、メルカリが0.4回、ブックオフが1.99回となっている。ブックオフのほうが少ない資産で効率よく売上を上げていることがわかる。

　メルカリの資産の内訳をみてみると、売上高の約1.6倍と、潤沢な現預金を保有しているため総資産回転率が低くなっている。これは前述の通り、メルカリのビジネスモデルは手元に現金が残りやすいことを反映している。

　一方で、有形固定資産回転期間に目を転ずると、メルカリは9.02日、ブックオフは26.61日とブックオフのほうが売上に対して多くの有形固定資産を保有していることがわかる。ブックオフは実店舗でビジネスを行っているため、店舗に関わる資産（建物及び建造物など）を多く保有している。

6●安全性を見抜く

　安全性は、負債の支払期限が来た時に十分に支払う能力があるか、つまり倒産のリスクが少ないかどうか、ということを示す。資金繰りに窮した際、つまり借りたお金（仕

入債務等も含む）の支払いができなかった際に会社は倒産する。このため、

　　・借入金などの負債が多過ぎないか
　　・売上債権の回収と仕入債務の支払いのタイミングは合っているか
　　・手元現金は十分にあるか

を確認することが重要だ。では、安全性の指標について、詳しく見てみよう。

① **自己資本比率　＝　自己資本　÷　（負債　＋　純資産）**

　自己資本比率は、総資産に占める自己資本の割合を表す。自己資本は、純資産から新株予約権（及び連結財務諸表の場合は非支配株主持分）を控除して計算する。自己資本比率が高いほど返済する必要のない資金が多いことを意味し、安全性が高いと言える。日本の法人企業統計調査によれば、自己資本比率の全産業平均（金融業、保険業は除く）は約40％（2020年度）であるが、業種によってその水準が異なるため、同業他社と比較することが大切である。なお、負債が総資産を超える（資産をすべて売っても返済ができない）状態を**債務超過**と言う。

　ただし、財務レバレッジで説明したように、総合力の観点からは、自己資本比率が高いほど良いとは限らない。例えば、ある商品の今後の成長が大きく見込まれる一方、その製造ラインはすでにフル稼働だとしよう。将来の売上を伸ばすには製造ライン増強が必要であるが、そのためには借入をしなければいけない場合、安全性を重視するあまり借入を行わず増強しない決断をしたら、どうなるだろうか。安全性と、将来の売上増加の機会を逃すデメリットとの、適度なバランスをとることが大切である（**図表1−19**）。

図表1−19　自己資本比率

自己資本比率が高い
＝安全性が高い

自己資本比率が低い
＝安全性が低い

② 　流動比率 ＝ 　流動資産 　÷ 　流動負債
　　当座比率 ＝ 　当座資産 　÷ 　流動負債

　流動比率は会社の短期的な支払能力がどの程度あるかを表す指標である。短期間（1年以内）に支払われる予定の流動負債が、同じく短期間（1年以内）に現金化される予定の流動資産でどの程度カバーされているかを示している。これを向上させるには、流動資産を増加させるか流動負債を減少させる必要がある。ただし、流動資産の中には長期間未回収となっている不良売掛金や不良在庫（棚卸資産）が含まれている場合もあるため、注意が必要である。一般的には流動比率は100％を超えて高いほど良く、120～140％程度あれば良いと言われている。

　当座比率は、より厳格に現金化しやすい当座資産（流動資産から棚卸資産を控除した資産）、つまり現預金、売掛金、受取手形、有価証券等の合計で、流動負債をどの程度カバーしているかを示す。当座比率は80～100％程度が理想とされている（**図表1－20**）。

③ 　固定比率 ＝ 　固定資産 　÷ 　純資産
　　固定長期適合率 ＝ 　固定資産 　÷ 　（固定負債 ＋ 　純資産）

　固定比率は、中長期的な資金繰りの安全性を示す指標である。会社が長期間使用する固定資産の資金調達が、どの程度返済義務のない純資産で賄われているかを示しており、低いほど良いとされる。（なお、固定比率と固定長期適合率については、非支配株主持分なども返済義務のない長期の資金調達手段であるという観点から、自己資本ではなく純資産の数字を用いるのが一般的である）。固定比率は100％以下となることが望まし

図表1－20　流動比率と当座比率

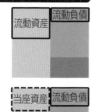

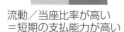

流動／当座比率が高い
＝短期の支払能力が高い

流動／当座比率が低い
＝短期の支払能力が低い

いとされている。しかし、多くの企業は設備投資の資金を銀行借入や社債など長期の返済期限を設定した負債で調達していることが多いため、100%を上回ると危険というわけではない。固定比率が100%を超えて高い場合は、純資産でカバーしきれない資金をきちんと長期借入で賄っているかを確認することが必要である。

　これを確かめるのが、固定長期適合率である。固定長期適合率は、純資産（返済義務のない資金）と固定負債（1年以内に返済する必要のない資金）で、固定資産をカバーできているかどうかを表す。

④　**手元流動性　＝　現金預金　＋　短期所有の有価証券**
　　手元流動性比率　（月）＝　（現金預金　＋　短期所有の有価証券）　÷　（売上高　÷　12）

　手元流動性は、現金預金と、すぐに現金化できる短期所有の有価証券のことを示す。手元流動性比率は、手元流動性が月商（1カ月当たり売上高）の何カ月分あるかを表す。手元流動性比率の計算結果が「3」となった場合には、その会社は3カ月分の売上に相当する手元流動性を持っていることになる。

　手元流動性比率が高ければ、その会社の支払能力に懸念がなくなるため安全性が高いと言える。しかし、手元流動性が高ければ高いほど良い、というわけではない。手元流動性を潤沢にするがあまり、将来の収益を生み出すための資産への投資をしていなければ、その会社の成長性に不安が生じるため注意が必要である（**図表1-21**）。

図表1-21　手元流動性比率

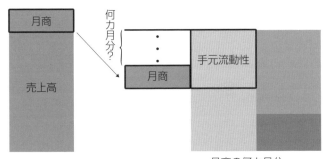

月商の何カ月分
手元流動性があるか

⑤　**インタレスト・カバレッジ・レシオ　＝　（営業利益　＋　金融収益）　÷　支払利息**

　インタレスト・カバレッジ・レシオは、会社が通常の活動から生み出すことのできる利益、つまり本業からの利益の営業利益と財務活動からの金融収益（受取利息と受取配当金を含めることが多い）が、支払利息をどの程度上回っているかを示しているものである。この比率が高いほど、金利の支払能力に余裕があることを意味している。

　それでは、メルカリとブックオフの安全性を比較してみよう（図表1－13）。

　自己資本比率は、メルカリが14.88%、ブックオフが31.88%とブックオフが高い。株主からの出資である資本金及び資本剰余金合計の総資産に対する比率は両社ともほぼ同水準だが、メルカリは利益剰余金がマイナスであることから、自己資本比率の差は利益剰余金の差であることがわかる。利益剰余金とは、その会社の過去から現在に至るまでの利益の蓄積である。メルカリは、2021年6月期にはじめて当期純利益が黒字化したが、それまではずっと赤字を計上してきた。このため、利益剰余金がマイナスとなっていて、自己資本比率が低い。

　次に流動比率と当座比率をみてみよう。流動比率はメルカリが111.00%、ブックオフが136.58%と両社とも100%を超えている。一方で、当座比率を見てみると、メルカリは棚卸資産がないため流動比率と同様の111.00%であるのに対し、ブックオフは棚卸資産が多くあるため58.23%と低くなっている。

7●成長性を見抜く

　成長性は一定期間の間に会社がどのくらい成長したかを示す。成長性を分析する際には、主に売上高と資産合計に着目する。

① **売上高成長率　＝　（当年度売上高　－　前年度売上高）　÷　前年度売上高**

　売上高成長率は、会社の成長という観点で最も基本的な指標である。これが高ければ、その会社の提供する製品やサービスが社会に受け入れられている、と言うことができる。ただし、売上高成長率が高くても、それが市場の成長率を下回っている場合には、競合に負けていることを意味するので、市場成長率とセットで見ることが大切である。

　また、どの商品やサービスにも製品ライフサイクルがある。導入期、成長期までは成長を期待することができるが、成熟期、衰退期に入ると成長を保つことが難しくなる。このため、自社の商品やサービスの製品ライフサイクルを把握し、定期的に入れ替えをしないと、会社の成長を続けることができない。

② **総資産成長率 ＝ （当年度資産合計 － 前年度資産合計） ÷ 前年度資産合計**

　総資産成長率は、会社の財産的な規模の成長を表す指標である。総資産成長率が高いほど、会社の財産的な規模拡大が急であることを意味する。

　会社の資産は本来、その会社が収益を生み出すために持っているものである。このため、売上高が成長しないで、総資産だけが成長している場合には注意が必要である。総資産成長率とセットで売上高成長率や利益成長率も確認し、総資産の増加がきちんと収益に結びついているかを確認することが大切である。

　では、メルカリとブックオフの成長性を見てみよう。売上高成長率は、メルカリが39.12%（図表1-13）、ブックオフが△4.93%と明暗が分かれている。

　メルカリは、2020年以降の新型コロナウイルス感染症の流行により人々が外出を控えるようになったことや、プロダクトの改善やユーザーの利便性向上、マーケティング施策により、売上高を大きく成長させた。

　ブックオフは、新型コロナの影響を受け、2020年度第2四半期以降の巣ごもり需要による書籍の売上が好調だった。しかし、緊急事態宣言発出当初に出された休業要請を受けて第1四半期は店舗休業をしたため、売上高は対前年比△4.93%となった。しかしブックオフの売上高を販売チャネル別に分解してみると、単純な減収ではない姿が見えてくる。これを見るとEC以外からの売上成長がマイナスである一方でECからの売上が増えていることがわかる。このことから、ブックオフの売上の成長のドライバーが店舗売上からEC売上にシフトしていることがわかる（**図表1-22**）。

　このように売上高を要素分解することで、売上高の成長の要因を把握することができる。ここでのポイントは、売上高の成長率を会社全体で見る視点に加えて、要素別にみ

図表1-22 ブックオフの成長性

ブックオフ

（単位：百万円）		2019	2020	2021[2]
売上高		80,796	84,389	80,226
成長率		0.93%	4.45%	-4.93%
うち、ECからの売上		10,232	11,281	11,795
成長率[1]		NA	10.25%	4.56%
うち、EC以外からの売上		70,564	73,108	68,431
成長率[1]		NA	3.61%	-6.40%

※1 2018年度のグループEC売上高は未開示のためNAとした。
※2 2021年は第4四半期までの数値を用いた。
出所：会社発表資料よりグロービス作成

る視点の両方が大切だということと、どの要素を伸ばすのが正解かということではなく、ビジネスの特徴やフェーズと会社の事業戦略と合わせてチェックすることである。

コラム：粉飾決算はなぜ起きるのか。その手口と見分け方

　新聞報道等で目にすることがある**粉飾決算**とは、「意図的に」不正な会計処理を行い、自社の財務諸表の数値や開示情報について虚偽の表示を行うことをいう。

　東京商工リサーチによる調査では、2020年に粉飾決算や着服横領、会計処理の誤りなどの「不適切会計」を開示した上場企業は58社あり、うち粉飾決算は40%の24件となっている。

　なぜ粉飾決算は起きるのだろうか。

　一般的に、「不正」は不正を実行する「動機・プレッシャー」「機会」「姿勢・正当化」が伴った時に発生する（『不正のトライアングル』と言われている）。

　粉飾決算における「動機・プレッシャー」としては、社外的な要因と社内的な要因がある。そもそも財務諸表を公表・提示するのは、株主・投資家・取引先（得意先・金融機関）・公的機関（監督官庁）などの利害関係者に信用を与え、安心して出資や融資などの取引をしてもらうためである。このため、社外的な要因としては、外部に公表した業績予想や利益目標の達成に対する期待に応えるために業績悪化の事実を隠蔽したいという動機が生じる。また、社内的な要因としては、例えば、売上目標達成インセンティブ（業績連動型の賞与や役員報酬など）を得たいといった動機や、目標達成が必達とされることへのプレッシャーがある。

　「機会」は、粉飾決算を容易に実行できる環境にある状態をいう。例えば会社内のチェック体制が脆弱である、経営者自らが粉飾決算を実行する場合はそれを止められる人がいない、または会計監査など外部のチェックが働いていない、などが挙げられる。

　「姿勢・正当化」とは、「会社の存続のため」「雇用の維持のため」など、不正もやむを得ないとされるような思考にあることをいう。売上目標達成のためなら手段は選ばないという社風やコンプライアンスを軽視するような組織風土も、粉飾決算の「正当化」を助長する要因となりえる。

　期待される目標値への達成が困難となった時に（動機・プレッシャー）、誰のおとがめも受けずに（機会）、粉飾決算もやむなしという組織風土（正当化）があれば、粉飾決算が生じてしまう可能性が非常に高いと言える。

　ただし、粉飾決算は会社の本来の姿を「装った」ものであり、装い続けることは難しい。粉飾決算は、昨今の会計監査の厳格化や内部通報制度による従業員からの

通報などによりいずれ明るみに出るものであり、いったん発覚すれば、上場企業であれば上場廃止や株価の下落、また上場企業でなくても融資の引き上げや評判の低下などによる業績悪化は避けられない。

　典型的な粉飾決算の手口としては、大きく以下のパターンに分類される。
　1. 売上の水増し・前倒し
　2. 費用または損失の繰り延べ
　3. 負債隠し
　4. 売上の過少計上または費用の過大計上

　1、2は売上や利益の金額を実態よりも良く見せたい（または損失であることを隠したい）というインセンティブに基づく手口であり、3は融資取引などで条件を有利にするために自己資本比率を操作する目的などで用いられる。また、4はいわゆる逆粉飾と言われる手口であり、法人税などの課税を逃れるために利益を実際よりも少なく見せるためなどに用いられている。
　では、以下のような取引先の財務データを見て、粉飾決算を発見することは可能だろうか。

図表　取引先A社の財務諸表の抜粋

	x1年度	x2年度	x3年度	x4年度	x5年度
売上（百万円）	100	115	124	138	162
売上債権（百万円）	30	36	45	56	82
売上債権回転期間（日）	109	114	132	148	184
売上原価（百万円）	80	92	95	102	124
棚卸資産（百万円）	20	24	32	48	77
棚卸資産回転期間（日）	91	95	122	171	226

　売上と売上債権、棚卸資産の推移をみると、毎年の売上の成長に伴い売上債権や棚卸資産が増加しているだけのように見えるかもしれない。しかし、売上債権回転期間を見てみると、x1年度には109日だったのが、x5年度には184日と約1.7倍になっている。このような場合、売上を過大に計上し、架空の売上債権が計上され

ている可能性があると考えられる。また、適正な売上だったとしても、回転期間の増加は売上債権の回収までの期間が延びていることを意味するため資金繰りが厳しくなっている可能性がある。

　また、棚卸資産回転期間についても、x1年度の91日から、x5年度には226日と約2.5倍になっている。この場合にも、売上原価を過少に見せかけることで利益を過大計上し、架空の棚卸資産が計上されている可能性がある。また、売上債権と同様、適正な会計処理をしていたとしても、棚卸資産の仕入（製造）から販売までの期間が延びていることで、資金繰りの悪化や滞留在庫（売れ残り在庫）を抱えている可能性がある。

　このように、回転期間などの財務指標の動きを時系列でみたり、同業他社と比較したりすることで、異常な動きを把握することができる。ただし、異常な動きを示していても、それだけをもって粉飾決算が行われていると判断することは困難である。その会社の取引状況や経営者・幹部の行動の変化など定性的な情報も含め、粉飾決算が行われそうな状況にないかを注視していく必要がある。

8● 指標分析の限界と留意点

　指標分析は、企業活動の結果を定量的にまとめた財務数値を用いて分析することであるため、客観的にその会社の状況を把握することに適していると言える。しかし、指標分析も決して万能ではない。そもそも、分析している財務指標はあくまで過去のデータに基づいたものであり、そこから導いた解釈が将来にもそのまま当てはまるとは限らないことには常に注意すべきである。

　それ以外にも、さまざまな前提や補足情報を考慮しなければ会社の経営実態や戦略を十分に把握することはできない。ここでは、特に注意すべきポイントを5つ挙げる。

①会計方針
　分析する企業がどのような会計方針を採用しているかという点である。詳細は第2章で解説するが、例えば減価償却費の計算方法に定額法や定率法といった方法があるように、会計ルール上複数の処理方法が認められていて、どの方法を採用するかによって、算出される資産や利益の金額が異なる場合がある。また、30ページ、110ページで解説の通り、日本基準、IFRSなど、会計基準によっても会計処理が異なる場合もある。

②取得原価主義

　貸借対照表の資産や負債の金額は基本的に取得時の金額をもとに計上されている点である（これを**取得原価主義**という）。現在の会計ルールでは、回復が見込めない場合の価値下落は基本的に反映される（棚卸資産、固定資産など）が、すべての資産、負債について適用されているわけではない。また、資産として有する上場株式やデリバティブ等を除き、時価が取得原価を上回る場合には、時価は修正されない。したがって、貸借対照表の資産や負債は、財務諸表上の数値と時価との間に差が生じる、いわゆる含み益や含み損が存在する場合がある。

③財務諸表に表れない項目（非財務情報）

　その会社が培ったブランドやノウハウ、などの無形資産やESG（環境・社会・ガバナンス）に関する情報など、財務諸表に表れない項目（**非財務情報**）が近年重要視されるようになっている。その背景には、利用者データやソフトウェアなどの、無形資産の保有比率の高いIT企業の台頭や、ESG投資の拡大を背景に、国内外の機関投資家が投資先企業にESGに関する情報をより強く求めるようになったことがある。投資家が企業の将来価値や株価の行方を予測するうえで、企業の将来に向けた取り組みや戦略に係る非財務情報が不可欠となっているのだ。この流れを受け、財務情報と非財務情報をまとめた統合報告書を発行する企業が徐々に増えている（65ページ）。

　また、非財務情報を財務情報に変換するための活動も加速しており、その一例では気候変動のリスクを財務面から考慮する**TCFD**（Task Force on Climate-related Financial Disclosures、気候関連財務情報開示タスクフォース）が有名である。今後、経営者の立場としては自社を正しく投資家に理解してもらうために、投資家・株主の立場としては対象企業の将来性を予測するために、非財務情報の取り扱いについても注意していく必要がある。

④業界特性

　業種や業界の特性により、事業運営するために必要な資産の種類やその資産を購入するために必要な資金の調達方法、その事業の収益構造は当然異なる。このため、異なる業種や業界の財務分析をする際は、財務数値や指標といった定量面のみの比較分析では、実態に即した評価ができない。次節で詳細に解説するが、このような場合は定量分析とその業種のビジネスの特徴（定性分析）とセットで分析することが重要である。

⑤成長ステージ

　会社の成長ステージによって、評価の基準となる売上高成長率は大きく異なる。また、資金調達の方法にも違いが出る場合があり、自己資本比率といった安全性の指標にも違いが生じる。このため、同じ業種に属する企業であっても、歴史の長い企業と新興企業を比較する際は、成長ステージを考慮する必要がある。

コラム：ESG投資

　近年、ESG投資がスタンダードになりつつある。企業にとってESGへの取り組みが重要な課題だという共通認識が醸成され、ESGの取り組みに係る企業の非財務情報の開示に対して、社会の期待は急速に膨らんでいる。

　投資家がESGを意識するようになったのは、1992年の「国連開発環境会議（地球サミット）」が1つの契機であった。世界が持続可能な発展の道を歩むため、経済開発と地球環境の保全とのバランスをとるべきだという認識が共有されるようになった。そして2006年、コフィー・アナン第7代国連事務総長の提唱により、国連環境計画と金融イニシアティブ、及び国連グローバル・コンパクトとのパートナーシップが、**責任投資原則**（PRI：Principles for Responsible Investment）を打ち出した。PRIは環境（Environment）、社会（Social）、ガバナンス（Governance）の要因（ESG要因）を投資決定に反映させるべきとする世界共通のガイドラインである。この原則に署名をした機関投資家は、投資意思決定プロセスにESG要因を組み込むことにコミットすることとなった。

　その後、2015年9月の国連サミットで**SDGs**（Sustainable Development Goals、持続可能な開発目標）が加盟国の全会一致で採択され、世界各国でSDGsの達成に向けた具体的な取り組みが始まった。日本でも、2020年の菅義偉首相（当時）の脱炭素宣言以降、2050年にカーボンニュートラルを目指すことが上場企業のデファクト・スタンダードになったのはその一例だ。

　投資会社の行動にも変化が表れている。例えば、世界最大級の米機関投資家であるブラックロックは、毎年投資先CEO宛に出す年初書簡で市場の潮流に影響を与えてきたが、その中でESG重視の姿勢を堅持し、2020年には具体的にSASBガイドライン（後述）に従った情報開示の適用を企業に促し、経済社会に大きな影響を与えた。

　従業員の行動にも影響が出てきている。2019年、IT大手の社員により勤務先に気候変動対策を求めるストライキが開催され、アマゾンやマイクロソフトの社員の参加も報じられた。

　SDGsという地球規模の目標達成に対して、企業の相反する行為が露見した場合、これまでに築いてきた信頼を失い、たとえ潤沢な利益が出ていても、投資家の投資対象から外されるリスクがある。また、ESG関連の新規事業への参画やマーケットの創出などにより、SDGsへの取り組みがビジネスチャンスにつながると考える企業が、特に欧米諸国を中心に増えてきている。

　このような状況下において、世界各国の意識の高い企業はSDGs対応を含むESG分野への取り組み等を投資家などにアピールするため、ESG情報の自主的な開示を進めてきた。また、情報の透明性と説明責任を確保するため、複数の組織団体が開示基準を作成している。EUをはじめ、米国や中国などでは、ESG情報の開示を義務化（もしくは義務化を検討）している。日本では2021年までESG情報の開示の明確な義務付けはなかったが、自主的に主要な基準に対応もしくは参照して、ESG情報の開示を行っている企業は増加傾向にある。

　日本はESG情報開示について、現時点では欧米諸国に後れを取っているが、東京証券取引所が定める企業統治指針「**コーポレートガバナンス・コード**」の2021年の改訂によりESG情報の開示が進むことが予測される。この改訂では、ダイバーシティや取締役会の機能発揮とともに、サスティナビリティ経営の一層の推進を求める内容となり、従来はなかったSDGsやTCFDといった言葉も並ぶ。また、2022年4月から始まった東京証券取引所の新市場区分のうち、国際的に投資対象として優良な企業を集めることが期待される**プライム市場**では、より高度な

図表　主要なESG情報開示基準

開示基準	GRI スタンダード	SASB スタンダード	IIRC フレームワーク	TCFD提言
設定機関	GRI Global Reporting Initiative	SASB Sustainability Accounting Standards Board ※1	IIRC International Integrated Reporting Council ※1	TCFD Task Force on Climate-related Financial Disclosures
本社所在国	オランダ	米国	英国	※2
設立年	1997	2011	2010	2015
取り扱う情報	環境・社会・経済	環境・社会	環境・社会	環境
原則か細則か	細則主義	細則主義	原則主義	原則主義

※1 SASBとIIRCは2021年6月に合併し、VRF（Value Reporting Foundation）へ。
※2 G20の要請を受け金融安定理事会（FSB）により、気候関連の情報開示及び金融機関の対応をどのように行うかを検討するために設立された組織。

ガバナンスへの取り組みを推進すべく、TCFD提言に基づく情報開示が求められることとなった。プライム市場に上場する企業は、2℃目標等の気候シナリオを用いて、自社の気候関連リスクと機会を評価し、経営戦略・リスク管理に反映し、その財務上の影響を把握・開示することが求められる。提言された4つの開示基礎項目は、最上位から順番に「ガバナンス」「戦略」「リスク管理」「指標と目標」となっている。

非財務情報の重要性が加速度的に増し、ESG開示に対応する企業が増加する中、開示基準の主要な設定機関や、国際的な会計基準設定機関であるIFRS財団などは、乱立するESG情報開示基準の統一や簡素化に向けて協調姿勢を示しており、国際的な取り組みがグローバルの課題となっている。

日本でも国際的な動向に目を光らせ、TCFD提言のみならず幅広く開示範囲を見極めることになるだろう。企業は、既存の価値観にとらわれず、世界や自国の状況を見極め、企業統治のあり方を見直す柔軟性が求められる。TCFD提言の導入を例に取れば、関連する取締役委員会等に監督者を置き、シナリオ分析、気候変動リスクの評価、事業や財務上の影響の分析、対応策の検討と実行など、誰がどのように関与し運用するのかを決定し、柔軟に対応していかなければならない。

コラム：統合報告書

ここまで、企業の財務諸表に現れない項目（非財務情報）の重要性が高まっていることを紹介してきた。では、投資家は企業が公表する「何の資料」を見ることで、投資判断に有用な情報を入手することができるだろうか。その1つの答えが、財務情報と非財務情報を統合した報告書、**「統合報告書」**である。

非財務情報の重要性が認識されるようになって以降、企業は「環境報告書」や「知的財産報告書」、「CSR報告書」といったさまざまな報告書を自主的に作成し開示する動きが見られた。投資家側も、2008年のリーマンショックを契機として、より長期的な価値を重視するようになってきた。しかし、企業が財務情報や非財務情報を多く開示する一方で、投資家からすれば意思決定や企業評価の観点でどの資料を見れば良いのか、財務情報と非財務情報にどういうつながりがあって中長期的に企業価値を創り出しているのか、といった点が外部からはわかりにくいという課題も出てきた。

そのような中で、統合報告書は、組織の戦略、ガバナンス、実績及び見通しがどのように短、中、長期の価値創造を導くかについての、投資家等との簡潔なコミュニケーション・ツールとして位置づけられる。国際統合報告協議会（IIRC）では

統合報告書の作成や情報等に関するフレームワークを2013年に公表しており、日本でも統合報告書の発行企業は旧東証1部上場企業を中心に増加し、2021年時点では500社を超えたとされる。

　ただし、財務情報と非財務情報が1つの報告書に含まれてさえいれば良いわけではない。重要な情報が報告書に含まれていることに加え、企業の目的やその達成に向けた取り組みといった価値創造のストーリーと各情報のつながりが重要であり、統合報告書はそれを強く意識して作成される。例えば、統合報告フレームワークに示されている通称オクトパスモデル（**図表**）を基礎として、その要素と流れを具体的に説明する形式がとられる。すなわち、外部環境や存在意義・使命・ビジョン、ガバナンス、リスクと機会、戦略と資源配分、実績、見通しが、ビジネスモデルの下で資本を事業活動にインプットして、それをアウトプットに加工し、アウトカムに導く、というプロセスを示しつつ、そこにカネとそれ以外の資本を織り込んでゆくのである。

　無形資産もESGも、それ自身が大切というよりは、それらが企業価値に与える影響が顕在化してきたから大切なのである。このつながりを企業が示し、投資家等が理解できるような仕組みがいま求められている。この目的を満たすべく、例えばエーザイのように、女性管理職比率や育児時短勤務制度利用者割合などのESGに

図表　企業の価値創造プロセス（オクトパスモデル）

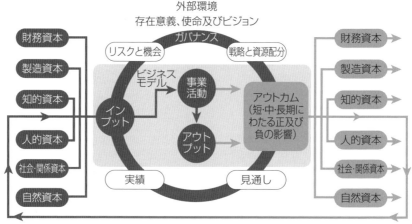

出所：国際統合報告〈IR〉フレームワーク（2021年）

関連するKPIが将来の損益や**PBR**（株価純資産倍率）に及ぼす影響を統計的に分析したケースもある。今後も統合報告書を通じて企業の価値創造プロセスをステークホルダー間で共有すべく、開示項目には企業のオリジナリティもさらに見られるであろうし、掲載情報の確からしさの第三者保証の必要性についても議論されてゆくであろう。また、この環境下では、企業側も企業を外から見る側も、アカウンティング知識による財務諸表の理解と、財務数値の前提となる事業構造を紐づける力がますます求められてくるであろう。

3 ● 業界の実態を見抜く

POINT

　財務諸表（貸借対照表、損益計算書、キャッシュフロー計算書等）や財務指標には、当該企業がビジネスを行った結果が反映されており、業種や会社の特殊性が表れる。したがって、これらの財務数値を用いて会社を分析する際には、売上や各段階の利益、総資産、あるいは指標分析の数値を単純に比較するのではなく、業種間の違いや当該企業の特徴を考慮したうえで読む必要がある。逆に考えれば、財務諸表や財務指標の数値から、当該企業が属する業界の特徴や当該企業の置かれている状況、そして課題などについても読み取ることが可能である。

CASE

　問1．次の**図表1−23**の1から6の財務指標は、それぞれAからFの企業群のうちいずれかのものである。それぞれどの企業に該当するか、その理由とともに述べなさい。

● 候補企業
・A：信越化学工業株式会社（製造業）
　世界シェア1位の半導体シリコンや塩化ビニル樹脂などを扱う化学メーカー

・B：パーソルホールディングス株式会社（人材サービス）
　転職エージェントや人材派遣など人材に関する幅広いサービスを提供する総合人材サービス企業

・C：西松屋チェーン株式会社（小売）
　ベビー・こどものくらしに関わる用品を専門的に扱う小売チェーン企業

図表1-23 百分率財務諸表

決算期 会計基準	1 2021/03期 日本	2 2021/02期 日本	3 2021/03期 日本	4 2021/03期 IFRS	5 2021/03期 IFRS	6 2021/03期 日本
損益計算書						
売上高	100.0%	100.0%	100.0%	100.0%	100.0%	100.0%
売上原価	78.8%	63.3%	44.8%	27.7%	55.1%	63.7%
売上総利益	21.2%	36.7%	55.2%	72.3%	44.9%	36.3%
販売費及び一般管理費	18.4%	29.1%	18.8%	40.5%	25.4%	10.1%
営業利益	2.8%	7.6%	36.4%	31.8%	19.5%	26.2%
営業外収益	0.4%	0.2%	2.3%	0.9%	0.2%	1.4%
営業外費用	0.1%	0.1%	0.1%	0.0%	0.2%	0.6%
経常利益	3.1%	7.8%	38.6%	32.6%	19.5%	27.1%
特別利益	0.1%	0.1%	0.1%	0.0%	0.0%	0.0%
特別損失	0.1%	0.1%	0.0%	0.0%	0.0%	0.2%
税金等調整前当期純利益	3.0%	7.7%	38.7%	32.6%	19.5%	26.9%
法人税等	1.2%	2.6%	11.4%	8.2%	6.2%	6.9%
非支配株主に帰属する当期純利益	0.2%	0.0%	0.0%	0.0%	1.0%	0.4%
親会社株主に帰属する当期純利益	1.7%	5.2%	27.3%	24.4%	12.3%	19.6%
貸借対照表						
資産合計	100.0%	100.0%	100.0%	100.0%	100.0%	100.0%
流動資産	61.8%	74.8%	82.6%	33.2%	33.8%	56.6%
現預金同等物及び短期性有価証券	21.7%	47.4%	71.2%	14.1%	8.0%	34.1%
売上債権	34.7%	2.8%	5.7%	11.3%	21.4%	10.2%
棚卸資産	2.2%	22.4%	3.5%	5.2%	0.7%	10.8%
その他流動資産	3.2%	2.2%	2.1%	2.6%	3.6%	1.6%
固定資産	38.2%	25.2%	17.4%	66.8%	66.2%	43.4%
有形固定資産	3.1%	9.4%	3.4%	15.2%	27.4%	34.5%
無形固定資産	26.3%	1.0%	0.6%	9.4%	14.9%	0.3%
投資その他の資産	8.7%	14.8%	13.4%	42.2%	23.9%	8.6%
負債合計	54.3%	42.4%	23.4%	14.2%	50.1%	14.6%
流動負債	38.0%	39.4%	21.5%	12.6%	33.4%	10.7%
仕入債務	0.1%	29.7%	4.7%	5.2%	1.4%	3.7%
固定負債	16.3%	3.0%	1.9%	1.6%	16.7%	3.9%
純資産合計	45.7%	57.6%	76.6%	85.8%	49.9%	85.4%
株主資本等合計	41.0%	57.6%	76.6%	85.1%	45.2%	83.3%
資本金・資本剰余金	9.5%	4.3%	1.0%	4.6%	4.0%	7.3%
利益剰余金	35.4%	59.0%	81.5%	78.1%	41.8%	77.4%
自己株式	−2.9%	−6.4%	−6.4%	−6.0%	−0.8%	−0.4%
負債・純資産合計	100.0%	100.0%	100.0%	100.0%	100.0%	100.0%
(主な経営指標)						
ROE：%	10.38	12.89	28.13	12.59	14.25	10.74
売上高当期純利益率：%	1.7	5.2	27.3	24.4	12.3	19.6
総資産回転率：回	2.52	1.44	0.80	0.44	0.53	0.45
財務レバレッジ：倍	2.44	1.74	1.31	1.18	2.21	1.20
ROA：%	4.20	7.46	21.93	10.62	6.48	8.89
売上高当期純利益率：%	1.7	5.2	27.3	24.4	12.3	19.6
総資産回転率：回	2.52	1.44	0.80	0.44	0.53	0.45
売上高総利益率：%	21.2	36.7	55.2	72.3	55.1	36.3
売上高営業利益率：%	2.8	7.6	36.4	31.8	19.5	26.2
売上高経常利益率：%	3.1	7.8	38.6	32.6	19.5	27.1
親会社株主に帰属する当期純利益率：%	1.7	5.2	27.3	24.4	12.3	19.6
総資産回転率：回	2.52	1.44	0.80	0.44	0.53	0.45
売上債権回転期間：日	50.22	7.60	28.39	91.50	150.59	81.61
棚卸資産回転期間：日	3.88	99.14	40.69	153.67	9.05	139.90
仕入債務回転期間：日	0.30	124.84	49.25	92.13	17.77	50.13
CCC：日	53.80	−18.10	19.84	153.05	141.87	171.37
自己資本比率：%	40.98	57.60	76.60	85.10	45.18	83.27
流動比率：%	162.8	189.6	383.9	264.2	101.2	527.2
当座比率：%	148.5	127.2	357.8	201.9	88.9	412.1
固定比率：%	93.2	43.8	22.8	78.5	146.6	52.1
インタレストカバレッジ・レシオ：倍	77.03	2,047.33	3,651.73	1,399.89	150.25	555.83

出所：SPEEDAから財務データを入手し、グロービスにて計算

・D：KDDI株式会社（通信）

携帯・固定電話からインターネットに至るまで幅広く通信サービスを扱う総合通信企業

・E：小野薬品工業株式会社（製薬）

幅広い領域にわたる医薬品の製造を行う製薬会社

・F：任天堂株式会社（ゲーム機器）

世界中で支持されている任天堂スイッチなどを販売するゲーム機器会社

大学3年生で就職活動中の鈴木慎太郎は、今日はコンサルティングファームの会社の採用試験に臨んでいるが、そこで出されたのが上記の問題である。就職活動に臨むにあたりいろいろな準備をしてきてはいたが、財務諸表の理解までは手が回っていなかった。最初は「とはいっても何とかできるだろう」と思っていたが、いざ答えを出そうとするとなかなか難しく、「その理由とともに」と聞かれると全然自信が持てなかった。

しかし、コンサルティング会社はどんな意図があってこんな問題を出すのだろうか。個別の財務諸表の数字から該当する企業名を当てることを通じて、学生のどのような知識や思考を測りたいのだろうか。この問題の真意をつかめないまま取り組んだ鈴木は、最終的には何とか強引に理由をつけて解答を提出した。

試験日の翌日、採用担当の山田美波は、採点をしながらこうつぶやいた。「やはり、学生は企業ごとの事業の特徴まではなかなか理解が及んでいないな。即戦力となる大学生を採用したいけれど、それは難しいかもしれない。そもそも自分が学生だった頃を振り返ると、経営学を専攻していてもここまで具体的な業種の特徴と財務指標との関係を理解してはいなかった。入社後の研修では財務に関する領域についてしっかりやる必要があることがわかったので、新入社員研修をより充実させることにしよう」

本節では、財務諸表（ここでは貸借対照表と損益計算書）や財務指標を見る際に、業種による違いに注目することの重要性について、CASEに示した6つの企業の事例を使用しながら学んでいく。なお、日本の上場企業の2020年度のうち旧東証1部上場企業の主要財務指標の平均値を**図表1-24**に示した。これとも対比しながら読み進めていただきたい。

図表1−24 旧東証1部上場企業の財務指標平均値

指標	2020年度(全企業)	2020年度(製造業)	2020年度(非製造業)
ROE：%	7.15	6.70	7.76
売上高当期純利益率：%	4.2	4.4	4.0
総資産回転率：回	0.51	0.65	0.41
財務レバレッジ：倍	3.20	2.24	4.48
ROA：%	2.14	2.87	1.65
売上高当期純利益率：%	4.2	4.4	4.0
総資産回転率：回	0.51	0.65	0.41
売上高営業利益率：%	5.1	6.0	4.0
売上高経常利益率：%	6.6	6.7	6.5
売上高当期純利益率：%	4.2	4.4	4.0
自己資本比率：%	31.2	44.6	22.3
売上高成長率（前年比）：%	-6.90	-7.90	-5.80

出所：『東京証券取引所 決算短信集計 市場第一部 2020年度』をもとに、グロービスにて計算

1●状況の整理

　図表1−23の1〜6の企業について、それぞれの財務数値の構成比、及び財務指標から、特徴を整理していこう。

◉───1の企業

　この企業の財務諸表は日本基準で作成されたもので、同社の財務諸表の特徴は以下の通りである。

● ROEについて

　ROEは10.38%と6社の中では低いものの、旧東証1部上場企業の中では比較的高い（図表1−24）。その内訳をみると、収益性：売上高当期純利益率が1.7%と比較的低いところを、効率性：総資産回転率2.52回、安全性：財務レバレッジ2.44倍でカバーしている。特に総資産回転率の2.52回は、日本の旧東証1部上場企業の平均が0.51回であることから考えると非常に高い。

● **営業利益率が低い**

　営業利益率は2.8％と候補企業の中で一番低い。その要因を見ていくと、売上高に対する売上原価の比率が78.8％と他と比較して非常に高いことから、付加価値をあまりつけられないタイプの事業を行っていると推測される。さらに、販売部門や管理部門の人件費や販売促進の費用などを中心に販売費及び一般管理費も掛かっている。

● **総資産回転率が高い**

　総資産回転率は2.52回と、上記の通り日本の旧東証1部上場企業の平均0.51回と比べて非常に高い。この数字から、資産を効率的に活用しながら売上を上げている（あるいは、ビジネスにおいて資産をさほど必要としない）企業だと思われる。

● **無形固定資産が非常に大きい**

　無形固定資産比率が26.3％と他の対象企業と比較すると非常に大きい。無形固定資産の候補には特許権、ソフトウェアなどのほかに企業を買収した際に発生する「のれん」があるが、これほど金額の構成比が大きいということは、のれんの可能性が示唆される。

● **棚卸資産回転期間、仕入債務回転期間がともに短い**

　棚卸資産回転期間が3.88日と他と比較しても非常に短いことから、自社で製品や商品をほとんど保有しないビジネスを展開していると思われる。また、仕入債務回転期間が0.30日と6社中圧倒的に短いことから、仕入債務の支払いが非常に早い（あるいは、仕入債務がさほど発生しない）ことも特徴である。

　以上より、売上原価78.8％と付加価値はさほど高くない事業を展開しているが、総資産回転率が2.52回と資産の効率性にすぐれていることがわかる。また、無形固定資産の比率が大きいことから、過去に企業買収（M&A）等を通じて企業を成長させている可能性がある。棚卸資産回転期間が極めて短いことから在庫をあまり持たないビジネスを展開していると思われる。

◉─────**2の企業**

　この企業の財務諸表は日本基準で作成されたもので、同社の財務諸表の特徴は以下の通りである。

● ROEについて

ROEは12.89%と高いが、その内訳をみると収益性：売上高当期純利益率が5.2%、効率性：総資産回転率1.44回、安全性：財務レバレッジ1.74倍である。効率性の指標が比較的高いことが、同社のROEを押しあげていることがわかる。

● 総資産回転率が高い

1の企業ほどではないが、総資産回転率は1.44と高い。この数字から、資産を効率的に活用して売上を上げている（あるいは、ビジネスにおいて資産をさほど必要としない）企業だと思われる。

● 売上債権回転期間が短く、流動比率が非常に高い

流動比率が189.6%と非常に高いのは、当座比率が127.2%と高いためである。売上債権回転期間が7.60日と非常に短く、現金による販売が多いことが想定されることから、当座資産の内訳として現預金が潤沢であると予想される。このことは、資金的な安全性がある一方、その潤沢な現金を投資するのに十分なリターンを得られる投資先が見つからず、その結果資金余剰に直面している可能性もある。

● 棚卸資産回転期間が長いが、それ以上に仕入債務回転期間が長い

棚卸資産回転期間は99.14日（約3カ月強）と長いためビジネス上潤沢に在庫を持っていると思われるが、仕入債務回転期間は124.84日（約4カ月強）とさらに長いことから、その結果CCC（キャッシュ・コンバージョン・サイクル）はマイナス18.10日になっている。このことから、同社は仕入先への支払いを極限まで遅らせていることで、手元に回収した現金が残るような資金の流れを工夫していることがわかる。

以上より、総資産回転率が高いことと売上債権回転期間が短いことから、資産効率が高く、現金販売を行う業種であることが推測される。また、流動比率や当座比率の高さは財務体質の良さを表している。当座比率が高いのにもかかわらずCCCをマイナスにして手元に現金が残るような運転資本のマネジメントをしている点から、成長への投資の資金源として運転資本を活用していることが推測される。

◉─── 3の企業

この企業の財務諸表は日本基準で作成されたもので、同社の財務諸表の特徴は以下の通りである。

● ROEについて

　ROEは28.13%と非常に高いが、その内訳をみると収益性：売上高当期純利益率が27.3%と極めて高い一方、効率性：総資産回転率0.8回、安全性：財務レバレッジ1.31倍と平均より低く、収益性がROE向上に貢献していることがわかる。

● 収益性が非常に高い

　売上高当期純利益率が27.3%と旧東証1部上場企業の平均4.2%と比較すると極めく高い。その内訳をみると売上総利益率が55.2%と高いことから、付加価値の高い事業を行っていることがわかる。

● 流動資産の比率が非常に高い

　総資産に対する流動資産の比率が82.6%と非常に高く、その中身をみると現預金同等物及び短期性有価証券が総資産の71.2%を占めている。潤沢な現預金は安全性という面では非常に魅力的であるが、一方では、投資対効果に見合う投資先が見つからず資金を滞留させてしまっているという見方もできる。

● 固定資産の比率が低い

　総資産に対する固定資産の比率が17.4%と低いが、その内訳をみると有形固定資産3.4%、無形固定資産0.6%、投資その他の資産が13.4%である。有形固定資産の数字からほとんど自社で設備を持たない、もしくは設備を必要としないビジネスをしていることがわかる。一方、投資その他の資産の数字から、自社のビジネスの広がりもしくは余剰資金の使途として、外部企業の株式を取得していると推測される。

● 自己資本比率が高く、固定負債比率が低い

　自己資本比率は、旧東証1部上場企業の平均が30%台であるのと比較して76.6%と非常に高い。その内訳を見るとほとんどが利益剰余金であり、ビジネスが生み出した利益を過去から着実に内部留保として積み上げてきたことがわかる。

　以上より、この企業はROEが非常に高く、それは売上総利益をはじめとする利益率の高さに支えられている。また、有形固定資産が3.4%と極めて小さいことから、外部の資産を上手に使いながら付加価値の高い事業を行っていることがわかる。過去から長期にわたり利益が蓄積された結果、高い自己資本比率につながっている。気になるのは現金・預金の比率が非常に高いことで、安全性という点では非常に魅力的であるが、現

金の有効活用という点では課題があるという見方もできる。

◉———— 4の企業

　この企業の財務諸表はIFRSで作成されたもので、同社の財務諸表の特徴は以下の通りである。

● ROEについて

　ROEは12.59%と高いが、その内訳をみると収益性：売上高当期純利益率が24.4%、効率性：総資産回転率0.44回、安全性：財務レバレッジ1.18倍であり、収益性の高さがROEを押しあげていることがわかる。

● 売上総利益をはじめとして、全般的に収益性が非常に高い

　この会社は原価の比率が27.7%と低いことから付加価値の高い事業を行っている。販売費及び一般管理費率は、40.5%と他の企業と比較すると高いが、売上高総利益率が高いため売上高当期純利益率も24.4%と非常に高い。

● 自己資本比率が高く、当座比率も高い

　自己資本比率は85.1%と非常に高いが、その理由としては利益剰余金が78.1%と多いことが挙げられる。利益剰余金は過去の利益から内部に留保したものを指していることから、同社が生み出した利益が長年にわたり蓄えられていることがうかがえる。当座比率の高さ（201.9%）もあわせて考慮するとビジネスで得た利益が当座資産として蓄えられており、非常に資金的に安定していると思われる一方、投資額に見合うリターンを得られる投資先が見つからず、その結果資金余剰に直面している可能性もある。

● 棚卸資産回転期間と仕入債務回転期間が長い

　総資産に占める棚卸資産の比率は高くないが、棚卸資産回転期間が153.67日と約5カ月強となっていることから、事業の特性上、売上規模に対して在庫をかなり多く抱えていることがわかる。

　以上より、売上高総利益率をはじめとする利益率の高さ、株主資本における利益剰余金の比率の高さから、付加価値の高い製品の販売に支えられ、過去から現在に至るまでの長期にわたり利益が蓄積されていることがわかる。一方で、在庫を多めに抱えるビジネスであるとも推測できる。

◉────5の企業

この企業の財務諸表はIFRSで作成されたもので、同社の財務諸表の特徴は以下の通りである。

● ROEについて

ROEは14.25%と高いが、その内訳をみると収益性：売上高当期純利益率が12.3%、効率性：総資産回転率0.53回、安全性：財務レバレッジ2.21倍であり、全体的にも非常にバランスが良いことがわかる。

● 収益性が高い

売上原価率が55.1%、販管費及び一般管理費率が25.4%と、費用の構成は非常にバランスが良い。その結果、売上高営業利益率が19.5%、売上高当期純利益率も12.3%とそれぞれ高い収益率を残している。

● 固定資産の比率が高い

総資産に対する固定資産の比率が66.2%と高いが、その内訳をみると有形固定資産27.4%、無形固定資産14.9%、投資その他の資産が23.9%と他と比較して有形固定資産の比率が高いことがわかる。

● 現金・預金の比率が低い

現金・預金の比率は8.0%と他と比較して非常に小さいことから、現金商売もしくは顧客から定期的に売上債権を回収する（資金繰りが安定的な）ビジネスを展開しており、常に手元に現金を持つ必要がないと思われる。

● 棚卸資産回転期間が非常に短い

棚卸資産回転期間が9.05日と短いことから、在庫をさほど持たないビジネスを展開していると思われる。

以上より、固定資産の比率が高いことから自社で設備を抱えていて、その一方で棚卸資産回転期間が非常に短いことから、在庫をほとんど持たないビジネスを展開していると推測される。また、売上高当期純利益率も高く原価率も踏まえると非常に安定した収益力の事業を展開していると思われる。

◉───── 6の企業

この企業の財務諸表は日本基準で作成されたもので、同社の財務諸表の特徴は以下の通りである。

● ROEについて

ROEは10.74%と、6社の中では低めであるが1の企業同様、旧東証1部上場企業全体の中では高い。その内訳をみると収益性：売上高当期純利益率が19.6%、効率性：総資産回転率0.45回、安全性：財務レバレッジ1.2倍であり、収益性の高さがROEを押しあげていることがわかる。

● 収益性が高い

この会社は原価率が63.7%とそれなりにかかっているが、販管費及び一般管理費率が他と比較すると10.1%と極めて小さく、その結果、売上高当期純利益率は19.6%と高い収益率となっている。

● 有形固定資産の比率が高い

総資産に対する有形固定資産の比率は34.5%と他と比較して一番高いことから、この企業は比較的大きな設備投資を行っていることがわかる。

● 自己資本比率が高く、固定比率が低い

自己資本比率は83.3%と高いが、その内訳をみるとほとんどが利益剰余金である。有利子負債をほとんど有していないことから、過去に生み出した利益の蓄積をもとにビジネスを展開していることがわかる。

以上より、自社で設備投資を行いながら販売費及び一般管理費をさほど伴わない、高い収益性を残している会社である。また、利益剰余金の厚みから、かなり安定的な経営をしていることがわかる。

2◉まとめ

1番目の会社は、原価率が高いことや棚卸資産回転期間が短いこと、そして総資産回転率が高いことから、自社で製品や商品を持つのではなく提供者と利用者の間でサービ

スを仲介する会社だと推測できる。また、無形固定資産の比率が高く、過去M&Aなども実施したことがあると推測できることから、人材サービスを提供しておりかつ過去から積極的にM&Aを行っているパーソルホールディングスだと推測できる。

　2番目の会社は、総資産回転率が高く、また売掛債権回転期間が短く一部現金販売も実施していることが推測できることから一般消費者を対象とした小売業的な業態であると思われる。また、売上債権回転期間＋棚卸資産回転期間よりも仕入債務回転期間を長くすることで回転差資金を生み出し、それを成長への投資資金に割り当てていると推測できることから、継続的に新規出店を続けている西松屋チェーンと推測できる。

　3番目の会社は、高い収益率のもと高いROEを誇っていること、そして、過去からの利益の蓄積によって高い自己資本比率を築いていること、加えて、有形固定資産比率が低い点から、長い間ゲーム業界で革新的なサービスを出す一方、ゲーム機器の製造自体はファブレスで外部工場に委託をしている任天堂であると推測できる。

　4番目の会社は、原価率が低いことから付加価値の高い製品を販売しており、自己資本比率の高さなどから財務体質が安定している優良企業である。同社の特徴としては、販管費率が高い点と、棚卸資産回転期間が長い点である。販管費率の高さは、付加価値の高い製品を開発するための研究開発活動に力を注いでいるため、また、棚卸資産回転期間の長さは企業としての安定供給が求められているとそれぞれ考えられるため、小野薬品工業と読み取れる。

　5番目の会社は、棚卸資産回転期間がほとんどないことから在庫を持たずにサービスを展開していると想像できること、加えて有形固定資産にも投資を行っていること、手元に現金をそれほど持っておらず売上債権回収の見通しの立ちやすいビジネスを行っていると考えられることから、KDDIと推測できる。

　6番目の会社は、売上原価はそれなりにかかっているものの販管費の割合が低い結果、売上高当期純利益率が20％近くと手厚いことから、非常に競争力の高い商品を保有していると考えられる。また、資金使途としては、有形の固定資産にも資金を振り向けている一方、資金調達としては負債がほとんどなく自己資本比率が手厚くその内訳として利益剰余金の比率が高いことから、世界シェア1位の商品を複数もっており、長期にわたり安定した経営をしている信越化学工業と推測される。

　いかがだろうか。本節の例はほんの一例であるが、財務指標の特徴からその企業で展開されているビジネスの特徴を推測していく流れを示した。このような考え方、また逆に現実のビジネスの特徴から財務数値の特徴を推測する考え方に習熟していけば、財務諸表を「読む力」は確実に高まるだろう。

第**2**章

財務会計と経営方針

● 第2章のはじめに

●

　第1章では、貸借対照表、損益計算書、キャッシュフロー計算書を始めとする財務諸表の構造と意味、またそれらを読みやすくする分析ツールである財務指標を使った比率分析について、具体例としていくつかの企業を取り上げて比較しながら学んだ。本章では、貸借対照表と損益計算書に計上される金額の算定基礎となる会計ルール、会計方針（Accounting Policy）などについて学ぶ。

　貸借対照表や損益計算書の数値は誰が計算しても同じになるというものではなく、会計ルールや会計方針によって変わり得る。例えば、有形固定資産の金額は、購入時に一括して費用に計上するのではなく、使用期間にわたって徐々に費用にしていく減価償却という方法が適用される。そして、減価償却の代表的な方法には減価償却費が毎期一定となる定額法と、減価償却費が最初に多く、その後徐々に少なくなる定率法があり、会社がいずれを採用するかによって毎年の減価償却費が変わり得る。仮に新規設備の減価償却の方法がＡ社は定額法、Ｂ社は定率法だとすると、減価償却費を除いた両社の利益がまったく同じ、つまり経営の実態はまったく同じであったとしても、購入当初においては利益はＡ社のほうが多くなる。

　１つの事実（会計事象と言う）に対して複数の会計処理方法が選択できる場合に、会社はその中から自社の会計事象をより適切に表現できると考えられる会計処理方法を採用する。これを会計方針と言う。財務諸表の数値から会社の総合的な収益力などを正しく把握するためには、会社の会計方針を確認する必要がある。また、会社はいったん採用した会計方針を変更することもでき、それによって、利益をはじめとした財務諸表上の数値も変わり得る点にも注意が必要である。会社が過去の実績数値との期間比較を行う時、途中で会計方針の変更があれば、それに応じた数値の修正をしなければならない場合がある。

　会計方針は、会社を取り巻く経営環境や経営戦略に関連して考えることができる。例えば好景気が続くような経営環境で業績が順調な会社は、安定した利益を継続させるために、現在の費用を多く、将来の費用を少なくするような方法（例えば定率法）を採用

するかもしれない。一方、短期的な利益を大きくしようとする会社では、できるだけ現在の費用を少なくして、将来に費用を付け替えることができる方法（例えば定額法）を望む傾向がある。

　また、最近では、財務諸表の作成において日本の会計ルールではなく国際財務報告基準（IFRS）を採用する会社が増えてきている（30ページ）。同じ会計事象に対しても、会計ルールによって求められる会計処理が異なる場合がある。そのため、例えば海外企業の財務数値と比較する場合においては、どの会計ルールを適用して財務諸表を作成しているかを確認することが望ましい。本章では、補論として日本の会計処理方法とIFRSの主な相違点についても紹介する。

1 ● 経営戦略と会計方針

　会計方針は、会社の置かれている状況に応じて経営状況をより適切に表す方法を採用することが望ましく、状況が変化すれば変更することが認められている。逆に言えば、会計方針の変更から会社の置かれた状況や経営戦略を推定することもできる。

　ただし、会計方針は恣意的な利益調整を防ぐ目的から、みだりに変更することは認められない。会社がいったん採用した会計方針は、「正当な理由」がない限り変更してはならないという、継続性の原則がある。また、会計方針の変更に際しては、なぜ今変更するのか、といった適時性も問われることになる。

　中山俊太はX社の経理部に勤める若手社員である。配属されるまで会計を専門に学んだことはなかったが、業務経験を積み、最近ようやく慣れてきたところであった。

　X社ではリモートワークを推進しており、出社するのは週1日程度だ。この1年の経験から、都心部に住んでいなくても業務に支障が出ないことがわかったので、中山は、以前から興味があった田舎暮らしをしてみようとN県へ移住することにした。これまでは都内の交通の便が良い地域に住んでいたため車は不要であったが、田舎暮らしとなるとそうはいかない。とはいえ、それほど手元資金に余裕があるわけでもないということで友人に相談したところ、良いタイミングで友人の兄が昨年購入した自動車を譲っても良いという話があった。

　若者に人気のある小型のSUVで、同年式、同グレードの中古車の値段を参考にして特別に200万円でどうかとの話だ。また、自動車登録等についても友人の兄の知り合いの販売業者が請け負ってくれるので心配がいらないということだ。

　中山は、タイミングの良いうれしい話に色めき立ったが、同時にもう少しだけ安くな

らないものかとも思った。中古車の価値は、年式やグレードが同じでも装備や走行距離などによって違うらしい。そもそも、自動車のコンディションは個々に違うので、一律に価値を決められるものでもない。かといって、あまり無理を言ってせっかくの厚意を無にしたくないし…などと考え込むうち、探求心の旺盛な中山は「客観的に妥当な買い値とは、どのように決まるのか。いや、待てよ。個人がモノを買う時に価格がいくらかについてこのように迷うということは、会社の持つ資産についてもさまざまな考え方があり得るよな。会社の資産の金額はどのように決められるのだろう」と考え始めた。

1● 会計方針の多様性と選択の余地

　通常、個人の生活においては、資産の価値がどの程度なのかを突き詰めて考えることはないかもしれないが、企業の場合はそうはいかない。例えば、株式会社であれば株主総会や税務申告のために、少なくとも年に1度は会社の業績や財産の状況を決算書にまとめる必要がある。その際には、所有している資産について金額を確定する必要がある。

　では、資産の金額はどのように決めるのだろうか。そもそも、資産額や利益などの数値は一義的に定まるものだろうか。これは、簡単そうに見えて実は難しい問題である。例えば、会計ルールが一律の会計処理を定めている場合には、1つの会計事象について資産額や利益は一律に決めることができる。しかし、会計ルールが1つの会計事象に対して複数の会計処理を認めているとすると、どの会計処理方法を採用するかによって資産額や利益は変わり得ることになる。ということは、財務諸表の利用者は、複数の会社の利益率等を比較する場合などにおいて、それぞれの会社が採用する会計処理方法が同じかどうかを確認する必要がある。

　現在、日本では、会計ルール上、複数の会計処理方法を認めており、会社は最も適当と考える会計処理方法を採用できるとしている（ただし、1度採用した会計処理方法は、別の方法がより正しく状況を表すようになるなど「正当な理由」がない限り、変更してはいけないという**継続性の原則**が定められている）。なお、会社が会計ルールで認められた、複数の会計処理方法の中から自社にとって最も適当な会計処理方法を選択すること、あるいはその選択の結果を**会計方針**という。

　これは、ある特定の方法を強制すると、かえって企業の実態を表さなくなるおそれがあるからだ。その意味では、会計は通常思われている以上に、事業の特性や外部環境の変化などに対応して、会社のさまざまな判断や前提の積み上げでできているものであり、不確かなものであると言えよう。

　なお、どの会計処理方法を採用するかは、費用あるいは収益の累積的な総額を変える

ものではないことを念頭に置いておく必要がある。例えば、減価償却の方法が定率法、定額法のように異なっていても、同じ設備である限り、最終的には収益や費用の累計額は同じになる。

　以下、本節では、会計方針として財務諸表に記載されるものの中でも重要度が高い、棚卸資産の評価基準及び評価方法、固定資産の会計処理方法、引当金の計上方法、また、収益の計上基準、費用の計上基準、その他の会計処理方法、のそれぞれについて具体的な内容と意味を説明し、最後に会計方針の変更と継続性の原則について説明する。

2●棚卸資産の評価基準及び評価方法

　棚卸資産とは、商品、製品、半製品、仕掛品、原材料、貯蔵品などを総括したものである。わかりやすく言えば、棚卸資産がグループ名で、商品や製品等がそのメンバーといった関係ということだ。なお、棚卸資産は会計用語であり、ビジネスでは在庫という言い方もするが実質的に同義と考えて差し支えない。このうち、商品は外部から購入してそのまま売るものであり、製品は製造して売るもの、半製品はそのままでも加工して最終製品としてもどちらでも売ることができるもの、仕掛品は製造過程の途中にあるもの、貯蔵品は切手、収入印紙、回数券などの有価物、事務関連の消耗品、包装材料などをそれぞれ意味している。

◉────評価基準

「棚卸資産の評価に関する会計基準」によれば、棚卸資産（金地金のように単に市場価格の変動により利益を得ることを目的として保有されているもの、すなわちトレーディング目的の棚卸資産を除く）は、**取得原価**で貸借対照表に計上する原価法を採用している。しかし、期末における**正味売却価額**が取得原価よりも下落している場合には、当該正味売却価額まで帳簿価額（貸借対照表上の価額）を切り下げ、取得原価と当該正味売却価額との差額は当期の費用として処理する。このため、実質的には原価と期末時点の**時価**とを比較して、低い方を採用する低価法が義務付けられていると言える。

　棚卸資産の時価が回復した場合、前期に計上した簿価切下額の戻し入れに関しては、当期に戻し入れを行う方法（洗替え法）と行わない方法（切放し法）のいずれかの方法を棚卸資産の種類ごとに選択適用できる。ただし、採用した方法は、原則として、継続して適用しなければならない。

　　取得原価：資産を取得した時の金額である。原則として購入代価又は製造原価に引取

費用等の付随費用を加算した金額である。

正味売却価額：売価（購買市場と売却市場とが区別される場合における売却市場の時価）から見積追加製造原価及び見積販売直接経費を控除したものをいう。なお、「購買市場」とは当該資産を購入する場合に企業が参加する市場をいい、「売却市場」とは当該資産を売却する場合に企業が参加する市場をいう。

時価：公正な評価額をいい、通常は市場価格に基づく価額をいう。市場価格が観察できない場合には合理的に算定された価額を公正な評価額とする。なお、トレーディング目的の棚卸資産は、時価で貸借対照表に計上する。

●──── 評価方法（単価計算）

評価方法とは、棚卸資産の取得金額を売上原価と事業年度末の残高に割り振る方法をいう。仕入れた商品にせよ原材料にせよ、品目や取得時期等によって取得原価はまちまちなことが多い。その場合に、損益計算書や貸借対照表において、期中に売れた分の取得原価（売上原価に計上）はいくらで、期末に残っている分の取得原価（棚卸資産に計上）はいくらかを決める方法が必要である。

具体的には、

個別法：個々の棚卸資産の実際の取得価額により期末の棚卸資産の価額を算定する方法

先入先出法：仕入時期あるいは製造時期の古いものから順番に販売（払い出し）されていくと仮定して、期末の棚卸資産の単価を算定する方法

平均法：保有する棚卸資産の帳簿価額と新たに取得した価額の合計額をこれらの総数で除して、期末の棚卸資産の単価を算定する方法

売価還元法：商品をいったん売価により棚卸し、原価率を乗じて期末棚卸資産の価額を算定する方法

などがある。業種によって違いはあるが、日本の上場企業の多くは平均法を採用している。先入先出法は、棚卸資産の実際の入出庫の動きと整合するため感覚的に馴染みやすい方法だ。一方、物価変動の損益に対する影響にタイムラグが生じるという特徴がある。売価還元法は多種多様な商品等を取り扱う小売業、卸売業などで採用されることが多く、宝石などの単価が高く、個別性の高い棚卸資産を扱うような会社では個別法も採用されている。なお、評価方法は、事業の種類、棚卸資産の種類、その性質及びその使用方法等を考慮した区分ごとに選択し、継続して適用する。

図表2-1　棚卸資産の評価方法と利益の関係

インフレの時			
	期末在庫	売上原価	利益
先入先出法	大	小	大
平均法	小	大	小

デフレの時			
	期末在庫	売上原価	利益
先入先出法	小	大	小
平均法	大	小	大

　棚卸資産の評価方法と利益の関係を示すと次の通りである（**図表2-1**）。

3●固定資産の会計処理方法

◉───減価償却

　例えば、大型の製造設備への投資を考えてみよう。製造設備を取得し稼働し始めた時に一括して費用にすると、その期の業績が大幅に悪化するが、次期以降は製造設備の費用が発生しないため、利益が多くなる。しかし、同じ製造設備を毎年使用しているのであれば、会社の活動状況をより正確に表すという観点からは、その取得に要した金額を稼働開始の年にすべて費用とし、それ以降の年にはまったく費用がかからないとするのは好ましくない。したがって、この製造設備の取得金額を「使用期間にわたって徐々に費用にしていく」必要性が出てくる。この方法を**減価償却**と言う。

　減価償却は、使用や時間の経過につれて経済的な価値（将来収益を生み出す能力）が減少していく機械や建物などの有形固定資産について、それらの資産を使用する期間（**耐用年数**：Useful Life）にわたって徐々に費用としていくことと定義される。

　減価償却の考え方に基づいて計算される資産の費用化額が損益計算書上の減価償却費である。一方、貸借対照表上では毎年の減価償却費に相当する金額が、有形固定資産の取得原価から徐々に差し引かれていく。そして、減価償却が終了した時点では、最終的な使用後の価値である**残存価額**（Residual Value、減価償却が終了した時点でのその資産の処分価値の見積額）が残る。ただし、有形固定資産であっても使用によって価値が減少しないと考えられる土地等は、減価償却の対象とはならない。なお、法人税法上、

2007年4月以降に取得した固定資産については、残存価額が廃止（備忘的な意味合いの残存簿価1円まで償却可能）となった。

　資産の貸借対照表上の計上額が、当初の取得価額から時の経過とともに減少するという考え方は、有形固定資産だけでなく無形固定資産についても適用される。なお、有形固定資産の取得原価を配分する方法のことを減価償却と呼ぶのに対して、無形固定資産の原価を配分する方法のことを償却と言う。

　代表的な減価償却方法として、下記の3つがある。

定額法（Straight Line Method）：減価償却費を使用期間にわたって均等に計上する

定率法（Accelerated Method）：前期末の貸借対照表上の残高に一定の比率を掛けた額を当期の減価償却費とする。使用期間中の減価償却費が最初多くて徐々に少なくなっていく

生産高比例法：生産量や活動量に応じて使用期間中の減価償却費が増減する

　減価償却費に関して重要な点の1つは、減価償却費は現金の支出を伴わない費用であるということだ。つまり、減価償却費が非常に多く利益が少ない会社であっても、キャッシュフローは潤沢であるかもしれない。減価償却費に相当する現金が会社の内部に留保されたという意味で、投下資本の回収と捉えて自己金融効果と言われる。

　日本の上場企業では、3分の2以上がほとんどの有形固定資産について定率法を採用している（なお、1998年4月1日以降に取得した建物については、法人税法における定額法を採用している企業がほとんどである）。日本企業が定率法を採用する理由の1つとして、日本では有価証券報告書をはじめとする決算書の作成と税金計算に通常は同じ減価償却の方法を採用するため、節税目的で減価償却費が多くなる定率法を採用することが多いためと考えられる。逆に言えば、定額法を採用する会社は節税よりも利益を増やすことを重視していると考えられる。

　無形固定資産は定額法で償却される。無形固定資産の耐用年数については、実務上は法人税法の規定による耐用年数を参考にしてソフトウェアは5年、営業権は5年、特許権は8年、実用新案権は5年、意匠権は7年、商標権は10年などとしている場合が多い。最近、その金額的な重要性が高まっているのれんは、企業会計では20年以内の一定年数で償却されるが、法人税法での償却期間は5年とされる。

　なお、耐用年数や残存価額が変われば減価償却費も変わることを念頭に置く必要がある。つまり耐用年数を長くしたり残存価額を大きくすると、各期に割り当てられる減価

償却費は減少し、逆に、耐用年数を短くしたり残存価額を小さくすると、各期に割り当てられる減価償却費は増加する。

● 減価償却の各方法の計算

定額法では、減価償却費を以下のように計算する。

$$減価償却費＝取得原価 ÷ 耐用年数$$
$$（残存価額がある場合は、＝（取得原価－残存価額）÷ 耐用年数）$$

なお、上の式では耐用年数で割っているが、これを掛け算に直した場合の掛ける数を償却率という。例えば、耐用年数8年で割る場合は償却率0.125（＝1÷8）、耐用年数10年ならば償却率0.1（＝1÷10）という具合である。

残存価額について、現在の法人税法の規定では、2007年4月1日以降に取得する減価償却資産については、残存価額を廃止し、耐用年数経過時点に1円（備忘価額）まで償却できる。耐用年数は、それぞれの資産の種類や使用状況などによって各会社で見積ることが原則であるが、実務上は法人税法に規定される耐用年数を参考にする場合が多い。なお、無形固定資産については、取得原価の全額を定額法で償却する。

定率法では、減価償却費を以下のように計算する。

$$減価償却費＝（取得原価－減価償却費の累計額）× 償却率$$

従来、償却率は耐用年数が経過した時に残存価額（例えば10％）が残るように、耐用年数によってあらかじめ決められていた。2007年度税制改正により、2007年4月1日以降に取得した資産の償却率は定額法の償却率を2.5倍した数値が採用された（250％償却）。これにより減価償却費は旧定率法より早期に多額に計上されることとなったが、その後、2011年度税制改正により、2012年4月1日以降に取得した資産の償却率は定額法の償却率を2倍した数値（200％償却）に引き下げられた。

以下、定額法と定率法で減価償却費がどのように変わるか、具体例で比較してみよう。

残存価額は1円、取得価額100万円、耐用年数8年の機械を例に考える。この機械の定額法の償却率は0.125、従来の定率法による償却率は0.250、税法上の新定率法の償却率は0.250（≒0.125×2）となるので、減価償却費はそれぞれ以下のようになる。

定額法

1年目　1,000,000×0.125＝125,000

2年目　1,000,000×0.125=125,000

....

7年目　1,000,000×0.125=125,000

8年目　1,000,000×0.125−1=124,999

従来の定率法

1年目　1,000,000×0.250=250,000

2年目（1,000,000−250,000）×0.250=187,500

3年目（1,000,000−250,000−187,500）×0.250=140,625

....

8年目（1,000,000−250,000−187,500−140,625−105,468−79,101
−59,326−44,495）×0.250=33,371

税法上の新定率法（200%償却）

1年目　1,000,000×0.25=250,000

2年目（1,000,000−250,000）×0.25=187,500

3年目（1,000,000−250,000−187,500）×0.25=140,625

4年目（1,000,000−250,000−187,500−140,625）×0.25=105,468

5年目（1,000,000−250,000−187,500−140,625−105,468）
*　　　　×0.25=79,101*

　新定率法による償却額が「償却保証額」に満たない場合、以降の年度は「改定償却率」による均等償却を行う。償却保証額及び改定償却率は、いずれも税法によりその算定方法が定められている。ここでは、6年目以降は5年目末時点での残高237,306に改定償却率0.334を掛けていく。

6年目　237,306×0.334=79,260

7年目　237,306×0.334=79,260

8年目　237,306−（79,260×2）−1=78,785

　定額法と定率法を比較すると**図表2−2**のようになる。

　生産高比例法（Unit-production Method）とは、予想される総活動量あるいは総生産量に対する各事業年度の実際の活動量あるいは生産量の比率によって、減価償却費

図表2-2　定額法と定率法の比較

	意　　義	長　　所	短　　所
定額法	固定資産の耐用期間中、毎期均等額の減価償却費を計上する方法	●計算が容易である ●毎期の減価償却費は均等額となり、原価の比較が容易である	●設備は、後年度ほど収益力が衰え、修繕費も増加することを考慮すると、後年度の費用負担が大きくなる
定率法	固定資産の耐用期間中、毎期期首未償却残高に一定率を乗じた減価償却費を計上する方法	●機械等の能率が高い時、すなわち収益の多い時に償却費が多く計上される ●後年度になって、修繕費の多くなる時に償却費が低減し、それゆえに費用配分が合理的になってくる	●設備投資が多い時には、当初の償却費の負担が大きくなり、償却費の費用配分が毎期均等化しない

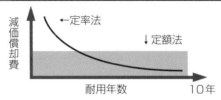

の総額を割り振っていく方法で、以下のように計算する。

$$減価償却費＝（取得原価－残存価額）×$$
$$（今期の実際の活動量あるいは生産量÷予想される活動量$$
$$あるいは生産量の総合計）$$

　生産高比例法を採用した場合の減価償却費について、具体例で比較してみよう。残存価額が1円、取得価額が1000万円の大型車両について、走行可能な総距離が10万km、今期の走行距離が1万5000kmとすると、

$$減価償却費＝（10,000,000－1）×（15,000÷100,000）$$
$$≒1,500,000円$$

となる。

● 減価償却と企業会計

　節税効果以外にもこれまで多くの日本の製造業は、競争力の向上や技術革新に遅れないようにするために定率法を中心に採用してきた。これは物理的な設備寿命以上のスピードで償却を進め、そこで得た資金を再投資につぎ込むことを目的としていた。しかし

このような設備投資競争も、現在の設備過剰状況や低成長時代にあって徐々に変わってきている。今後は、例えば設備の使用状況によっては、減価償却方法を定率法から定額法へ変更することも考えられる。

● **事例研究：減価償却方法を定額法へ変更する会社が増加する理由**
『週刊経営財務』によると、2020年3月31日決算で日本基準を採用した上場2077社（6月末日時点）を対象とした調査では、「有形固定資産の減価償却方法」における会計方針の変更は20件あり（前年同期比6件〈4.3%〉減）、すべてが定率法から定額法へ変更した事例であった。

　変更の理由としては、中期経営計画や設備投資計画などを受けて機械装置等の使用状況を検証した結果、「長期安定的な稼働が見込まれる」と開示している事例が多い。従来は、節税目的は度外視したとしても、機械装置等は技術革新や代替品の出現等による経済的価値の下落を考慮して、できるだけ早期に投下資本の回収を図るため定率法を採用する会社が多かったが、外部環境の変化等に伴う変更と捉えるべきなのだろうか。

　また、「関東第二工場の建設を契機に有形固定資産の使用実態を調査した」（イートアンド〈食料品〉）などのように、工場建設・稼働を契機に見直すケースもあった。会計方針の変更には正当な理由が必要であるが、その要素の1つがなぜ当期に変更するのか（適時性）である。適時性については、このように事業活動等の明確な変化に伴う変更であることが合理性の観点からは好ましいと言える。

　高千穂交易（卸売業）は、「開発に重点を置く国内連結子会社の経営戦略の転換を機に、当社グループの減価償却方法の統一及び適正な期間損益計算の観点から」工具・器具及び備品の減価償却方法を定率法から定額法へ変更した。

　このように、グループ間での減価償却方法の統一を目的とする事例も複数見られる。特に海外子会社は、有形固定資産の減価償却方法について定額法を採用している場合が多く見られる。そこで、親会社が定額法に合わせることで、同じ減価償却方法によって各拠点を横串で評価する目的もある。IFRSでは、同様の固定資産についてグローバルで同一の減価償却方法を求めており、将来の日本の会計ルールの移行を見据えた対応とも考えられる。

　なお、償却方法の変更による利益への影響は、20社中18社の利益が増加した。税金等調整前当期純利益ベースで見ると、影響額が最も大きかったのは関西電力の484億1000万円（増加）だったが、武蔵野銀行（銀行業）のように利益が減少した会社もあった。

　このように、減価償却の方法を変更した場合には、その理由を具体的に記載すること

が要求されており、それを読むことによって、企業の状況の変化を知る手がかりが得られる。財務諸表を読む際には、会計方針の変更や変更に至る背景までをも読み取る必要がある。

◉───減損

ビジネスに用いる固定資産は、有価証券などと異なり、転売による利ざやを稼ぐのではなく、そのビジネスから収益を上げることを目的として保有、使用されている。**減損**は、そのビジネスの収益性が当初の予想より低下し、ビジネスに使用されている固定資産の取得価額を100％回収することができないことが明らかになった場合、回収できないと予想される金額を固定資産の帳簿価額から控除すべきという考え方である。そして、固定資産の貸借対照表帳簿価額を減額する会計処理を減損処理という。

◉───リース会計

リース取引の中には、リース契約の形態をとってはいるが、自社で借り入れをして資産を購入する場合と実質的に同じと考えられる取引が存在する。リース会計基準が導入される以前は、全てのリース取引についてリース物件を資産として計上する必要はなく、毎月の支払リース料を費用計上するのみの会計処理が可能であった。しかし、取引実態が同じにもかかわらず自社購入かリース契約かの形式的な違いによって会計処理が異なると、財務諸表の比較可能性が保てないという問題が生じていた。そこで、リース会計基準の導入により、リース取引を取引実態に応じて区分し、一定の要件を満たすリース取引については自社で購入する資産と同様の会計処理が求められることになった。

リース会計基準では、リース取引を**ファイナンスリース取引**と**オペレーティングリース取引**に分類し、ファイナンスリース取引はさらにリース物件の所有権が借り手に移転するものと借り手に移転しないものに区分される。

ファイナンスリース取引とは、「フルペイアウト」（借り手が、リース物件からもたらされる経済的利益を実質的に享受することができ、かつ、当該リース物件の使用に伴って生じるコストを実質的に負担することとなる）と、「ノンキャンセラブル」（リース契約に基づくリース期間の中途において当該契約を解除することができない取引〈これに準ずる取引を含む〉）の双方の要件を満たすリース取引を言う。

オペレーティングリース取引とは、ファイナンスリース取引以外のリース取引をいう。

リース取引のうち、ファイナンスリース取引は自社で借り入れをして固定資産として購入する場合と経済実態として同じ取引であるため、原則として通常の売買取引に係る方法に準じた会計処理（対象となるリース資産及び負債を貸借対照表に計上する**オンバ**

ランス処理）が必要になる。一方、オペレーティングリース取引は、通常の賃貸借処理（対象となるリース資産及び負債を貸借対照表に計上しない**オフバランス処理**）が可能である。

　なお、IFRSでは、2019年1月1日以降に開始する事業年度からファイナンスリースとオペレーティングリースに分類するという従来のリース取引の区分が、借り手側の処理においては廃止された。その結果、借り手においては原則としてすべてのリース取引についてオンバランス処理が必要となった。最近の傾向として、日本の会計ルールはIFRSと整合させる方向で改正されており、リースに関する会計ルールも近い将来改正される方向で議論が進んでいる。

4●引当金の計上方法

　引当金とは、将来の特定の費用または損失で、その発生が当期以前の事象に起因し、発生の可能性が高く、その金額を合理的に見積ることが可能なものに限り、当期の費用として計上するために設定される勘定科目である。代表的な例としては、**貸倒引当金**、賞与引当金、**退職給付に係る負債（連結）**がある。

　　貸倒引当金：貸倒引当金とは、将来、売上債権をはじめとする債権が回収できない場合、つまり貸し倒れに備えて、その発生予想額をあらかじめ費用として計上するものである。将来の貸し倒れリスクに応じて売上債権を区分し、区分に応じた過去の貸し倒れの実績率を乗じた額を設定するか、個別に回収可能性を勘案した額などを貸倒引当金として計上する。なお、引当金の多くは負債であるが、貸倒引当金など少数の引当金は、評価性引当金として、売掛金などの対象となる資産の評価勘定として資産の部にマイナス計上される。

　　退職給付に係る負債（連結）：連結財務諸表上、将来見込まれる退職給付（退職一時金及び退職年金）の支払総額のうち、当会計期間までに発生していると認められる部分（退職給付債務）から、退職金や年金のためにすでに社外の金融機関等に積み立て済みの金額（年金資産）の額を控除した金額（つまり、積み立て不足を意味する）を負債の部に計上するものを言う（詳しくは102ページの退職給付会計を参照）。なお、個別財務諸表では退職給付引当金の勘定科目で計上される。

5●収益の計上基準

　売上（収益）の計上基準については、「収益認識に関する会計基準」（2021年4月1日以降開始事業年度から適用、以下「収益認識会計基準」と表記）にしたがって行われる。従来の会計実務では、収益は**実現主義**にしたがって認識されていた。実現主義は、財貨または役務の移転（商品の引き渡し等）と、これに対する現金等価物（現金・売掛金・受取手形等）の取得の時点で収益を認識する考え方である。日用品の小売販売のようなシンプルな取引では、商品の引き渡しと同時に顧客から現金または現金同等物（例：クレジットカード、商品券）を受け取った時点で実現主義の要件を満たすことが明確なため、その時点で売上を計上する。

　しかし、実際のビジネスでは取引や契約が複雑で、実現主義の要件を満たしているかどうかの判断が難しい場合がある。従来、ソフトウェアや工事売上などの特定の取引を除き、売上（収益）の認識に関する包括的な会計基準が存在しなかった。したがって、実務上は、取引ごとに実現主義の要件に照らして売上計上の是非を判断せざるを得ず、その結果、会社によって売上の計上時期や金額にばらつきが生じることがあった。

　この課題意識に応じて定められたのが**収益認識会計基準**である。実現主義と根幹部分に大きな違いはないが、収益認識会計基準では、売上の認識をより具体的に規定している。なお、収益認識会計基準は、国際財務報告基準（IFRS）とのコンバージェンスの一環としての意味もある。既に、IFRSと米国会計基準（USGAAP）の収益認識に関する会計基準は文言レベルで概ね同一にまで調整されている。収益認識会計基準は、収益認識のグローバルスタンダード化の潮流に沿った対応と言える。

◉─── 収益認識の５つのステップ

　収益認識会計基準では、次の5つのステップを経て収益を認識する。

ステップ１：契約の識別
　顧客との契約が、収益認識会計基準の適用対象となる「顧客との契約」に該当するかどうかを判断する。

　収益認識会計基準の適用対象となるのはすべての収益ではなく、顧客との契約から生じる収益のみである。また、顧客との契約から生じる収益であっても、金融商品に係る取引、リース取引、保険契約など、別途会計基準が定められている取引はそれらに従うため、収益認識会計基準の対象外となる。識別される契約の単位は、必ずしも契約書単

位ではない。複数の契約書であっても、例えば、同一の顧客とほぼ同時期に締結された契約で一定要件を満たす場合は、結合して1つの契約とみなす場合がある。

　なお、契約とは、実質的な当事者間の取り決めであれば良く、必ずしも書面化されている必要はなく、口頭や慣習の場合も成立する。

ステップ2：履行義務の識別

　ステップ1で識別した契約について、履行義務は何かを識別する。

　契約により、当事者の一方が他方に対して財貨やサービスを提供し、その対価を得る。収益認識会計基準では、財貨やサービスを提供する約束を履行義務という。履行義務には、商品の引き渡しのような一時点で果たされる場合もあれば、ビルの保守管理サービスのように一定期間にわたって果たされる場合などがある。履行義務がどのように果たされるかによって、売上の計上のタイミング等が異なる。

ステップ3：取引価格の算定

　ステップ1で識別した契約について、取引価格がいくらかを算定する。

　取引価格は、必ずしも契約上の売価とは一致しない場合があるため注意が必要となる。例えば、消費税のように取引当事者以外の第三者（この場合は国）のために回収する金額は取引価格には含まれない。したがって、契約上の売価に消費税が含まれる場合は、控除して取引価格を算定することになる。また、取引条件によって値引き、割引、割り戻し等が生じる場合もある。このような取引では、将来生じる値引き等を見込んで取引価格とする場合がある。

ステップ4：履行義務に取引価格を配分

　契約の中に履行義務が複数存在する時は、それぞれの履行義務の基礎となる財貨やサービスを別々に販売した場合の価格（独立販売価格という）に基づき、契約の取引価格を履行義務に配分する。

　履行義務は、必ずしも同タイミングで履行されるとは限らない。例えば、製品と保守サービスのセット販売では、製品の履行義務は販売時に果たされるが、保守サービスは契約期間にわたって果たされることになる。それぞれの売上計上のタイミングが異なるため、売上の金額（取引価格）を区分する必要がある。したがって、仮に契約書上、保守サービスは無償とされる場合であっても、製品の販売価格から一定金額を保守サービスの販売価格へ振り替える必要が生じる場合がある。

ステップ5：履行義務の充足により収益を認識

　履行義務が充足されるタイミングが、一時点なのか、一定期間にわたるのかを判断する。そして、履行義務の充足時点あるいは充足期間にわたってステップ4で配分された金額を収益として認識する。

　このように、収益認識会計基準は、根本的には実現主義と大きな違いはないが、事業や取引の内容によっては、売上の計上金額や時期に変化が生じる場合がある。実現主義と比べると検討要素が増え、会計処理の検討が複雑化する面もあるが、他方、検討要素が明示されることで会計処理の曖昧さが減る面もある。

　これに伴い、収益認識会計基準を適切に運用するために、

　　・会計（税法を含む）知識の充実
　　・ITシステムの更新
　　・業務フローの見直し

　等への対応が必要になる場合がある。

補論１◉収益認識会計基準─適用で影響の大きい取引とは

　ここまで解説した収益認識会計基準の適用は、ある種のビジネスにおいては大きな影響が及ぶことになる。それについて、具体的な取引例を使って見てみよう。ざっくりイメージを伝えると、実現基準に従った場合と比べて、売上の金額（いくら）と時点（いつ）に変化が生じる可能性がある。

　日用品の小売販売のようなシンプルな取引については、収益認識会計基準を適用しても売上の金額、時点ともに従来の実現主義にしたがった場合と大きな変化はない。しかし、1つの契約に複数の履行義務が含まれている場合などは、従来の会計処理から変更が必要となる。

◉────金額が変わる事例：受託販売と返品権付販売の場合

　売上等の金額が変化する典型的な事例が、受託販売と返品権付販売である。

● 受託販売の場合

　受託販売は消化仕入などとも呼ばれ、デパートなどで、顧客に販売した時点で売上計

上と同時に、メーカーからの仕入計上を行うケースである。収益認識会計基準における受託販売の会計処理は、IFRSと同様である。IFRSを任意適用しているJ. フロント リテイリング（大丸松坂屋百貨店やパルコなどを傘下にもつ持株会社）では、IFRS適用初年度におけるデパート事業の売上高が約6500億円減少（減少率約60％）するほどの大きな影響があった。

　例えば、7万円で仕入れた商品を10万円で売り上げると、従来の考え方では損益計算書上の売上は10万円だが、収益認識会計基準では3万円となる。これは、取引におけるデパートの機能はメーカーと顧客の仲介機能であり、デパートが創出した新たな経済的価値は3万円という考え方による（**図表2－3**）。

　この場合は売上高の数値は大きく減少するものの、利益の額は変わらないため、利益率はむしろ改善することになる。

図表2－3　受託販売の収益認識会計基準と従来の違い

（単位：円）

	従来	収益認識会計基準
売上	100,000	30,000
売上原価	70,000	0
売上総利益	30,000	30,000
利益率	30％	100％

● **返品権付販売の場合**

　返品権付販売は、一定条件下で顧客が購入した商品の返品が可能な場合である。最近では、ECの普及に伴いアパレル事業など返品権付販売が増えている。

　従来、返品権付販売では、販売した商品全数量に対して全額売上を計上し、将来において返品が見込まれる数量分に相当する売上総利益について返品調整引当金を計上することにより対応していた。しかし、返品調整引当金では、返品見込み分に係る売上総利益は控除される一方で、売上高については引き渡しした全数量分の売上が計上されたままとなっていた。

　これに対して、収益認識会計基準では、販売数量のうち、将来返品が見込まれる数量分については売上を計上せず、返品期日が経過するなど返品の可能性がなくなった時点で、保留分の売上を計上することになる。

　購入後1週間以内、かつ未使用等の条件を満たす場合、返品可能という条件で衣料品を販売する場合の会計処理と損益計算書を次ページに示す。

・前提

　単価1000円（原価700円）の商品を100着販売し、うち5着の返品が見込まれるとする。

・会計処理

【従来】

売上高　100,000円（100着×1,000円）

売上原価　70,000円（100着×700円）

返品調整引当金繰入額　1,500円（30,000円×5着／100着）

売上総利益　28,500円

　貸借対照表の負債に、返品調整引当金1,500円を計上する。

【収益認識会計基準】

売上高　95,000円（返品見込みのない95着×1,000円）

売上原価　66,500円（返品見込みのない95着分×700円）

売上総利益　28,500円

　貸借対照表の資産に返品資産　3,500円（返品見込み5着×原価700円）、負債に返金負債5,000円（返品見込み5着×想定売上単価1,000円）を計上する。

　なお、返品資産、返金負債は、返品時または返品期日が到来するまで貸借対照表で繰り越される（**図表2−4**）。

　売上総利益は同額だが、見込返品分に係る売上高と売上原価が相違することになる。なお、法人税法上、返品調整引当金は収益認識会計基準の適用開始により廃止となった（ただし、一定期間の経過措置あり）。

図表2−4　返品権付販売の収益認識会計基準と従来の違い

（単位：円）

	従来	収益認識会計基準
売上高	100,000	95,000
売上原価	70,000	66,500
返品調整引当金繰入額	1,500	
売上総利益	28,500	28,500

　他に金額の変更に該当する取引は、仲介取引（実質的な手数料ビジネス）、リベート、酒類メーカー（酒税）、有償支給取引（材料等）などが挙げられる。業種的にも、小売業、卸売業を始め不動産仲介業、製造業一般など幅広い業種に影響があると考えられ、金額的な影響も多額となることが予想される。

◉──── 時点が変わる事例：製品と保守サービスのセット販売の場合

　売上等を計上する時点が変化する典型例は、製品と保守サービスのセット販売のケースである。

● 製品と保守サービスのセット販売の場合

　例えば、製品と2年間の保守サービスをセットで10万円で販売したとする。従来は、製品の販売時に10万円の売上計上が通例であった。

　収益認識会計基準では、製品と2年間の保守サービスの、それぞれの通常販売価格情報を入手し、例えば通常販売価格がそれぞれ、製品9万円、2年間保守サービス3万円とすると、製品の販売価格は7万5000円（＝100,000円×90,000円÷120,000円）、保守サービスは2万5000円（＝100,000円×30,000円÷120,000円）となる。そして、製品分の売上は販売時に計上するが、保守サービスについてはサービス提供期間にわたって計上する。したがって、1年目の売上は8万7500円（＝75,000円＋25,000円÷2年）となり、従来よりも1万2500円減少することになる（**図表2－5**）。

　他にも、時点の問題が予想される販売取引には、スポーツクラブなどの入会手数料、ライセンス契約、ポイント制度などが挙げられる。

　なお、日本企業の多くが採用する出荷基準（商品あるいは製品の出荷時点で売上を計上する基準）は、収益認識会計基準の原則的な考え方からは否定されることになる。例えば、IFRSでは出荷基準は認められず、先行してIFRSを任意適用した会社は出荷基準から着荷基準等への売上計上タイミングの変更に苦慮したと思われる。収益認識会計基準では、IFRS同様、原則的には出荷基準は売上計上の要件を満たさないものの、国内

図表2－5　製品と保守サービスのセット販売の収益認識会計基準と従来の違い

（単位：円）

	従来		収益認識会計基準	
	1年目	2年目	1年目	2年目
売上高	100,000	0	87,500	12,500

販売に限って、出荷から支配の移転（通常は着荷）までの期間が通常の期間である場合は、出荷基準で収益を認識することができるとしている。

6● 費用の計上基準

　費用を認識する時点としては、商品・製品やサービスの提供を受けた時点、あるいは代金を支払った時点などが考えられるが、通常「その商品・製品が使われたり、サービスが提供されたりした時点」で費用として認識するのが原則である。これは、収益の場合と同様に、費用を現金の支払い時点で認識すると、商品などを提供されていなくても、事前に前払金などの形で現金を支払うと費用となる。反対に商品などの提供を受けている場合であっても、現金を支払うまでは費用にならないことになり、会社の事業活動の実態が財務諸表に反映されないからである。例えば実際の給与の支払いが行われていなくても、従業員が働いているのであれば、その働いた期間に対応する給与は将来的に支払う義務があるので、その時点で費用と考えるのである。

　このように、労働サービスなどの提供の事実によって費用を認識する基準のことを**発生主義**、現金の動きに注目して支払った時点で費用を認識する基準のことを**現金主義**と言う。一般には、発生主義がより望ましい方法とされている（費用の計上基準については、会計方針としての記載はない。これは、日本の上場企業がすべて発生主義を採用しているからである。現金主義は小規模な会社において、一部の収益・費用について代替的な手法として容認されているにすぎない）。

7● その他の会計処理方法

●―――― 有価証券の評価方法

　会計ルールでは株式を含む有価証券を、有価証券の保有目的に応じて以下の4つに区分し、その区分ごとに取得後の時価変動の取り扱いが異なる。

　・売買目的有価証券
　・満期保有目的の債券
　・子会社・関連会社株式
　・その他有価証券

　売買目的有価証券は決算ごとに時価評価され、帳簿価額と時価との差額は評価損益と

して損益計算書に計上される。一方、満期保有目的の債券と子会社・関連会社株式は、時価が変動しても帳簿価額のまま据え置かれる。その他有価証券は決算ごとに時価評価されるが、評価差額は損益計算書へは計上せずに貸借対照表の純資産の部（その他有価証券評価差額金）へ計上される。なお、時価とは、算定日において市場参加者間で秩序ある取引が行われると想定した場合に、当該取引における資産の売却によって受け取る価格または負債の移転のために支払う価格をいう（**図表2-6**）。

　さらに時価が著しく下落した場合には、固定資産と同様に減損処理が求められる。時価の下落が著しいかどうかの判定方法は、以下の通り株式等に市場価格があるかどうかによって異なる。

● 市場価格のある株式等の場合

　満期保有目的の債券、子会社・関連会社株式、その他有価証券のうち、市場価格がある株式等について時価が著しく下落した時は、回復する見込みがあると認められる場合を除き、時価をもって貸借対照表価額とし、評価差額は当期の損失として損益計算書に計上しなければならない。

図表2-6　有価証券の4つの区分

保有目的	時価変動の考え方	評価
売買目的有価証券	売買利益を得る目的であり、時価の変動は投資の成果と考える	時価評価し、評価差額を損益として損益計算書に計上する
満期保有目的の債券	満期まで保有することで利息と償還を得る目的であり、時価の変動は投資の成果と考えない	取得原価（または償却原価）のまま
子会社・関連会社株式	事業投資目的であり、時価の変動は投資の成果と考えない	取得原価のまま
その他有価証券	長期的には売却は想定されるが、直ちに売却するとは言えないため、時価の変動は投資の成果と考えない	時価評価し、評価差額は損益とせずに貸借対照表（純資産）に計上する

● 市場価格のない株式等の場合

　市場価格のない株式等については、発行会社の財政状態の悪化により実質価額が著しく低下した時は、相当の減額を行い、評価差額は当期の損失として損益計算書に計上しなければならない。

　なお、①、②の場合には、当該時価及び実質価額を翌期首の取得原価とする。

◎───── 退職給付会計

　退職給付（退職一時金及び退職年金）は、会社が従業員や役員に対して退職時及び退職後に支払うものである。このうち退職年金については、一般的には、将来の支払いに備えて社外に年金基金をつくり、その基金に準備額を積み立てていく形態をとっている。

　現在の会計ルールでは、年金の準備金額を意味する**年金資産**は、決算期末における時価で評価することとされている。一方で、将来見込まれる退職給付の支払総額のうち当決算期末までに発生している**退職給付債務**は、後述のリスクフリー・レートをもとに設定した一定の割引率で現在価値に直して計算することとされている。そのうえで、時価ベースの準備額である年金資産と、現在価値ベースでの退職給付債務を比較して、年金資産が退職給付債務を上回る場合には、年金の余剰分、つまり前払い分があると考え、その金額分を連結貸借対照表上に「退職給付に係る資産」（個別財務諸表においては「前払年金費用」）として資産計上する。逆に年金資産が退職給付債務を下回る場合には不足分があると考え、「退職給付に係る負債」（個別財務諸表においては「退職給付引当金」）として負債計上する。

　このように、現在の会計ルールでは退職給付についても会社の活動の一部と考え、その準備状況を貸借対照表に反映させることになっている。なお、この余剰額や不足額を意味する資産や負債については、連結財務諸表と個別財務諸表では取り扱いが異なる。すなわち、連結財務諸表では、退職給付債務と年金資産の差額は全額、退職給付に係る資産または退職給付に係る負債として計上する。一方、個別財務諸表では、退職給付債務と年金資産の差額の一部については、未認識数理計算上の差異等としてオフバランス処理されることがある。

コラム：年金の種類──確定拠出型年金と確定給付型年金の違い

　退職年金制度は、年金基金への会社の拠出方法の違いによって、**確定拠出型年金**と**確定給付型年金**に分けられる。このうち確定拠出型年金とは、会社が毎年年金基金に拠出する額を将来の受給者（従業員）ごとに一定とし、拠出後の運用は各個人

の判断に任せて、その結果に応じて受取額（給付額）が変わってくる年金である。この年金制度では、会社は資金を年金基金に拠出した段階でその義務を果たしたことになり、その後の運用実績の良し悪しはあくまでも従業員個々の責任となる。つまり、従業員が受け取ることのできる年金の金額は、運用パフォーマンスによって変化するのである。

　一方、確定給付型年金とは、将来会社が受給者に支払う予定の年金額から逆算して、毎年年金基金に拠出する金額が決まる年金制度である。この制度では、年金資産の運用責任は会社側にあり、現時点での退職年金制度に基づく従業員の年金受取金額は保証される。つまり、会社の拠出金額が、運用実績の良し悪しや将来の支払予測によって大きく変わる可能性があり、会社の財務状況にも少なからず影響が出る可能性がある。したがって上記の、退職給付債務の額を毎期の貸借対照表にどう計上するかという論点は、確定給付型を採用している場合に生じる。

　日本ではもともと確定給付型しか認められていなかったが、2000年代初頭から確定拠出型が認められるようになったため、年金資産の不足や財務への悪影響が将来発生しないようにする目的で、確定拠出型を採用する企業が増加している。

　さらに現在の会計ルールでは、年金費用については毎年の従業員の労働サービスに対応する部分を、発生主義によって計上していくことになる。

　退職給付債務の割引計算に使用する割引率は、**リスクフリー・レート**（非危険利子率：リスクがなく確実に獲得できるような金利の率。例えば長期国債の金利や、高格付け企業の社債の利回りなど）をベースにして、年金の給付債務を現時点で決済すると仮定した場合に有効な割引率を採用することになる。割引率は会社ごとに設定できるため、理屈がつく範囲で高めに設定すると給付債務は小さくなり、低めに設定すると給付債務は大きくなる。したがって、同業他社などと比較を行う際には、割引率の水準をチェックすることが必要となる場合もある。

　また、割引率は金利動向とある程度連動することを考えると、金利動向によって退職給付債務が大きく変動する可能性があることになる。金利が上昇する局面では、債券等での運用が中心であれば、年金資産の運用も順調になる一方で年金債務も減少するため、退職給付会計による費用額等が減少し企業業績にプラスの影響を及ぼすこととなるが、金利が下落する局面では逆に年金財政を圧迫することになる。ただし、金利が高い時にはその後景気が悪化し、金利が低い時には景気が好転することが多い。したがって、本業の業績とは逆方向に退職給付会計の影響が出るために、それがリスクヘッジになっているという見方もできる。

●――― 税効果会計

　税効果会計とは、税金等調整前当期純利益（単体の場合は「税引前当期純利益」）から差し引かれる税金の額を適切に期間配分することにより、税金等調整前当期純利益と税金費用（法人税等に関する費用）を合理的に対応させることを目的とする会計上の手続きである。

　具体的には、税金等調整前当期純利益に対して、過去将来を含め支払う時期に関係なく、最終的に支払うことになる理論上の税金の額を、発生主義に基づいて計算し、これを税金等調整前当期純利益から差し引いて当期純利益を計算するのである。そして、発生主義に基づき当期に負担すべき税金費用と実際に支払った税金との差額については、税金の前払い（資産）あるいは未払い（負債）と考えて、将来の予想税率を適用して貸借対照表に計上する。つまり、貸借対照表には、過去あるいは今期の損益計算書上の税金等調整前当期純利益に対応する税金で、まだ支払っていないものを意味する**繰延税金負債**は負債に、逆に将来の損益計算書上の利益に対応する税金で、今期すでに支払ったものを意味する**繰延税金資産**は資産に計上される。この繰延税金負債あるいは繰延税金資産は、以下のように財務諸表作成と税額計算との間で期間差異項目があるために発生するものである。

a）一時差異項目

　財務諸表作成と税額計算とで、期間を超えた費用・収益の最終的な総額は変わらないが、収益と益金（税金計算の場合の収益）、費用と損金（税金計算の場合の費用）を認識するタイミングが異なるものである。例えば減価償却費、賞与引当金などがある。

b）永久差異項目

　財務諸表作成と税額計算とで、収益と益金、費用と損金を認識するルールが違っているために、財務諸表作成の場合には費用となっても、税金計算の上ではタイミングを問わず費用としては認めないなど、永久的にその取り扱いが異なっているものである。例えば、交際費等の損金不算入額、受取配当金の益金不算入額などがある（**図表2−7**）。これらは財務諸表の収益や費用とは必ずしも一致していない。

$$財務会計上：税金等調整前当期純利益＝収益−費用$$
$$法人税法上：課税所得＝益金−損金$$

　日本では、従来、財務会計においても法人税法の規定にしたがった会計処理が容認さ

図表2-7　財務会計と税務会計の差異

	受取配当	寄付金	交際費
財務会計上	収益	費用	費用
法人税法上	一部は益金とならず	限度額超は損金とならず	原則として損金とならず

れるなど、財務会計と税務会計の差異は大きくなかったが、昨今では、財務会計のルールは国際的な調和を目指してIFRSとのコンバージェンスに向けて改正されており、また、法人税法においては引当金が廃止されるなど、両者の差異は広がる傾向にある。

　税効果会計を採用しなければ、実際の納税額あるいはその期の納税予定額を当期の税金に関連する費用として、税金等調整前当期純利益から差し引く方法を採用することになる。もし会計上の利益と税金計算上の利益である課税所得に大きな差異があれば、税金等調整前当期純利益と法人税等がまったく対応しないことになる。そこで、税効果会計により適切な税金費用の期間配分を反映させたうえで当期純利益を計算することは、ROE等の財務指標の分析、評価においても重要である。ただし、税効果会計を採用すると、税率が変更されることによって繰延税金資産や繰延税金負債の金額が変わり、変更による差額は税金費用として処理されるため、結果として業績にも影響が出てくることに注意する必要がある。

　なお、繰延税金資産あるいは繰延税金負債を計算する際の税率としては、将来的に「回収あるいは支払いが見込まれる時期の予想税率」を使うこととなっているが、実際には予測が難しいため決算日時点での税率を使い、将来の税制改正が決定している場合には新しい税率を使うことになっている。

　さらに、理論上の税金の前払いを意味する繰延税金資産については、本当に前払いとしての効果があるかどうかは、将来利益を生み出せるかどうかにかかっている。したがって、繰延税金資産の回収可能性について評価が難しい場合には、その金額を減額する必要がある。この判断においては、過去からの業績推移をもとにした次期以降の業績予測、将来課税所得が発生することにつながる繰延税金負債の存在、所有資産の含み益、損失の繰越期限内に繰越欠損金と相殺すべき課税所得を計上するようなタックスプランニング（将来の法人税等の発生につき計画を行うこと）などを考慮して、総合的に判断することになっている。

　ところで、繰延税金資産は有税償却（企業会計上は費用として処理が可能だが、法人税法上は費用〈損金〉として認められない償却処理）を行った場合などに発生するため、

法人税法の規定に比較して、会計上はより保守的な処理（費用を積極的に計上）をした結果とも言える。つまり、繰延税金資産が多額に計上されている会社は、より積極的に費用を計上するという点で保守的な会計処理を行っていると見ることもできる。繰延税金資産を見ることで、会社の置かれた経営環境や意図を読み取ることもある程度可能となる。

◉─── 偶発債務

偶発債務とは、将来債務が発生するかどうか現時点でははっきりしないけれども、将来債務が発生しそうな可能性が現時点で認められるものをいう。偶発債務の具体的な例としては、保証債務（の履行の可能性）、係争事件に係る損害賠償義務（が裁判等の結果発生する可能性）などが挙げられる。偶発債務は、債務の発生の可能性がある旨（例：債務保証をしている場合には債務保証額）を財務諸表に注記する必要がある。なお、これらの偶発債務について損失あるいは費用が発生する可能性が高くなった場合には、その損失や費用に対して引当金を設定することになる。

◉─── 企業結合会計

国内企業同士、あるいは日本企業による海外企業の買収など、日本企業によるM&Aは年々増加傾向にある。また、企業グループの大規模化に伴い、経営と事業の分離による効率や被買収リスクの低減などを目的として純粋持株会社へ移行する会社も増えている。このような企業買収や組織再編については、**企業結合に関する会計基準**にしたがって会計処理される。企業結合に関する会計基準は、主として相手先となる会社等を受け入れる側にとっての会計処理を規定している。

企業結合に関する会計基準では、企業結合を法形式上の形態（合併、会社分割、株式交換等）に関わりなく、当事者である企業間の支配従属関係の観点から**取得、共同支配企業の形成、共通支配下の取引**、の3種類に区分している。

①取得

独立した複数の企業間における企業結合であり、ある企業が他の企業等に対する支配を獲得することである。例えば、M&Aは取得に該当する例が多い。取得においては、取得の対象となる企業の資産及び負債は企業結合日における時価で算定する。この時、取得原価（買収金額など）は交渉や入札等により必ずしも財、つまり資産または負債の時価の差額と一致しない場合があり、その差額は「のれん」として処理される（21ページ）。

②共同支配企業の形成

　複数の独立した企業が契約等に基づいて共同支配する企業を形成することを指す。一例を挙げると、海外での事業進出に当たり、事業リスクの分散、現地での法規制への対応、あるいは税務上のメリットの享受等を目的として、現地法人と各々50%出資の合弁会社を設立する場合が該当する。共同支配企業の形成の要件として重要な点は、1社による支配ではなく共同での支配という実態である。そのため、出資者たる企業は連結会計上、当該共同支配企業については原則として持分法（15ページ）を適用することになる。

③共通支配下の取引

　当事者である複数の企業が、企業結合の前後で同一の株主により最終的に支配され、かつその支配が一時的でない場合をいう。親会社と子会社の合併や子会社同士の合併などがイメージしやすい例であろう。

　共同支配企業の形成と共通支配下の取引においては、取得に該当する場合と異なり、受け入れる対象となる資産及び負債の金額は適正な帳簿価額を基準とする。これは、企業結合の前後において当事者間の支配等の関係が継続されているため、グループ内部での資産等の移動にすぎないと考えるためである。

　ただし親会社が子会社を吸収合併する場合は、出資時の子会社株式の帳簿価額と吸収合併時の資産等の帳簿価額の差額を損益（抱合株式消滅差損益）として処理するが、親会社の連結決算上は、当該損益はすでに過去において計上済みであるため相殺消去する。

8●会計方針の変更と継続性の原則

　前述の通り、日本の会計ルールでは、ある特定の会計方針の採用を強制するとかえって会社の実態を表さなくなるおそれがあるため、いくつかの会計処理方法の中から会社が最も状況に適した方法を採用することを認めている。

　いったん、選択した会計処理方法は財務諸表に開示し、原則的には継続的に適用する必要があるが、正当な理由がある場合には変更することが認められる。

◉───── 正当な理由により会計方針を変更する場合

● 会計基準等の改正に伴う変更

　会計基準等の改正によって特定の会計処理や手続きが強制される場合などが該当する。なお、従来の会計基準の改正、廃止だけでなく、新たな会計基準等の設定の場合も含ま

れる。

● 正当な理由に基づき自発的に行う変更

　有価証券の評価基準及び評価方法、棚卸資産の評価基準及び評価方法、引当金の計上基準の変更などが該当する。

　会計方針の変更が、正当な理由に基づくかどうかの判断は、以下の点がポイントになる。

- ・企業の事業内容、企業内外の経営環境の変化に対応しているか
- ・会計方針の変更によって、会計事象等がより財務諸表に適切に反映されるか
- ・変更後の会計方針が、一般に公正妥当と認められる企業会計の基準に照らして妥当か
- ・利益操作等を目的としていないか
- ・当事業年度に会計方針を変更することが妥当か

　また、会計方針は、原則として事業年度を通じて首尾一貫していなければならない。したがって、上場企業など四半期決算情報を開示している会社が第2四半期以降に会計方針を変更する場合などにおいては、慎重な検討が求められる。

　いずれの場合においても、会計方針の変更を行う場合には、新たに採用する会計方針を過去の期間のすべてに遡及適用する必要がある。ただし、会計基準等の改正において特定の経過的な措置が定められている場合は、当該定めによる経過的な措置にしがたって処理する。また、会計方針を変更する場合には、会計方針の変更の内容、正当な理由、影響額（1株当たり情報を含む）等を財務諸表へ注記する。

　なお、会計方針の変更に類似するものとして、会計上の見積りの変更がある。例えば、回収不能債権に対する貸倒見積額の変更や有形固定資産の耐用年数の見積りの変更などが該当する。会計上の見積りの変更の場合は、変更の影響額が変更した会計期間にのみ影響する場合はその会計期間、将来の会計期間にも影響する場合は将来にわたり会計処理する（過去の期間への遡及修正は不要）。また、会計方針の変更と同様に、会計上の見積りの変更の内容及び影響額を財務諸表へ注記する。

　以上、会計方針の意味とその重要性を見てきた。会計というと、融通の利かない厳密なルールの下での数字集計と思われている方が多いかもしれないが、実際にはこのように、財務諸表に表れてくる数字の裏には、経営者の何かしらの意図が必ず存在している。

今後、財務諸表を読む際には、「無機質な」数字ばかりを追いかけるのではなく、その裏にある「血の通った」経営者の意図をも汲み取るよう心がけると良いだろう。それが読み取れるようになれば、財務会計の重要な点はほぼ理解したと考えて良い。

コラム：高度化する会計

　日本の会計慣行は、経済発展やグローバル化に伴い更新されてきた。1949年の会計ルール制定時は、企業の業績つまり損益計算書に重点を置いたシンプルなものとなっており、貸借対照表についても、調達した資金、取得した資産の取引額での適時適切な計上等を謳う単純な規定であった。ところが近年は、企業の取引が複雑化し、経済環境もめまぐるしく変化する中、将来の不確実性を織り込んだ企業の経営成績や財政状態の開示が求められるようになり、日本の会計は高度化してきている。

　一般に、公正妥当と認められる企業会計の慣行のことを**GAAP**（Generally Accepted Accounting Principles）と呼ぶ。

　日本におけるGAAPは、1949年に当時の大蔵省企業会計審議会（2001年7月以降企業会計基準委員会が会計基準の設定主体となる）が定めた「企業会計原則」を中心とし、以後、経済・社会の変化にあわせて設定されてきた会計基準などを指す。これらは、企業の広範な経済活動に係る会計処理について一定のルールを示し、企業間の比較可能性を担保するために設定されている。会計事象の具体的な取り扱いが明示されていない場合であっても、関連する会計基準を参照するなどして、企業はGAAPとして社会に受け入れられる会計処理を慎重に吟味する。正しい会計処理とは画一的なものではなく、時代や社会の期待に応じて選択される。

　2000年頃から、会計基準に大きくメスが入った。経済の多様化やグローバル化に伴う国際会計基準との統合をベースにした"会計ビッグバン"といわれる大改正である。これを境に、財務諸表に見積りの要素が多分に含まれるようになった。例えば、本文で紹介した減損会計、有価証券の評価（金融商品会計）、退職給付会計等の導入である。経営者はビジネス戦略や将来予測をもとに会計上の見積りを適切に行い、不確実性があれば注記等で財務諸表利用者に十分にディスクローズすることで説明責任を果たす。

　また、日本のGAAPとして、IFRSや米国会計基準の適用も認められるようになった。IFRSは考え方の背景と共に基本原則のみを定め、各企業がその所在国等の経済状況や商慣行に沿って解釈できる原則主義に基づく（31ページ）。国際社会の中でIFRSが支持されているのは、IFRSが原則主義であり各国の状況に応じて規

定を解釈できたからではないだろうか。

　会計が高度化するに伴い、企業の経理責任者には高度な専門性が求められ、公認会計士資格を有する経理責任者や経理担当者など企業会計士が増えている。

　また、第三者として公正な立場から企業の財務諸表をチェックする**会計監査人**（公認会計士や監査法人）に対する社会的な期待も大きくなってきている。会計監査人は限られたリソースで監査を行うので、財務諸表において重大な誤りが発生しやすいエリアを特定し、特定したエリアは重点的に監査を行う。特に慎重な判断が求められるエリアは、会計基準に明示されていない複雑な取引に係る会計処理や会計上の見積り項目となる。見積り項目に関する会計基準は原則主義となっており、企業が適切と考える見積り金額に幅があるため、会計監査人の役割は非常に重要となる。

　会計上の見積り項目は、財務諸表作成時に入手可能な情報に基づき合理的な金額を算出する。しかし、企業規模の拡大と事業活動の複雑化によって、関連する事実や情報を会計監査人が網羅的に把握するのは難しい。また、経営者は想定される将来のシナリオに基づいて見積りを行うが、事業責任を負うため過度に楽観的もしくは悲観的になる可能性がある。

　こうした中で会計監査人は、企業のビジネスを理解した上で財務数値が客観的な情報に基づき適正か、経営者のシナリオが客観的に説明可能なものかを吟味、検証する。企業の実績や外部データ等あらゆる情報を集めたり、企業理念に基づく事業戦略、現状分析や今後の方向性等を経営者から聞き出したりすることが求められる。会計監査人は、財務諸表の根拠証憑を単純にチェックするだけではなく、むしろ企業のビジネスや経営者の想いそのものを監査しているのだ。

　企業会計は複雑化し、特に見積り項目には金額に幅があるため、経営者が算定した金額を会計監査人が客観的かつ批判的に吟味するというプロセスが非常に重要である。このプロセスを経て、財務諸表に会計監査人の監査意見が付されることで、投資家は財務諸表を安心して利用できるようになる。企業会計の高度化に伴い、企業の説明責任はより大きくなり、同時に会計監査人の存在意義も高まる。

補論2●日本基準とIFRSの主な会計処理の違い

　第1章では、従来の日本基準とIFRSにどのような違いがあるか説明した。

　現在、IFRSとのコンバージェンスを念頭に急ピッチで日本基準が改正されており、

2021年4月以降の開始事業年度から適用された収益認識会計基準もその一環である。そのため、両者の差異は段々と解消されているが、細かい会計処理については依然としていくつか差異がある。以下、すでに各会計処理方法の解説で一部言及済みのものについても改めて、両者の主な差異について整理する。

のれんの償却

　日本基準では、のれんは20年以内の一定期間で定額法などの合理的な方法により償却するが、IFRSではのれんは償却せず、毎期最低1度は減損テスト（減損処理の要否をチェックすること）を実施する。そのため、特にのれんの発生当初においては、日本基準のほうが利益は少なく計上される傾向がある。なお、日本基準においても、のれんは減損処理の対象であるため減損の兆候がある場合は減損テストを実施する。

開発費の資産計上

　日本基準では、研究開発費は発生時の費用として処理される。一方、IFRSでは、研究開発費を研究開発のステージなどにより区分した上で、研究費は発生時に費用処理するが、開発費は資産計上の要件を満たす場合は無形資産として計上し、その後一定期間で償却する。そのため、日本基準のほうが費用発生時の期では利益が少なく計上される傾向がある。

コンポーネント・アカウンティング

　IFRSでは、有形固定資産の取得原価を重要な構成要素に配分し、構成要素ごとに減価償却を行う。例えば航空機であれば、航空機全体でなく、機体部分とエンジン部分などのコンポーネントに区分し、それぞれ減価償却方法、耐用年数を設定して減価償却を行う。一方、日本基準にはそのような考え方はない。

減損

　日本基準では、継続的な営業利益の赤字や市場価格の著しい悪化などの減損の兆候がある場合についてのみ、詳細な減損テストを実施するが、IFRSでは、のれんや耐用年数を確定できない無形資産については、減損の兆候の有無にかかわらず毎期詳細な減損テストを実施する。そのため、IFRSのほうが減損が早期に計上される傾向がある。

　なお、IFRSでは、のれん以外の資産から発生した減損損失について、収益性の回復などにより減損が存在しなくなった場合は戻し入れが認められるが、日本基準ではいったん認識した減損の戻し入れは認められない。

リース会計

　日本基準では、リース取引を一定要件に照らしてファイナンスリースとオペレーティングリースに区分し、ファイナンスリースについてのみオンバランス処理が求められるが、IFRSでは、そのような区分がなく、短期または少額のリースを除くすべてのリース取引がオンバランスの対象となる（92ページ）。そのため、IFRSのほうがオンバランスの対象となるリース取引が多くなる傾向がある（ROAやROICなどの財務指標が悪化する可能性がある）。

引当金

　日本基準では、修繕引当金などの将来の債務や、貸倒引当金など資産の評価性引当金が対象となるが、IFRSでは、将来の債務は対象とせず、現時点における法的またはそれに準ずる債務が引当金の対象となる。

数理計算上の差異

　退職給付会計における数理計算上の差異について、日本基準では発生年度にはいったんその他の包括利益で認識し、一定期間にわたり段階的に純利益へ組み替える（リサイクリング）処理がされるが、IFRSでは、発生時に全額その他の包括利益で認識する（その後純利益への組み替えは行わない）。

コラム：IFRS適用の難所と効果

　日本では、IFRSの適用は連結財務諸表でのみ認められており、単体の財務諸表は日本基準で作成することとなる。これは、税金計算や株主への配当可能額計算の基礎となる単体の財務諸表は、すべての会社が同じルールで作成すべきとされているためである。

　したがって、IFRSを適用する会社は、単体では日本基準の財務諸表を作成しつつ、連結財務諸表作成目的でIFRSベースの数値も追加的に保有する必要があり、その点からはあえて負荷のある選択をしているわけだが、IFRS適用に当たっては相応の難所と、その先にあるメリットが存在する。

●IFRS適用の難所

　連結財務諸表をIFRSで作成するための対応には、例えば以下のような点で難所が存在する。

・会計処理の違いへの対応

　日本基準とIFRSの会計処理の違いの中には、会計処理の違いを親会社でまとめて特定・集計できる差異項目もある一方、例えばリースに関して連結グループ各社がリース物件を管理している場合は各社が日本基準とIFRSの処理の差を把握すべきものもある。また、会計処理の違いは部門や人員の評価方法の見直しにもつながる可能性があり、単に各社で会計処理を変更すれば良いわけではない。

・決算期ずれ子会社の対応

　日本基準では、例えば親会社が3月決算の場合、12月決算の子会社の決算数値を親会社の3月期連結用数値として使用できる。すなわち、3カ月ずれた子会社決算でも連結決算に取り込むことができる。一方、IFRSでは原則としてそれを認めておらず、子会社の決算期を3月に変更するか、3月での仮決算をするなどの対応が必要となる。この対応には当該子会社の各種制度見直しや決算の早期化といった負荷を伴うことが多い。

・全グループ会社での対応

　連結財務諸表は、連結グループ各社の単体決算数値を確定した後、それを親会社にて合算、調整して作成される。IFRSベースの連結財務諸表を作成するには各社の経理人員がIFRSの会計処理やIFRS連結決算のフローを十分理解した上で対応することが必要であり、親会社のみでIFRS適用ができるわけではない。

　これらの結果、IFRS適用を実現するために必要な領域と人員は広範となり、IFRS適用は連結グループレベルの大型プロジェクトとなる。特に、親会社経理部以外の当事者（マネジメント、営業・IT部門・IR部門、各グループ会社経理等）が多数いる中でのコミュニケーションや、人を巻き込み動かす力が非常に重要である。連結グループの規模が大きければ大きいほど、アカウンティングの知識だけではIFRS適用は達成できない。

●IFRS適用で得られるもの

　IFRS適用会社が世界的にも増加している中、IFRS適用のメリットとして、自社の財務諸表を同業他社と比較しやすくすること、及びそれにより資金調達方法の多様化が見込めることが一般的に挙げられる。それ以外にも、上述した難所をクリアする中で以下のようなメリットを享受している会社もある。

・業務プロセスや決算プロセスを改善する

　IFRS決算に必要な情報を追加的に収集するために現状の業務プロセスの確認をすることとなるが、この作業を通じて「従前からやってきたこの作業の目的は何だったのか」「別のやり方のほうが効率的ではないか」といった気づきが出てくる。この気づきを放置せず丁寧に対応することで、業務効率の向上や決算期間の短縮の余地も出てくる。

・より適切な投資意思決定のための基盤をつくる

　日本基準の連結ルールでは、決算期ずれ子会社の許容に加えて、海外子会社の決算がIFRSか米国会計基準である場合、一部項目を除いてその子会社決算数値をそのまま連結で取り込むことができる。つまり、1つの「日本基準」連結財務諸表の中に、日本基準・IFRS・米国会計基準の3つの会計ルールに基づくグループ会社の決算数値が含まれていることがあり得るのである。一方でIFRSの連結ルールでは、子会社の決算期ずれも他の会計基準を用いた決算の取り込みも認めていない。したがって、IFRS適用は、グループ会社の業績を同じ時間軸・同じ会計ルールに従った数値で比較し、より適切な意思決定を行うための契機となり得るのである。

　また、IFRSではのれんを償却せず毎期減損テストを実施する必要があるが、減損テストの手順をあらかじめ意識した上で、将来ののれん減損リスクが低減されるようなM&A実行ルールを整備した会社もある。

・グループ全体のコミュニケーションのレベルを上げる

　IFRS適用の難所として「コミュニケーション」を挙げたが、これを前向きに捉えれば、これまで停滞していた社内の関係を刺激する契機にもなり得る。グループ会社間・部署間のコミュニケーションラインの新規設置や見直しにより、各部門の部分最適ではなくグループレベルの経営目標をより意識しやすい環境づくりにつなげているケースもある。

　以上のように、IFRS適用には一定のハードルがある一方、そのためのハードルをうまく活用してグループ経営をより良くしていこうというマインドも重要である。そのマインドにより、IFRS適用は「財務諸表を追加的に作るためのコスト」から「会社がより高みを目指すための投資」へと変化してゆくのである。

第**2**部

管理会計

第**3**章

意思決定の管理会計

◉ 第3章のはじめに

◉

　第3章では、**管理会計**の基本的なコンセプトと具体的な手法について学ぶ。管理会計の目的は、経営者の意思決定を手助けすることである。経営者は、社内のさまざまなオペレーションについての選択や意思決定を日々行っている。経営者の仕事は「決めること」だと表現されることも多い。意思決定において、経営者の勘と経験が役立つ部分はあるが、それはあくまで会社を取り巻く将来の事業環境等が過去の延長線上にある場合において、ということを忘れてはならない。

　経済環境の変化によりビジネスのライフサイクルが短期化し、将来の事業の見通しを立てるのが難しいVUCA（変動性、不確実性、複雑性、曖昧性、の英語の頭文字を取った略語）の時代には、勘と経験に過度に依存した意思決定は失敗のリスクも高まる。では、VUCAな状況において、経営者は何を頼りに自らの意思決定を下せば良いか。そこで期待されるのが、管理会計が提供する情報だ。

　ところで、経営者が日々行う意思決定の目的は、会社の売上や利益の成長を通じて、究極的には企業価値を高めるためと言えるだろう（**図表3-1**）。

　企業価値を高めるための活動としては、事業計画の立案、KPIの設定、業績評価、予

図表3-1　意思決定を通じて何を実現するのか	代表的な コンセプト／ツール
期待効果／狙い	

	期待効果／狙い	代表的な コンセプト／ツール
企業価値 向上	**正確で迅速な意思決定** （正確な情報：業界特性＋事業構造の理解、戦略の 可視化と評価、レファレンスとしての事業計画の策定）	投資評価手法 損益分岐点分析 ABC（活動基準原価計算）
	PDCAを通じての経営管理 （レファレンスとしての予算と実績：予算実績差異分析、 現状把握、対策、効果測定）	標準原価 予算管理 バランススコアカード、KPI
	戦略を的確に実行するための仕組みづくり （戦略の浸透、業績評価、動機付けと インセンティブの仕組み）	コストセンター／ プロフィットセンター 社内振替価格、社内金利 業績評価・報奨スキーム

算対実績の把握、改善策の選定や実行など数多く挙げられる。事業環境や事業内容の変化に伴い、会社の経営課題も変遷してきた。そして、それに呼応するように、経営者の意思決定を支える管理会計の手法も日々進化を遂げてきた。管理会計は経営課題の克服の歴史とも言える。

　管理会計の実践において重要な点の１つは、目的に対して適切なツール（管理会計手法）を選択することである。例えば、他社で成功した管理会計手法をそのまま自社に導入してみても、同様の効果を得られるかはわからない。経営課題が他社と同じとは限らないからである。

　また、目的に沿って適切にツールを運用することも重要な点である。経営課題に対して適切な管理会計を導入したとしても、それだけで期待効果が得られるとは限らない。特に、大企業等のように、多数の部署や拠点で仕組みや制度を運用する場合には、導入される管理会計の目的や運用上の留意点などを組織内で正しく理解して運用することが求められる。また、経営者が主体的に管理会計手法の導入や運用に関与し、従業員に対して積極的に運用するよう動機付けを行うことも求められる。

　すなわち、管理会計手法や計算方法を数多く覚えたとしても、それだけで十分に使いこなせることにはならない。そこで、本章では、管理会計手法の意義や計算式の理解に留まらず、それぞれの管理会計手法が経営のどの局面でどう役立つのか、また運用上の留意点を、事例を交えて紹介する。

　なお、本章で解説するツールについては、当然のことながら、経営戦略やマーケティング戦略、人的資源管理など、会計以外の経営の側面と密接に結びつくことになる。この結びつきについても、できるだけ例を挙げながら解説していくが、詳しくはそれぞれの分野の専門書を読まれることをお勧めする。

1 ● さまざまな費用

POINT

　経営における一連の意思決定や業務管理（コントロール）のプロセスにおいて、費用は重要な情報の1つである。代表的な費用の分類方法には、変動費と固定費、直接費と間接費がある。また、収益と費用の期間対応の観点から、製品原価と期間原価に区分する方法もある。これらの費用及び費用分類の概念は、意思決定やコントロールを行う際の基礎となるものであり、非常に重要である。

CASE

　京都で200年余の歴史を持つ老舗菓子店のM屋は、2年前に先代（9代目）の小倉由隆から息子の由伸へ代替わりした。由伸は、老舗の10代目として伝統を守りつつも、時流に合った経営手法を取り入れることにも積極的である。M屋はこれまで、職人の手作りへのこだわりを重んじてきた。しかし、由伸は以前から、そうした昔かたぎのやり方に疑問を呈してきた。そのせいで、これまで何度か父親と対立したことがあったが、由伸の意見は一向に聞き入れられることはなかった。そうしたこともあり、由伸は一時家業を離れ、大手の洋菓子会社に転職した経験がある。しかし、数年前に由隆が体調を崩したこともあり、母親の願いを聞き入れて実家に戻ったというわけである。

　とはいえ、父親の由隆は全面的に由伸の方針に賛同したわけではなく、また、M屋には昔かたぎの職人も多くいる。由伸は、由隆に直談判し、まずは自分の裁量の範囲内で生産効率を上げるために設備を導入し菓子づくりの自動化を進めることにした。これは、由伸が大手洋菓子会社に勤務していた際に思いつき、M屋にも導入しようと考えていた手法である。また、販売面においても、対面販売だけでなくインターネット販売（EC）やサブスクリプションモデルを取り入れるなど、市場を広げる努力も進めている。このところのM屋の売上増加の要因は由伸の手腕によるところが大きい（由伸が提案した新

（単位：百万円）

	ゆずる餅	カメの恩返し
売上高	100	100
材料費	40	30
労務費	35	15
製造間接費	10	35
販売費及び一般管理費	5	10
費用合計	90	90
営業利益	10	10

商品「カメの恩返し」はインスタ映えすると、発売以来好調な売上が続いている）と、由隆も認めざるを得ない状況だ。

　由伸はさらに、主力商品である「ゆずる餅」も早期にECへ一部移行することを考えている。ゆずる餅は従来、国の重要文化財でもある本店及び少数の直営店、あるいは京都の大手百貨店にしか卸していない。そのため、京都でしか買えない菓子として人気が出ている。由伸は、この機会にゆずる餅の製造にも自動化を取り入れるべく、近く由隆に事業プランを話すつもりでいる（**図表3-2**）。

　由伸は、現在の商品別損益計算書の中身を精査して、費用を固定費と変動費に区分仕直して、**図表3-3**のように示した。

　限界利益とは、売上高から変動費（材料費、人件費など）だけを差し引いた利益であ

図表3-3　由伸の分析

（単位：百万円）

	ゆずる餅	カメの恩返し
売上高	100	100
変動費	75	45
限界利益	25	55
固定費	15	45
営業利益	10	10

り、以下の算式で表される。

$$限界利益＝売上高－変動費$$

ゆずる餅、カメの恩返しの限界利益率を計算すると、

ゆずる餅：25%
カメの恩返し：55%

となり、自動化による労務費の軽減等が奏功して1つ追加で売り上げた場合の利益はカメの恩返しのほうが多いことがわかる。なお、両者の販売単価は同じである。
　その上で、現在の変動費率と固定費の関係を前提として、販売増加により売上が2倍になるとそれぞれの営業利益は**図表3－4**のようになると試算した。
　なお、現在の生産量の2倍程度までであれば、追加の設備投資や人員の補充は不要であると見ている。
　由伸は、現在の売上高と利益が同じ商品を例にとり、今後の需要増加によって利益がどのように変化するかを説明した（M屋の商品の原価構成は概ねゆずる餅と同様であるため、この関係はすべての商品に当てはまる）。
　つまり、販売増加の傾向が続けば自動化を推進することは全社的な利益改善につながる。そして、利益改善によってさらに商品開発や店舗増設をすることができる。また、職人に依存した生産体制は、今後、供給面や品質面でも懸念がある。M屋の品質を保ち伝統を守るためにも、今こそ自動化を進めるべきだと力説した。
　由隆は、「かたくなに従来のやり方を踏襲することだけがM屋の暖簾を守ることにはならない。むしろ、時代の流れや顧客の求めにしたがって、変えるべきところは思い切

図表3－4　売上が2倍の場合の分析

（単位：百万円）

	ゆずる餅	カメの恩返し
売上高	200	200
変動費	150	90
限界利益	50	110
固定費	15	45
営業利益	35	65

って変えることが結果として伝統を守ることになるのだ」と思い直していた。

1●管理会計の役割

　事業環境や産業形態、ビジネスモデル等の変化による経営課題の変化に対応して、これまでさまざまな管理会計手法が開発されてきた。その中でも、とりわけ費用を題材にした管理会計の手法が多い。これは、それだけ経営意思決定において費用が重要であるということを意味している。

　会社の目的は、継続的に利益を生み出すことである（短期的には利益とキャッシュフローはズレが生じることがあるが、長期的にみれば両者は近似するため、ここでは利益とキャッシュは同義と考える）。

$$利益＝収益－費用$$

　利益を望ましい水準に管理する（コントロールする）ためには、収益と費用の両方をコントロールする必要がある。しかし、収益は景気変動などの外部要因の影響を受けやすい。そこで、収益に比べて相対的に内部要因の影響が大きい費用をより厳密に分析、検討することで、効率的、効果的に利益を管理しようという狙いである。つまり、管理会計において費用を主な分析対象とすることは、利益をコントロールするための手段という位置づけである。

　では、費用はどのように管理すれば良いだろうか。経営活動の量（営業量や業務量など）の変化に応じて費用がどのように反応するかを、コスト・ビヘイビア（cost behavior）、または原価態様という。つまり、コスト・ビヘイビアを把握し分析することは、操業度（生産量や販売量、売上高などによって表される）の増減によってコストがどのように変化するか把握、分析し、経営意思決定に役立てることを意味する。

　その際、原材料費、光熱費、地代家賃などの費用を個別に把握、分析するよりも、販売活動や製造活動によってどのように変化するかといった性質ごとに費用を分類（グループ化）して、グループ単位でコントロールするほうが効率的である。代表的な費用の分類方法に、変動費と固定費の分類、直接費と間接費の分類がある。

2●変動費と固定費

　変動費と**固定費**は、基本的に売上や操業度に比例して自動的に費用が増減するかどうかで分類する。売上等に比例して増減する費用が変動費、それ以外は固定費とする（**図**

表3-5)。

　変動費の具体例として、材料費、仕入原価、販売手数料などが挙げられる。例えば、材料費は、製造に応じて消費されるため操業度に比例すると考えられる。また、固定費には、減価償却費、賃借料、保険料などが含まれる。例えば、減価償却費は期間に応じて発生する、つまり操業度にかかわらず発生する費用である。なお、減価償却費のように金額は毎期変動する費用でも、変動要因が売上や操業度でない場合（減価償却費は減価償却方法等が変動要因）は、固定費に分類されるので注意が必要である。

　変動費か固定費かをケースバイケースで判定する費用もある。例えば、研究開発費は毎期変動し得るが、必ずしも売上高と連動して変動するとは限らない。売上が減少しても、経営判断により研究開発費は増加する場合もあるからである。したがって、研究開発費は一般的に固定費と見なす場合が多い。しかし、例えば毎期売上高の10％を研究開発費に充てるなどの方針を掲げている場合は、事業計画策定などにおいて変動費として取り扱うことがある。その他、人件費のように、契約内容によって変動費にも固定費にもなり得る費用もある。なお、変動費と固定費の分類を使った管理会計手法には、損益分岐点分析や直接原価計算がある。

● 準固定費と準変動費

　人件費など、固定費部分（固定給）と変動費部分（残業代）で構成される費用もある。このような費用を準変動費と言う。

　また、費用の中には、一定の操業度の範囲では固定的であり、その範囲を超えると急増して再び固定化するというように、段階的に費用が増加するものがある。このような費用を準固定費と言う。準固定費の例としては照明費や監督者の給料などがある。監督者は、固定的な給料であるが、1人で管理できる範囲は限られている。管理範囲を超えて人を追加することになれば、総額としての監督者給料は増加する。準固定費は、実務上は、固定部分の幅が狭ければ変動費として扱われ、固定部分の幅が極めて広く、正常な操業度の範囲においては一定額に固定しているような場合には固定費として扱われる。

図表3-5　変動費と固定費の例

変動費／固定費	具体例
変動費	材料費、仕入原価、販売手数料
固定費	減価償却費、賃借料、保険料
ケースバイケース	研究開発費、人件費、水道光熱費

3●直接費と間接費

　製品やサービスとの関係性から、特に製造原価（売上原価）に含まれる費用について、**直接費**と**間接費**に分類する方法もある。直接費は、ある製品・サービスとの直接的な因果関係を把握できる費用であり、間接費は直接的な関係が把握することが難しい費用である。例えば、ある製品の主要な材料やその製品の製造ラインの人件費、ある特定の製品の外注加工費などが直接費に該当する。これに対して、間接費の例としては、複数の製品に共通して使用する補助材料や製造設備の減価償却費などが挙げられる。実際には、製品との関係性を把握しやすい費用もあれば、直接費なのか間接費なのかの判別がつきにくい費用もある。

　間接費については、どのように製品・サービスの原価に含めるかが問題となる。例えば、直接労務費や直接労働時間、機械稼働時間等の間接費の発生と関係の深そうな基準を設け、その基準にしたがって製品へ間接費を割り当てる（以下、**配賦**という）をする方法が考えられる。ここで注意すべきは、間接費とはその定義上、製品等との直接的な関係の把握が難しいため、製品へ関連付けるには何らかの仮定を置く必要があるということだ。そして、そのような仮定に基づく間接費の配賦により算定された製造原価を基準にして、製品の売価等の意思決定がなされる。こう考えると、どのような仮定を置いて間接費の配賦計算を行うかは、経営上の重要な意思決定であることが理解できるだろう。

　製造コスト全体に占める間接費の割合が小さければ、間接費の配賦方法はさほど重大な問題にはならない。しかし、総コストに占める間接費の重要性が増すと、配賦方法の妥当性を再検討する必要性が生じる。そこで、間接費を一括して同一の基準で製品等へ配賦するのではなく、間接費の構成要素ごとにそれを生じさせる要因を把握し、その要因の消費量に応じて製品等へ配賦するという手法が登場することとなる（具体的には154ページの活動基準原価計算〈ABC〉を参照のこと）。

　なお、ここまでは製造原価（売上原価）の分類としての直接費と間接費について解説したが、費用をより広範に捉え、全社的に発生する費用のうち製品・サービスに直接関係しない費用も含めて間接費と呼ぶこともある。具体的には本社管理部門の人件費やオフィス維持費用などが該当する。

●固定費／変動費と直接費／間接費の関係
　固定費と変動費、直接費と間接費の費用概念は、それぞれ別の費用の分類方法である

が、両者には一定の関係性も見えてくる。

　2つの費用区分を掛け合わせると、**直接変動費**、**間接変動費**、**直接固定費**、**間接固定費**の4つに分類することができる。それぞれについて代表的な費用項目を**図表3−6**に示しているが、直接変動費と間接固定費に区分される費用の数が比較的多い。例えば、従業員の給料を完全歩合制にすることを考えてみると、住宅販売や自動車販売など、業績（販売数等）が明確に把握できる（すなわち直接費的な）業務ならば完全歩合制の（変動費的な）給与に適合しやすい。一方、管理職など複数の業務をこなしている従業員では業務内容と成果の関連付けが難しいため、完全歩合制の給与にはしにくいだろう。

　このように、直接費は変動費と相性が良く、また間接費は固定費になりやすい傾向が見られる。単一の製品を量産するようなシンプルな業態であれば、固定費／変動費と直接費／間接費の分類にはそれほど違いはなかったが、多品種少量生産など生産方法の複雑化、多様化にしたがい、変動費／固定費と直接費／間接費の、費用分類の性質の違いがより明確になっていったと考えられる。

4● 製品原価と期間原価

　費用と収益の期間対応に着目した費用の分類が、**製品原価**と**期間原価**である。製品原価とは一定単位の製品に集計された原価をいい、期間原価とは一定期間における発生額を当期の収益に直接対応させて把握した原価のことである。例えば、製品の製造原価は製品原価、販売費及び一般管理費は期間原価とされる。

　この費用分類は、費用と収益の対応関係を重視する考え方に基づく。この考え方では、

図表3−6　固定費と変動費、直接費と間接費の関係

	直接費	間接費
変動費	**直接変動費** 例：材料費、製造ラインの人件費、販売手数料等	**間接変動費** 例：補助材料費、水道光熱費等
固定費	**直接固定費** 例：製品プロモーション費用、専用設備の減価償却費等	**間接固定費** 例：本社の家賃、間接部門の人件費等

費用は収益の獲得のために発生することになり、すべての費用を関係する製品へ集計し、その費用を製品が販売された時点で売上高から控除して利益を計算すべきということになる。

　しかし、すべての費用を製品に関連付けることは実務上困難である。例えば、販売費及び一般管理費の多くは、投入額と産出額との因果関係を把握することが難しく、製品へ配賦する合理的な基準を見出しにくい。また、棚卸資産の金額を大きくすることは、実質的に費用を将来へ繰り延べることになるため、保守的な利益計算の観点からは望ましくない。こうした理由から、製品等へ関連付けることが難しいと判断される費用については、製品原価には含めず、期間原価として発生した期間の収益から控除することになる。

● 原価計算

　原価計算は、企業が顧客へ提供する製品やサービスの製造原価等を計算する手続きである。原価計算は、メーカーなど製造業で古くから導入され発展してきたが、サービス業においても同様に活用される。提供価値が有形か無形かにかかわらず、顧客へ提供する価値に価格を付けて販売する以上、その原価を適切に把握することは製品やサービスの販売価格の決定など、経営上の意思決定において非常に重要である。

　原価計算には、費用に対する考え方の違いから、大きく**全部原価計算**と**直接原価計算**に分類される。

● 全部原価計算

　全部原価とは、製品の製造に関連して発生するすべての製造原価、またはこれに販売費及び一般管理費を加えて集計したものを言う。したがって、全部原価計算は、当期中に発生したすべての原価を対象にして製品の製造原価を算定する考え方である。ただし、製品原価と期間原価で述べたように、期間原価に分類される費用（販売費及び一般管理費など）は、結果として製品原価には含まれないことになる。全部原価計算は伝統的な原価計算手法であり、財務会計における製品原価の算定などに使用される。

　なお、全部原価に対する費用概念に部分原価がある。部分原価は、全部原価のうち一部（変動費）のみを集計したものを言う。

● 直接原価計算

　直接原価計算は、固定費と変動費の費用分類を使った原価計算手法である。直接原価計算では、売上高からまず変動費を控除して限界利益を計算し、次に固定費を差し引い

て利益を算出する。なお、製造原価だけでなく販売費及び一般管理費についても変動費と固定費に区分して損益計算をする場合もある。この場合は、**図表3-7**のような損益フォーマットで表されることになる。直接原価計算は、短期利益計画の立案などに活用される。

　全部原価計算ではすべての費用を同質として取り扱うが、直接原価計算では原価をすべて同質とは考えない。まず回収すべき原価は変動費であり、固定費はあとで回収しても良い原価として考える。変動費は、原材料費のように、発生の都度、現金の支出を伴う場合が多い。そのため、変動費を即座に回収しないと、次の生産のための材料を再購入することができなくなる。

　これに対して減価償却費に代表される固定費は、すでに現金支出を終えた費用が多い。つまり、即座に回収しなくても直ちに経営に支障が出るわけでない。このように、短期利益計画の観点からは、変動費と固定費は必ずしも同質ではなく、そのためには費用を変動費と固定費に区分することが有用である。

5●直接原価計算の活用（短期利益計画）

　直接原価計算は、短期利益計画のフォーマットとして活用されることもある。伝統的な全部原価計算による損益計算では、製品原価の確定に時間がかかり、また操業度によって製品の製造原価が影響を受ける。つまり、販売実績だけでなく製造実績によっても利益が影響を受けることになるため、経営者の感覚とズレが生じやすい問題がある。例

図表3-7　直接原価計算

（単位：百万円）

売上高		1,000
変動売上原価		500
変動製造マージン		500
変動販売費		100
限界利益		400
製造固定費	200	
販売費及び一般管理費／固定費	50	250
営業利益		150

えば以下の例を見てみよう。

　A社は、製品Bを製造販売している。（少々極端な設定であるが）製品Bの製造原価は製造設備の減価償却費のみである。A社の1期と2期の製造販売実績は次の通りであった。

　　1期：製造量1000個　販売数　　200個
　　2期：製造量　200個　販売数　1000個

　1期、2期ともに製造原価（減価償却費）は100万円、販売単価は1500円であった。1期と2期の利益はいくらになるだろうか。
　まず、全部原価計算の場合を考えてみよう。1期の製造コストは、100万円÷1000個＝1000円/個となり、売上原価と売上高は以下のように計算される。

$$売上原価＝1,000円/個×200個＝200,000円$$
$$売上高＝1,500円/個×200個＝300,000円$$

　同様に、2期の製造コストは、100万円÷200個＝5000円/個となり、売上原価と売上高は以下のように計算される。

$$売上原価＝1,000円/個×800個＋5,000円/個×200個＝1,800,000円$$
$$売上高＝1,500円/個×1,000個＝1,500,000円$$

以上より、1期、2期の損益計算を示すと**図表3−8**のようになる。
　ここで、2期は1期よりも販売が増加しているにもかかわらず、利益は少なく（赤字）なる。しかし、経営者の感覚としては、なぜ売上が伸びているにもかかわらず利益が悪化するのかという疑問が生じる。
　次に、設例を直接原価計算によって表すと以下の通りとなる（**図表3−9**）。
　直接原価計算では変動費のみが製品原価の対象となるが、設例では変動費は存在せず、1期、2期ともに固定費（減価償却費）が100万円発生するのみである。これによれば、売上高の増減と利益の増減が整合する。その結果、全部原価計算の場合と比べて経営者の感覚に合致し、販売計画を元に将来の利益計画の策定に役立つ。

● **全部原価計算との違い**
　直接原価計算では利益は売上にのみ影響を受けるのに対し、全部原価計算では利益は

図表3-8　全部原価計算での損益の比較

(単位：円)

	1期	2期
売上高	300,000	1,500,000
売上原価	200,000	1,800,000
利益	100,000	△300,000

図表3-9　直接原価計算での損益の比較

(単位：円)

	1期	2期
売上高	300,000	1,500,000
固定費	1,000,000	1,000,000
利益	△700,000	500,000

売上と生産の2つの活動に影響を受ける。両者の違いは製造固定費（製造原価に含まれる固定費）の取り扱いにある。直接原価計算では製造固定費を発生した期間に対応させ費用とするが、全部原価計算では製造固定費をいったん製品原価へ含め、当該製品の販売時に売上原価として費用処理する。これは、両者の製造固定費に対する考え方の違いによる。すなわち、直接原価計算では、在庫品の価値は将来節約される原価によって測るべきと考える。

　設例では、1期目に1000個生産しても2期目の費用（減価償却費）を何ら節約することができなかったため、そのような費用は製品原価に含めるべきではないということになる。一方、全部原価計算では製品の原価を将来収益獲得能力に求める。将来の売上を獲得するための元手の観点からは、変動費、固定費にかかわらず、等しく製品原価に含めるべきと考える。一見、まったく相容れない考え方に見えるが、長期的には両者は一致する。

　両者の違いが利益に影響を及ぼすのは、製造された製品が在庫として残る場合である。つまり、生産量＝販売量の場合は、結果として両者によって営業利益に違いは生じない。なお、以下の計算式により、直接原価計算の利益と全部原価計算の利益を調整することができる。

直接原価計算から全部原価計算の利益調整計算

全部原価計算の営業利益 ＝
直接原価計算の営業利益 ＋ 期末仕掛品・製品に含まれる製造固定費
－期首仕掛品・製品に含まれる製造固定費

● 全部原価計算の問題点

　上記の通り、全部原価計算では製造固定費を製品原価に含めるため、営業利益が販売実績だけでなく、生産実績にも影響を受ける。すなわち、全部原価計算では、生産量を増やすことで製品1個が負担する製造固定費は小さくなる。その結果、販売時の売上原価が小さくなり、販売実績が同じであっても利益は増加することになる（設例の1期目を参照）。つまり、生産量を意図的に増やすことによって、利益を創出することができる。これは財務会計のルールにのっとったものであり、決して不正な会計というわけではない。しかし、販売見込みのない製品を過剰に生産すれば、近い将来において評価損、廃棄損という形でのしっぺ返しを受ける。

　さらに、その場合は、多く生産した分の原材料等を購入するためのキャッシュも失うことになる。目先の利益のために将来の利益だけでなくキャッシュをも犠牲にすることは、果たして適正な経営判断と言えるだろうか。

2 損益分岐点分析

　損益分岐点とは、損失と利益が分岐する点、つまり利益がゼロとなる状態のことである。そして、利益がゼロとなるような売上高を損益分岐点売上高という。会社の費用の状況を把握し、損益分岐点売上高を把握して経営意思決定に役立てる手法を損益分岐点分析と言う。損益分岐点分析は、売上目標を立てる時だけでなく、会社全体の収益構造を変える時、プロダクトミックスを考える時など、多くの意思決定の場において活用することができる。

　村本由里は、国内を中心にした外食チェーン店を展開するC社の企画担当部長である。C社は、カジュアルな雰囲気と比較的低価格なメニュー展開でありながら、料理のクオリティは高く、若年層からファミリー層まで幅広いファンに支えられ、ここ数年、毎年20店舗程度の新規店舗をオープンさせるなど、最近5年間は年平均5％成長を達成してきた。2020年度はさらに成長を加速させ、一気に30店舗の出店を計画したところ、第2四半期に突如、新型コロナウイルス感染症が猛威を振るい始めた。人々の外出自粛、飲食店は営業時間短縮、アルコールの提供は禁止される事態に発展した結果、C社の売上は大きく落ち込み、対前年比で20％超の減少となった。このような状況のため、出店計画は凍結され不採算店舗は閉鎖されることとなった。しかし、家主との契約もあり当期中の閉店は5店舗に留まり、人員についても急な調整はできない。結果として、創業初となる55億円の大幅な営業赤字を計上せざるを得ず、村本は翌期以降の事業計画を大きく見直すことになった。

　以下が、C社の直近3期間の損益計算書からの抜粋である（**図表3－10**）。

　村本は、今後の営業損益の改善策を検討するにあたり、まず売上原価と販売費及び一

図表3−10　C社の損益計算書（抜粋）

（単位：百万円）

	2018年8月期	2019年8月期	2020年8月期
売上高	106,378	111,824	87,222
売上原価	37,009	39,921	30,877
売上総利益	69,369	71,903	56,345
販売費及び一般管理費	68,543	70,504	61,900
営業利益	826	1,399	△5,555

般管理費の合計を固定費と変動費に分解し（**図表3−11**）、損益分岐点売上高を求めることにした。

図表3−11　売上原価と販売費及び一般管理費を固定費と変動費に分解

（単位：百万円）

	2018年8月期	2019年8月期	2020年8月期
変動費	39,615	42,046	34,788
固定費	65,937	68,379	57,989
合計	105,552	110,425	92,777

　2020年度の固定費と変動費のデータを用いて、2020年8月期の損益分岐点売上高を計算すると、次の通りである。

損益分岐点売上高

　　$限界利益率＝（売上高−変動費）÷売上高＝（87,222−34,788）÷87,222$
　　　　　　$＝0.601$
　　　　$損益分岐点売上高＝固定費÷限界利益率＝57,989÷0.601$
　　　　　　　　$＝96,472.535$

　よって、2020年度に営業赤字にならないためには、約965億円の売上を達成する必要があったことがわかる。営業損益を改善するには、

　・販売数量を増加させる
　・限界利益率の高い商品の売上構成比を上げる
　・原材料費等の変動費率を低下させる

　・販売費及び一般管理費等の固定費を削減する

　などの方針が考えられる。このうち、販売数量の増加については、目下の状況では期待しにくい。むしろ、現況ではさらなる客数の減少が予想されるため、これ以上の客数減少を食い止める施策を考える必要があるだろう。一方、高利益率商品の構成比については、ここ数年C社はスイーツの開発を強化している。平均客単価はここ数年来700円弱で推移しているが、スイーツ需要を取り込むことで客単価の増加と限界利益率の改善（による限界利益の増加）を見込める。しかし、主要原材料である小麦の仕入価格は上昇傾向にあり、為替の円安への進行がこの状況に拍車をかける懸念がある。

　村本は、このような諸要因をまとめて、経営企画本部長の久保田淳に報告した。すると、久保田からの質問はこうである。

　来期の変動費率は、現在の39.9％から38.0％まで約2パーセントポイント改善し、売上高は最低限、当期売上は死守したい（すなわち、前年とほぼ同額の87,300百万円）。来期、赤字を脱出するためには、どうすればよいだろうか（**図表3-12**）。

　村本は、赤字脱出するために必要な固定費削減額を求めるべく、さらに調査を進めた。

$$売上高 - 変動費 - 固定費 = 営業利益$$

から、

$$固定費 = 売上高 - 変動費 - 営業利益$$

となる。2021年度計画に当てはめて、損益分岐点となる固定費を求めると、

$$固定費 = 87,300 - (87,300 \times 38\%) - 0 = 54,126百万円$$

2021年8月期計画での固定費を、この額とするには、2020年度の固定費57,989

図表3-12　2021年8月期の営業利益計画

（単位：百万円）

	2021年8月期計画
売上高	87,300
変動費	33,174
限界利益	54,126
固定費	54,126
営業利益	0

百万円から、3,863百万円の削減が必要なことがわかる。

　固定費として大きな割合を占めるのが、製造拠点の減価償却費及び人件費、店舗に係る人件費、賃借料及び減価償却費、そして、本社における店舗管理、メニュー開発、購買等を担当する部門の人件費などである。これらは、損益計算書上は売上原価（製造原価）と販売費及び一般管理費に含まれている。

　村本はさらに構想を進めた。例えば、生産設備や店舗の縮小により製造設備や厨房設備の売却や人員整理をすれば、固定費を削減し手許現金を確保できるため、当面の損益や資金繰りの改善にはつながる。しかし、需要が回復した際には、生産や店舗のオペレーションを早期回復することは可能なのだろうか。本社の人員についても同様だ。これまで、蓄積してきたノウハウは各部門の人員にかかっている部分もある。C社の強みを活かそうとすれば、安易にリストラに走るのは得策とは言えない。村本は、骨太の損益改善計画を作るには、現実の事業活動に沿ったより高次元の意思決定が必要だと考えながら、久保田への報告書作成に取りかかった。

1●損益分岐点の求め方

　損益分岐点（Break-even Point）とは、損失と利益が分岐する点、つまり利益がゼロとなる状態のことである。そして、利益がゼロとなるような売上高を**損益分岐点売上高**という。会社の費用の状況を把握し、損益分岐点売上高を把握して経営意思決定に役立てる手法を**損益分岐点分析**（Break-even Point Analysis）と言う。損益分岐点売上高が低い場合は、少ない売上高でも利益を出すことができる。一見、同じような売上規模の会社であっても、損益分岐点売上高の低い会社のほうが不況時などに売上高が減少しても赤字になりにくいという意味で、利益体質の良い会社と言える。

　それでは、損益分岐点売上高の求め方を見ていこう。

　売上高から変動費を控除して得られる差額を**限界利益**と呼ぶ。これをまず求める。

$$限界利益＝売上高－変動費$$

さらに、この限界利益と売上高との比（**限界利益率**）も求めておく。

$$限界利益率＝限界利益÷売上高$$
$$＝（売上高－変動費）÷売上高$$
$$＝１－変動費÷売上高$$

　通常、損益分岐点分析では、限界利益率は売上の増減にかかわらず一定と仮定する。そして、限界利益から固定費を控除して営業利益を得る（ここでは、製造原価と販売費及び一般管理費の両方が変動費及び固定費にそれぞれ含まれるとする）。

$$営業利益＝限界利益－固定費（売上高－変動費－固定費）$$

　したがって、限界利益－固定費＝0、すなわち限界利益＝固定費となる時に損益が差し引きゼロになる。

　一方で、損益が差し引きゼロになる時、すなわち損益分岐点における限界利益は、

$$損益分岐点における限界利益＝損益分岐点売上高×限界利益率$$

　この関係から、損益分岐点売上高は以下の計算式で求めることができる。

$$損益分岐点売上高＝固定費÷限界利益率$$
$$＝固定費÷（1－変動費÷売上高）$$
$$＝固定費÷（1－変動費率）$$

　同様に、目標とする営業利益を達成する場合に必要な売上高は、以下のように求めることができる。

$$目標とする営業利益の達成に必要な売上高＝（固定費＋目標営業利益）÷$$
$$限界利益率$$

　また、現在の売上高が、損益分岐点売上高に対してどの程度上回っているかを示す指標として損益分岐点比率がある。

$$損益分岐点比率（\%）＝損益分岐点売上高÷現在の売上高×100$$

　損益分岐点比率が小さいほど、現在の売上高が損益分岐点売上高を上回っていることを表す。概ね70％以下が黒字を確保するために安全な水準とされる。なお、1－損益分岐点比率を安全余裕率というが、安全余裕率は、現在の売上高からどれだけ売上高が減少したら赤字に転じるかを表している。

2●損益分岐点分析

　損益分岐点分析は、費用を変動費と固定費に分類し、これに基づいて現在の費用構造における損益分岐点売上高を求め、利益予測等に役立てる手法である。売上高、費用、

利益の3要素の関係を把握しながら各要素の変化に応じて利益がどう変化するかを分析する。なお、費用（Cost）、数量（Volume）、利益（Profit）の頭文字をとって**CVP分析**（Cost-Volume-Profit analysis）とも言う。

　昨今は、グローバル化やイノベーションの加速、気候変動など、事業環境の変化が急激であり、不確実性も増している。そのような事業環境で生き残っていくためには、売上高の変化に柔軟に対応し、どのような状況下でも利益を上げることができる体制の構築が不可欠である。損益分岐点分析は、こうしたニーズに応える状況分析、損益改善策の策定に役立つ手法である。

　損益分岐点売上高をグラフに表すと**図表3−13**のようになる。

図表3−13　損益分岐点売上高

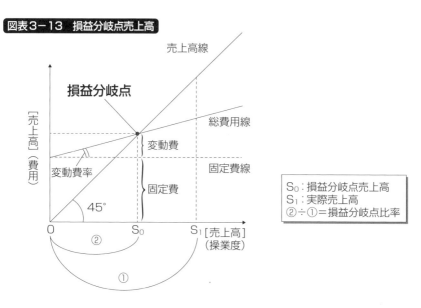

グラフの横軸に売上高、縦軸に売上高／費用をとる。費用について、まず固定費を一定金額とし、横軸に水平に固定費線が引かれる。次に、グラフの縦軸と固定費線の交点を起点として売上高の増加に伴い増加する線を引く。この線の傾きが変動費率を表す。その結果、総費用線、つまり固定費＋変動費線は固定費をy切片とする一次関数となる。一方、売上高線は45度で原点から伸びていき、売上高線と総費用線が交差する。この交点が損益分岐点であり、その時の売上高が損益分岐点売上高となる。なお、ここでは売上の平均単価はいったん同じと考える。売上高が損益分岐点売上高よりも低い（グラ

図表3-14　利益を増加させるアプローチ

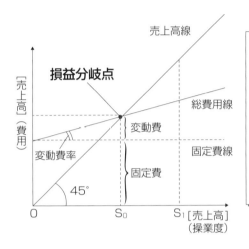

利益を増加させるには……

1　売上（販売数量）を増加
　　→グラフの売上高（操業度）が右へシフト

2　変動費率の低下（限界利益率の改善）
　　によりグラフの総費用線が平らに
　　→損益分岐点売上高が左へシフト

3　固定費の削減により
　　グラフの総費用線が下へ平行移動
　　→損益分岐点売上高が左へシフト

フの左側）場合は、赤字、損失が生じている。一方、売上高＞損益分岐点売上高であれ
ば利益となる。

　このグラフから、利益を増加させる3つのアプローチが見て取れる（**図表3-14**）。
それは、販売数量の増加、変動費率の低下、固定費の削減である。

　販売数量の増加は、売上高の位置をよりグラフの右側へシフトさせるため利益を増加
させる。変動費率が低下すると総費用線は水平に近づき、損益分岐点がグラフの左側へ
移動し損益分岐点売上高が低下するため、現在の売上高における利益が増加する。また、
固定費を削減すると総費用線が下へ平行移動するため、損益分岐点が左にシフトするこ
とで利益が増加する。

　変動費は活動によって増減するという意味で、アクティビティコストとも言われる。
一方、固定費は、業務活動量に関係なく、一定の生産や販売能力を維持するために必要
な費用であり、キャパシティコストと言う。また、変動費は、業務活動に応じて即座、
あるいは近い将来に現金支出を伴う費用であるのに対して、固定費はいったん支出して
しまえば当面は現金支出を伴わない費用である。つまり、継続して製造販売などの業務
活動を繰り返す限り、売上で得た現金からまず変動費を回収する必要があることがわか
る（回収できないとすれば事業継続は不可能となる）。一方、固定費（例：減価償却費）
は、減価償却費の発生要因である固定資産の取得費用は取得時にすでに支払っているた

め、ある月の減価償却費が回収できないとしても即座に会社の資金繰りに影響が出るわけではない。ただし、変動費のほうが回収の優先度が高いという意味であって、長期的には固定費も回収するだけの利益を確保すべきであることは言うまでもない。

なお、通常、損益分岐点売上高の対象となる利益は営業利益とするが、経常利益、すなわち営業外損益を計算に含めるか否かが問題となることがある。営業外損益は営業量とは関係がないため、本来は損益分岐点分析からは除外されるべきである。しかし、例えば、経常的に発生する営業外収益または費用（受取利息や支払利息）があり、かつ、金額的に重要性が高い場合には、営業外収益を売上高に、営業外費用を固定費に加算して損益分岐点分析を行う場合がある。

3● 固定費と変動費の区分方法

損益分岐点分析においては、売上原価、販売費及び一般管理費を固定費と変動費にできるだけ的確に区分することが前提となる。

費用の区分方法は、IE法と、過去の実績データに基づく手法に分けられる。後者には、費目別精査法、高低点法、スキャッター・チャート法、回帰分析法がある（**図表3-15**）。

IE法は、製造工程における原材料、労働力等の投入（インプット）に対する製品等の成果（アウトプット）との技術的な関係に基づいて、適切な原価を予測する方法である。動作研究や時間研究を通じて、インプットとアウトプットの因果関係を明確にすることで、例えばアウトプットを1生み出すのに必要なインプット量はいくらか（ひいては原価はいくらか）を予測することができる。そのため、インプットとアウトプットの関係が直接的に把握される直接材料費や直接労務費には効果的であるが、インプットとアウトプットの関係が間接的で把握が難しい間接費については効果が期待できない。

図表3-15　IE法と過去の実績データに基づく手法

・IE法

・過去の実績データに基づく方法 $\left\{\begin{array}{l}\text{費目別精査法}\\\text{高低点法}\\\text{スキャッター・チャート法}\\\text{回帰分析法}\end{array}\right.$

　費目別精査法は、過去の実績等から費目分類表等を精査して、費目ごとに変動費と固定費を区分する方法である。手続きが簡単なため、実務上はよく用いられるが、固定費と変動費の区分が主観的になることが多く、また、厳密には人件費の中にも固定費部分と変動費部分が混在するにもかかわらず、費目単位で固定費か変動費に区分してしまうので、精緻さには欠けるとされる。

　高低点法は、数学的分解法の1つであり、過去の実績データのうち、費目ごとに最高の業務量における実績値と最低の業務量における実績値の2点から原価の推移を直線的に把握することで、固定費と変動費を区分する方法である。

　スキャッター・チャート法は、業務量に応じた各費用の実績値をグラフ上に記入し、目分量によりそれらの真ん中を通ると思われる直線を引く方法である。この手法は、高低点法と比べてすべての実績値を利用している点や、それでいて手続きが比較的容易であるというメリットがある。一方、目分量によるため客観性に乏しいというデメリットもある。

　回帰分析法は、売上高と総費用の過去の実績データを利用して固定費と変動費を区分する手法である。回帰分析法では、Excelなどを使用してグラフの縦軸（y軸）に総費用、横軸（x軸）に売上高をとり、各月の総費用と売上高の散布図を描き、1年などの一定期間の実績（サンプル）をもとに以下の近似直線を得る（**図表3－16**）。

　図表3－16の式では、yを総費用として、ax＝変動費（aが変動費率）とb＝固定費となる。「y＝ax+b」という近似直線を用いることから最小二乗法とも言われる。

図表3－16　回帰分析法

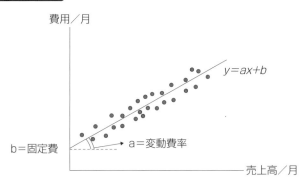

4●損益分岐点分析の応用例

ここからは、企業経営において損益分岐点分析がどのように活用されているかについて、設例を使ってみていこう。

◉───── 短期利益予測

L社では、製品αを製造販売している。昨年度の売上は1000億円、営業利益は100億円、売上原価及び販売費及び一般管理費に含まれる変動費及び固定費はそれぞれ、400億円、500億円であった。この変動費率及び固定費を前提として、L社の損益分岐点売上高及び損益分岐点比率を求めてみる。まず、

$$限界利益率 = (1000億円 - 400億円) \div 1000億円 = 60\%$$

したがって、損益分岐点売上高と損益分岐点比率は、

$$損益分岐点売上高 = 固定費 \div 限界利益率 = 500億円 \div 60\% = 833.3億円$$
$$損益分岐点比率 = 損益分岐点売上高 \div (当期)売上高$$
$$= 833.3億円 \div 1000億円 \fallingdotseq 83.3\%$$

となる。次に、来期の利益予測をしてみよう。L社は、新製品を市場へ投入することにより売上高の10%成長を計画している。なお、固定費及び製品1単位当たりの変動費は当期と同じとする。ここで、来期の営業利益を予測してみる。

$$来期売上高 = 1000億円 \times (1 + 0.1) = 1100億円$$
$$来期営業利益 = 1100億円 \times 60\% - 500億円 = 160億円$$

さらに、L社は可能であれば来期の営業利益を当期の100億円から増加させ、200億円を達成しようとしている。当期の変動費率及び固定費は来期も変わらない前提とすれば、営業利益200億円を達成するために必要な売上高Xは、

$$X \times 60\% - 500億円 = 200億円$$
$$X = (200億円 + 500億円) \div 60\% = 1166.7億円$$

であり、10%よりも高い（約16.7%）成長が必要なことがわかる。

さて、最近、製品αの生産に必要な主要原材料が値上がり傾向にあり、来期の変動費

率は当期よりも2ポイント悪化する可能性もある。一方、固定費に関しては製造経費及び販売費及び一般管理費の見直しによって、当期よりも20億円削減できそうである。売上高を保守的に見積って当期と同じ1000億円とすると、来期の営業利益はいくらになるかを試算してみる。

$$1000億円 \times (1-0.42) - (500億円 - 20億円) = 100億円$$

　このように、損益分岐点分析は売上高、変動費率（限界利益率）、固定費、利益をさまざまな前提を置いて試算することで、おのおのの前提における利益を把握することができる。損益分岐点の考え方が短期の利益計画に役立つことがわかるだろう。

●───KPIとしての簡便さ明解さ

　M社のA店の昨年度の売上高と利益は以下の通りであった（**図表3-17**）。
　まず、昨年度のこの店舗の損益分岐点売上高を求めてみる。

$$損益分岐点売上高 = 固定費 \div 限界利益率 = 50,000/60\% = 83,333.3千円$$

　そして、昨年度の客単価が600円、年間営業日数が350日とすると、損益分岐点売上高に達するために必要な1日当たり客数は、

$$損益分岐点売上高 \div 年間営業日数 \div 客単価$$
$$= 83,333.3千円 \div 350日 \div 600円／人 \div 397人／日$$

　ここで、1日当たりの必要な客数を把握することが、経営においてどんな意義があるだろうか。利益は売上から費用を差し引いた差額であるため、利益をコントロールしようとすれば、売上と費用の両方をコントロールする必要がある。しかし、損益分岐点分析では、売上と費用との関係を把握することで、売上高（及びそれを分解した客数と客単価）を管理することによって利益をも管理することができる。つまり、経営において

図表3-17　M社のA店の状況

（単位：千円）

売上高	100,000
変動費	40,000
限界利益（限界利益率）	60,000(60%)
固定費	50,000
店舗（営業）利益	10,000

損益分岐点売上高を把握する意義の1つは、管理項目を減らし管理コスト（手間）を削減するという点である。

　上記で求めた「損益分岐点売上高達成に必要な1日当たり客数」をKPIとして、各店舗の店長へ伝達することを想定してみよう。売上と利益それぞれの目標数値を指示するのに比べ、顧客や従業員への対応などで忙しい店長の管理項目を削減し、効率的な目標利益の達成に役立つ。また、社内には数字に強い従業員もそうでない従業員もいる。従業員に対してシンプルで明解なKPIとして示すことで、とるべき行動に対する理解の浸透やモチベーションを高めるといった効果も期待される。

　管理会計は、経営のPDCAに関する意思決定の支援ツールである。経営者の意思決定に何らかのプラスアルファをもたらすからこそ意義がある。

◉──── 優先すべき製品の選定

　N社は、A、B、Cの3種類の製品を製造している。製品それぞれの1台当たりの売上高と限界利益は次の通りであった（**図表3-18**）。極端な想定であるが、A、B、Cのうちいずれか1台のみを販売するとしよう。この場合、いずれを優先すべきだろうか。

　1台当たりの限界利益が最も大きい製品はBであるが、限界利益率が最も高い製品はAである。会社としての利益は、限界利益から固定費を控除して得られるため、この場合は限界利益の「金額」が最も大きいBを優先すべきとなる。例えば、製品A、B、Cに共通して発生する固定費は15万円と仮定すると、1台販売した場合の利益はそれぞれ、製品A：△6000円、製品B：4万2000円、製品C：3万円となる。なお、この例では、いずれかの製品を1台販売する場合で考えたが、仮に売上高の金額や製造設備の稼働時間等に制約がある場合は、最も厳しい制約条件での限界利益が最も大きい製品を選択すべきである。

　また、ここでは優先すべき製品の判定に固定費を度外視している。この場合の固定費は、製品A、B、Cに共通して発生する間接費である。したがって、例えば製品原価に

図表3-18　N社の状況

（単位：円）

	A	B	C
売上高	240,000	480,000	360,000
変動費	96,000	288,000	180,000
限界利益	144,000	192,000	180,000
限界利益率	60%	40%	50%

固定費を含めるには各製品へ配賦する必要があるが、その際、配賦方法によって各製品に配賦される固定費が変わり、その結果各製品の利益も変わってくる。つまり、製品の収益性が、固定費の配賦方針という経営者の判断によって影響を受けることになる（意図的に優先したい製品への配賦額を少なくすることも可能となる）。したがって、固定費の配賦による影響を除き、製品の販売によって追加的に得られる利益（限界利益）で判断しようという考え方である。

●────撤退の意思決定

　K社は産業用レンズのメーカーである。先端医療用の製品に供給する機能性レンズの新規事業部を立ち上げて当期で3期目が経過したが、依然赤字が続いている。研究開発は着々と進捗し、新規事業市場の成長性は十分に見込まれる。また、売上も徐々に成長しているが、最近、コーポレートガバナンス・コードの改訂の影響もあり、全社的に重視すべき経営指標としてROIC（Return on Invested Capital、調達した資本を事業に投下してどれだけ効率よく利益を生み出しているかを表す財務指標〈227ページ〉）を掲げたことで、新規事業への風当たりは強い。

　新規事業部の直近3期間の実績は**図表3−19**の通りである。K社はこの新規事業を継続するべきか、それとも撤退するべきか。

　財務会計の損益計算書は、費用を売上原価、販売費及び一般管理費の形態別に分類しているため、事業継続の判断には適さない。そこで、当期の業績について、売上原価と販売費及び一般管理費の合計を変動費と固定費との費用分類を用いた損益計算書へ組み換える（**図表3−20**）。

　ここでは、当期の変動費と固定費の構成割合について、パターン①と②を想定してみる。①は、限界利益は黒字だが固定費が高いことによって営業利益が赤字となるパターンである。これに対して、パターン②では固定費は比較的小さいが、限界利益の段階ですでに赤字となっている。つまり、両者は営業利益△22,000千円は同じでも、それに至るプロセスに違いがあるが、この違いによって事業撤退の判断は変わるだろうか。

　改めて限界利益の意味について考えてみよう。製品1単位当たりの限界利益とは、製品等を1つ追加で売り上げた際に得られる利益である。逆に言えば、この限界利益が赤字ということは、製品等を1つ追加で販売するごとに追加的な赤字が発生するということになる。なお、この場合の固定費は、当事業に直接関係する固定費（例えば、当事業に直接関係する製造及び販売関連の固定資産の減価償却費）のみと仮定する。

　パターン②の場合は、事業を撤退すれば固定費17,000千円の赤字で収まったところが、継続したために赤字が拡大したという状況を表す。一方、パターン①の場合は事

図表3-19　K社新規事業部の状況

（単位：千円）

	前々期	前期	当期
売上高	20,000	25,000	40,000
売上原価	12,000	15,000	26,000
売上総利益	8,000	10,000	14,000
販売費及び一般管理費	30,000	35,000	36,000
営業利益	△22,000	△25,000	△22,000

図表3-20　K社新規事業部の損益計算書

（単位：千円）

	パターン①	パターン②
売上高	40,000	40,000
変動費	20,000	45,000
限界利益	20,000	△5,000
固定費	42,000	17,000
営業利益	△22,000	△22,000

業を撤退すると売上高がゼロ、これによって限界利益もゼロとなるので、営業赤字は現状の△22,000千円から△42,000千円へ拡大する。パターン①の場合は、事業を継続することによって限界利益を稼ぎ、固定費の全額には満たないが一部を回収することで赤字を縮小しているという見方ができる。なお、限界利益は固定費の回収に貢献するという意味で、貢献利益と呼ぶことがある。

　このように、損益分岐点分析に必要な固定費と限界利益率を把握することは、事業撤退の意思決定に資する材料となる。もっともこの場合、限界利益が赤字なら即事業撤退を検討するというのは極論であり、実際の経営においては、事業計画の修正や損益改善策等によって赤字脱却を図るという選択肢もあり得ることは言うまでもない。

　日本企業は撤退の判断が得意でないと指摘されることがある。長期にわたり継続して赤字を出している事業をなかなか止められない例も少なくない。これにはさまざまな理由が考えられるが、例えば、継続してきた事業をやめること自体に対するアレルギーや、当該事業を立ち上げた社内権力者に対する忖度などが挙げられる。個人レベルでは、撤退すべきと考えたとしても、会社としての意思決定には至らないのである。しかし、企業価値の向上のためには、具体的な改善策がないまま赤字を継続することは許されない。

そこで、2期連続営業赤字や営業キャッシュフローの赤字といった、撤退の検討を開始する客観的な基準を設けることが考えられる。

5●損益分岐点分析から見える事業構造と戦略との関係

　ある業種、またはある企業が採用している事業構造において、総費用に占める変動費と固定費の構成割合が概ね一定水準で推移することがある。この場合、相対的に固定費の多い事業もあれば、変動費が多い事業もある。前者を固定費型事業、後者を変動費型事業とし、事業構造と事業戦略の関係について考えてみよう（**図表3-21**）。

　固定費型事業は、事業を営むために固定資産の多い（この場合の固定費は固定資産の減価償却費など）電気、ガス、鉄道などのインフラ系の事業が思い浮かぶが、一般的な製造業も固定費型事業に含まれる。固定費型事業は、売上高が損益分岐点を超えると一気に利益が増加し収益性が高まる。一方で、売上高が損益分岐点を下回ると一転して大幅な赤字となる。攻めに強いが守りに弱いのが特徴だ。そのため、固定費型事業は稼働率の維持拡大が基本的な戦略の考え方になるだろう。したがって、限界利益がプラスと見込める限りは多少の値引きも受け入れて受注し、売上を上げるほうが望ましい。大手携帯電話会社が大々的な割引キャンペーンをして、顧客を集めるのが一例と言える。

図表3-21　固定費型事業と変動費型事業の比較

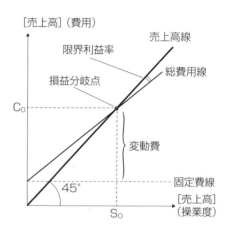

　変動費型事業では、売上高が損益分岐点を下回ると赤字にはなるが、固定費型事業ほど大幅ではない。一方、損益分岐点を売上高が越えても利益が大幅には増えない。固定費型事業とは逆に、守りに強いが攻めに弱い特徴を持つ。小売・卸売り事業が典型的な変動費型事業の例である。変動費型事業のとるべき事業戦略は、守りに強い体質を維持しながら、いかに攻めに強い体質へ改善するかだろう。具体的には、変動費率の低下により限界利益率を改善し、収益性の向上を狙う。変動費率を下げるには、例えば大量購買により仕入単価を引き下げたり、高付加価値の商品の開発や導入が考えられる。コンビニやスーパーなどの小売チェーンが買収や合併による水平統合によって事業規模を拡大することなどが事例として挙げられる。

　以上、固定費型事業と変動費型事業にはそれぞれ特徴があり、メリットもあればデメリットもある。しかし、例えば、CASEのC社のような外部環境の急激な悪化による売上や稼働率の激減は、固定費型事業には厳しい状況と言える。そこで、固定費型事業では、不況時等に対する守備力を高めるために固定費の一部を変動費へ振り替えることが考えられる。

　具体的には、製造設備や物流施設などの固定資産を売却したり、固定給の人件費を削減したりする代わりに、その分の機能を外注するアウトソーシングなどだ。従来は会社や事業にとって、それら固定資産や固定給の社員を会社内部に囲い込むことが戦略上、競争優位性につながると見なしていたのだろう。そこを見直して、現在会社に存在する製造や開発等のノウハウのうち、外部に委託可能なプロセスを選択し、外注するのである。外注費は必ずしも変動費になるとは限らないが、固定費であっても例えば減価償却のような長期にわたり拘束された固定費（コミッテッドコスト）ではなく、短期的に増減させやすい固定費（マネッジドコスト）となるため、稼働率等に合わせて柔軟に対応させることが可能となる。

　その際、留意すべき点が2点ある。1点目は、何を外注するかである。すべてを外注とすると、会社のノウハウ等の競争力が削がれるリスクがある。会社にとっての競争力の源泉を見直し、何を社内に残し、何を外注するかの判断が重要である。2点目は、これはあくまで固定費型から変動費型への体質改善を意図しており、総コストのスリム化については別途検討すべき課題として残ることである。固定費の一部を変動費へ振り替えることで固定費は削減できたとしても、それによって変動費が増加することはあり得る。したがって、コストダウンを考える際には、固定費だけでなく変動費も含めた総コストで検討する必要がある。

6◉テクノロジーと費用構造

　近年のテクノロジーの進化は、費用構造にも大きな影響をもたらす。外食産業を例にとって、ビッグデータや人工知能（AI）などの技術の活用が事業活動や費用構造にどのような影響を与えるかをみてみよう。

　まず、顧客に対する付加価値の側面では、蓄積されたデータの分析結果から季節や時間帯などによる、顧客の選好の傾向を把握し、需要予測を行い適時にメニューへ反映することにより、売上高（客数、客単価の両面で）の増加が期待される。また、オペレーションにおいては、顧客の需要予測に基づいた食材の仕入れにより廃棄ロスを大幅削減し、変動費率の改善効果が考えられる。一方、調理の機械化、自動化の推進により人件費（概ね固定費）は削減できるが、製造設備等の減価償却費は増加する。製造設備（調理）の刷新による人員削減効果の大きさと減価償却費の増加等との兼ね合いで、全体として固定費が削減できるかどうかが決まってくる。

　このように、テクノロジーの進化や活用は事業活動に変化をもたらすだけでなく、それまで「この業種やビジネスモデルならこのくらいの費用構造だろう」と見られていた前提にも変化をもたらす。その結果、財務数値や将来計画へも影響を与えることが予想される。最近では、RPA（ロボティック・プロセス・オートメーション）の導入が進んでいる。「年商50億円以上の国内企業1021社」のRPA利用動向の調査結果によると、2019年11月時点で「全体の導入率」は38%（大手企業に絞ると51%）、2018年6月の「全体の導入率」は22%で、約1年半で16パーセントポイントも成長しているとのことである。

　RPAは、人間がコンピューター上で行っている定型作業を、ロボットで自動化することを指す。RPAの具体的な業務は、ルール化されている定型業務（大量のデータのダウンロードやアップロード作業、社員の勤怠データの入力業務など）やパソコンのみで完了する業務（毎月の請求書の作成・印刷、大量の発送伝票の作成・印刷など）などが挙げられる。RPAの導入により、人件費（報酬だけでなく、社会保障費等の負担や残業代を含む）などの固定費が大幅に削減でき、その分の人的リソースを付加価値業務へ注力することで、増収効果が期待できる。

7◉損益分岐点分析の留意点

　最後に、損益分岐点分析を活用する上での留意点について確認する。損益分岐点分析

は、売上高と変動費、固定費の3つの要素だけで、目標利益を達成するための売上高の把握、優先すべき製品の選択、撤退の意思決定などさまざまな経営上の意思決定に活用できる便利な管理会計のツールであるが、精緻さに欠けると指摘されることがある。

そもそも、変動費と固定費への費用の分類は、どこまで正確に行えるのかという疑問がある。例えば、人件費と言っても固定給の部分もあれば残業代のように勤務時間に応じて発生する部分もある。水道光熱費や倉庫料なども同様に、変動費、固定費両方の要素を含んでいることは少なくない。変動費と固定費への分類手法については、139ページで挙げたように費目別精査法、高低点法、回帰分析法などによるが、いずれにおいても大なり小なり仮定や前提を置いており、どのような仮定等を設けるかによって分類結果は変わり得る。

仮にある時点において変動費と固定費を正確に分類できたとしても、その後の事業規模の変化等によって変動費と固定費の関係は変わることがある。生産量が大幅に増加する場合には、製造設備や従業員の増強が必要になり、これは固定費を増加させることになる。また、原材料の仕入価格が増減すれば変動費率の変動要因となる。さらに、複数の製品を販売しており、それぞれの限界利益率が異なる場合、会社全体の限界利益率を用いる際はそれら製品の売上構成比をもとに求め、これが将来もほぼ一定という前提を置くこととなる。しかし、売上構成比は常に一定とは限らない。損益分岐点分析は、このような一定の仮定、前提の上に成り立っていることを認識すべきである。

ここで改めて損益分岐点分析の意義を確認すると、売上高、変動費、固定費の3つの要素を使って「素早く」「簡単に」「ざっくりと」ビジネスを軌道に乗せる（黒字を確保する）ための目安を示すことにある。さまざまな選択肢を、常に精緻に時間をかけて行うとすれば、正確性は高まるものの経営判断の遅れにつながる。多少の粗さはあっても、例えば店舗の新規出店を検討する際に1日当たり客単価何円で何人に販売すれば利益が出せるかといった目安となる売上高を計算し、そもそもビジネスとして成り立つかどうかを簡便にチェックできることの価値は大きい。ほかにも、社内で数ある事業や研究開発計画の中から、詳細に検討すべき対象を抽出するといった局面での活用が考えられる。そして、抽出された案件は損益分岐点分析以外の方法も用いて、販売計画や各費用を個々に精緻に分析、検討するという流れである。

優れた管理会計のツールほど目的に特化している。つまり使い手には、目的に適したツールを選択することが求められる。用途に適さないツールの選択や間違った運用をすれば、効果がないだけでなく弊害のほうが大きくなることもあるため注意が必要だ。

3 ● ABC（活動基準原価計算）

　伝統的な原価計算の方法では、間接費については、必ずしも実態に合ったコストが計算されない場合があった。そこで、間接費の発生と関係の深い活動を間接費の配賦基準とすることで、製品やサービスのコストをより実態に即して計算するために生み出された手法がABC（活動基準原価計算）である。ABCは、経営戦略やマーケティング戦略の重要な前提となると同時に、コストの発生と関係の深い活動を見直すことによって、コスト削減の糸口を見つけるツールとしても使うことができる。

「それはそちらの問題でしょう！　こちらに責任転嫁をしないでいただきたい！」

　月次経営会議の最中、製造部長の杉田真一郎は憤慨していた。もっと製品Bを積極的に販売する努力をすべきなのに、売りやすい製品Aを優先して販売しているのは営業部の怠慢だとの指摘を受けたのである。一方、営業部長の手塚陽子は、製造部の歩留まりの悪化や不良の増加など、生産効率の悪さが全社利益の悪化の要因ではないかと杉田に反撃を仕掛けている。

　当期に入ってから、D社は新製品である製品Bの売上に経営資源を集中投下し、当月は主力製品である製品Aの月次売上高に迫る勢いまで成長してきた。しかし、新製品の売上が好調にもかかわらず、全社損益が悪化している原因とその対策が今月の経営会議の焦点だ。

　経理部長の野上優は、製造部門から入手した情報を元に、製品AとBに関する製造原価について説明を始めた（**図表3−22**）。なお、いずれも月末月初の在庫はなく、当月製造した製品がすべて販売されたものとする（**図表3−23**）。

　製造間接費の月次発生額は、1800万円であり、機械稼働時間（製品A：8000時間、

図表3-22　製造原価テーブル（原価標準）

（単位：円）

	製品A	製品B
販売単価	23,000	35,000
直接材料費	6,000	12,000
直接労務費	2,000	4,000
製造間接費	7,200	3,600
製造原価合計	15,200	19,600
売上総利益（率）	7,800(34%)	15,400(44%)

図表3-23　販売単価と販売数量

	製品A	製品B
販売単価（円）	23,000	35,000
販売数量（個）	2,000	1,000
売上高（円）	46,000,000	35,000,000

製品B：2000時間）を基準に両製品へ配賦している。なお、製品1個当たりの機械稼働時間は、製品A：4時間、製品B：2時間である。製品ごとの製造間接費は、当月の製造間接費1800万円を総機械稼働時間1万時間で割った1800円にそれぞれの稼働時間を乗じて計算している。

　確かに、上記の製造原価テーブルに基づけば、売上総利益率が高い製品Bの売上を伸ばすほど全社利益は増加すると思われる。しかし、全社損益はこれとは逆の傾向を示している。

　製造部からも、製品Bのほうが製造間接費が小さいというのは実感的には理解しがたい、との意見も上がっている。というのは、製品Aは機械稼働時間はそれなりにかかるものの、すでに製造プロセスの習熟度が高く、製造指図から完成に至るまでのほかのすべての工程において特段の手間が必要ないのに対して、新製品である製品Bは、製造工程が複雑で、工程の都度段取りと検査が必要となるということである。

　その時、昨年大手機械メーカーから転職してきた生産管理課長の山本寛治が発言した。「少しよろしいでしょうか。現在発生している状況は、製造間接費に対して機械稼働時間を一律の基準として製品に配賦しているため生じているのではないかと推察します。例えば、当社の製造工程には、製造指図、購買、段取り替え、製造、検査といったプロセ

図表3-24　活動による製造間接費の区分

(単位：円)

活動内容	活動費用	製造間接費
製造指図書の発行	技術関連費	3,000,000
材料の受け入れ	購買費	2,000,000
段取りを行う	段取費	4,000,000
機械を稼働させる	機械関連費	5,000,000
品質検査を行う	検査時間	4,000,000
合計		18,000,000

図表3-25　活動ごとの活動量と活動ドライバー

活動費用	活動量（製品A：製品B）	活動ドライバー
技術関連費（枚）	3,000(2,000：1,000)	製造指図書発行数
購買費（回）	5,000(2,000：3,000)	材料払出し回数
段取費（回）	8,000(2,000：6,000)	段取り回数
機械関連費（時間）	10,000(8,000：2,000)	機械稼働時間
検査費（時間）	4,000(1,000：3,000)	検査時間

図表3-26　活動ごとのチャージレート

活動費用	金額÷活動量＝チャージレート
技術関連費	3,000,000÷3,000枚＝1,000円/枚
購買費	2,000,000÷5,000回＝400円/回
段取費	4,000,000÷8,000回＝500円/回
機械関連費	5,000,000÷10,000時間＝500円/時間
検査費	4,000,000÷4,000時間＝1,000円/時間

スがありますが、特に最近の傾向としては、製造よりも、他の工程に係る時間が増加しています。つまり、相対的に比重の小さくなった機械稼働時間を基準に製造間接費全体を製品に配賦する考え方は、実態との乖離が大きくなっているのではないでしょうか」

　参加者一同はなるほどとうなずいた。山本は、続けて、「私は、入社時からこの点に疑問を抱いておりまして、独自に次のような調査を行っておりました」。そういって、事前に用意していた活動基準原価計算（ABC）に基づいた製造原価データをプロジェ

図表3-27　ABCによる製造間接費の配賦計算

（単位：円）

活動費用	製品A	製品B
技術関連費	2,000,000	1,000,000
購買費	800,000	1,200,000
段取費	1,000,000	3,000,000
機械関連費	4,000,000	1,000,000
検査費	1,000,000	3,000,000
合計	8,800,000	9,200,000

図表3-28　ABCによる製造原価テーブル（原価標準）

（単位：円）

	製品A	製品B
販売単価	23,000	35,000
直接材料費	6,000	12,000
直接労務費	2,000	4,000
製造間接費	4,400	9,200
製造原価合計	12,400	25,200
売上総利益（率）	10,600(46%)	9,800(28%)

クターに投影し、説明を始めた（**図表3-24～3-27**）。

　以上より、製品1個当たりの製造間接費は、それぞれ、

製品A：8,800,000÷2,000個＝4,400円/個

製品B：9,200,000÷1,000個＝9,200円/個

　となる。したがって、ABCによる製造原価の配賦による製品ごとの原価と利益率は次のように算定される（**図表3-28**）。

「以上より、活動基準原価計算を適用すると、製品Aを増加したほうが当社にとって利益増加につながると考えます。なお、これはあくまで私個人の調査による試算ですので、その点はご了承ください」と言って、山本は説明を締めくくった。

　これに対して社長の玉川聡介は、「なるほど、これならば我々の感覚とも一致する。しかし、製品Bについても今後製造工程の無駄を削減することで製造原価を引き下げることはできるわけだね？」と返した。

「おっしゃる通りです。ABCは製造コストの正確な把握だけでなく、コストを発生させる業務活動に焦点を当てることで、無駄な活動の削減などを通じてコスト削減につなげる効果も期待されます」と、山本はABCの発展的効果についても言及した。

「よし、それではわが社もプロジェクトを立ち上げて、ABCによる原価計算の導入の検討を始めてみようではないか」。玉川が声を上げると、先ほどまで険悪だった会議室の雰囲気が活気づいたように感じた。

1●ABCとは何か

ABC（活動基準原価計算：Activity-Based Costing）は、ハーバード・ビジネススクールのロバート・S・キャプラン教授とロビン・クーパー助教授（当時）が1980年代に提唱した原価計算手法である。

ABCが登場する以前の製造業においては、製造原価全体に占める間接費の割合は微々たるものであった。そのため、伝統的な原価計算では、原材料費、人件費などの直接費の管理に重点が置かれていた。しかし、経済が発展し、国民の生活水準の向上に伴い消費者のニーズが多様化した。その結果、製品が多角化、製造工程が複雑化し、企業活動に占める生産・販売支援活動の割合が増加すると、間接費が無視できない金額になる業種が増えてきた。また、事業規模の拡大により、原価の費目構成にも変化がみられるようになった。このような製造原価を取り巻く経営環境の変化により、直接費の把握に重点を置く伝統的な原価計算では、莫大な間接費の管理に対応することができなくなったのである。

そこで、膨らみ続ける間接費を多面的に管理することで原価全体を削減するために考案された手法がABCであり、その後、金融業など製造業以外の業種にも応用されるようになっていった。今日では日本の製造業、流通業や金融機関などでも採用されている。また、ABCは、原価計算手法であると同時に、戦略的プロダクトミックスの決定の役割も期待されている。

ABCでは、企業の個々の製品やサービスなどは活動（アクティビティ）を消費する、そして活動は資源（人件費など）を消費してコストを発生させると考える。ここで、資源のコストを活動ごとに集計する基準を**資源ドライバー**（リソース・ドライバーやリソース・コストドライバーともいう）、活動を個々の製品やサービスに配賦する基準を**活動ドライバー**（アクティビティドライバーやアクティビティ・コストドライバーともいう）、両者を合わせてコストドライバーと呼ぶ。なお活動ドライバーを指してコストドライバーと呼ぶ場合も多い。

図表3-29　ABCにおける間接費配賦の流れ

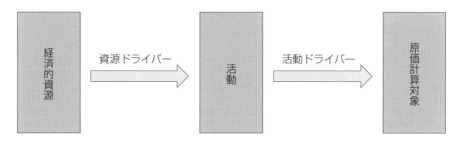

図表3-30　ABCにおけるコスト・ドライバーの具体例

経済的資源	資源ドライバー	活動	活動ドライバー	原価計算対象
購買部人件費	直課	購買活動	購買回数	各種製品
製造部人件費	直課	製造活動	作業時間	各種製品
検査機費用	検査台数	検査活動	検査数	各種製品

※　直課：製品等とその製造費用の関係が明らかな場合、製品原価に直接その費用を集計することをいう。製品の主要部品などは、製品原価との関係が明確なので部品代を直課するという。

　経済的資源の消費により発生する原価を資源ドライバー（リソース・ドライバー）に基づいて消費した活動へ紐づけ、次に、活動によって発生した原価を活動ドライバー（アクティビティ・ドライバー）に基づいて当該活動によって生産された製品等へ割り当てる（**図表3-29**）。この関係をいくつか例を用いて表すと**図表3-30**のようになる。

● ABCの計算プロセス

　以下の具体例より、ABCを用いて複数製品に製造間接費を配賦する計算プロセスをみていこう。

　P社は、製品X、Y、Zを量産している。当期のX、Y、Zに共通して発生する製造間接費の合計は100万円であった。また、X、Y、Zにかかった直接作業時間はそれぞれ、200時間、300時間、500時間、X、Y、Zの生産実績はそれぞれ400個、300個、100個であった。

　従来は、何らかの配賦基準を決め、それによって製造間接費を割り振るのが一般的であった。例えば、直接作業時間を配賦基準とすると、各製品への配賦額は以下の通りとなる。

X：1,000,000円×200÷(200＋300＋500)時間＝200,000円
Y：1,000,000円×300÷(200＋300＋500)時間＝300,000円
Z：1,000,000円×500÷(200＋300＋500)時間＝500,000円

　かつては、各製品を生み出すための活動といえば製造にかかる時間が大部分であり、その作業時間で間接費を配賦しても違和感がなかった。ところが近時は、製造自体は機械化・自動化によって負担が軽くなり、工場スタッフがかけている手間としては、部品調達を小まめに行うための手配や検品、完成後の検査の比重が増している。

　そこでABCを導入することにした。例えば、製造間接費の内容を活動に着目して精査したところ、部品調達・製造・検査の3つに区分できた（製造間接費を資源ドライバーによって3つの活動へ紐づけた）とする。次に、この3種の活動にかかるコストはそれぞれ何に最も関連が強いかを調べたところ、部品調達コストは調達回数、製造コストは作業時間、検査コストは検査個数によって増減することがわかった。そこで、これらの配賦基準につき、各製品がどれだけ消費しているか測ったところ、結果は**図表3－31**のようになった。

　ABCでは、このように間接費をそれぞれの活動（この例では調達、製造、検査）ごとに集計し、製品等の活動の消費割合に基づいて配賦する（**図表3－32**）。この調査結果に基づいて製造間接費を各製品へ配賦すると、以下のようになる。

X：300,000円×5÷(5＋3＋2)＋400,000円×200÷(200＋300＋500)＋300,000円×400÷(400＋300＋100)＝380,000円

Y：300,000円×3÷(5＋3＋2)＋400,000円×300÷(200＋300＋500)＋300,000円×300÷(400＋300＋100)＝322,500円

Z：300,000円×2÷(5＋3＋2)＋400,000円×500÷(200＋300＋500)＋300,000円×100÷(400＋300＋100)＝297,500円

　従来の方法（伝統的な原価計算方法）とABCとで、各製品に対する製造間接費の配賦額は**図表3－33**の通り差が生じた。

　間接費の配賦方法によって製品へ配賦される製造間接費の金額が変わり、その結果、製品の製造コストが影響を受けることがイメージできるだろうか。伝統的な原価計算手法では、製造間接費は製品Zが最も多く負担し、Xが最も負担が軽かった。しかし、ABCでは、その関係はまったく逆になる。経営者が製品戦略を立てる際に、製品等の

図表3-31　各製品のコスト

	調達コスト	製造コスト	検査コスト
間接費（円）	300,000	400,000	300,000
配賦基準	調達回数（回）	作業時間（時間）	検査個数（個）
製品X	5	200	400
製品Y	3	300	300
製品Z	2	500	100

図表3-32　各製品のコストの関係性

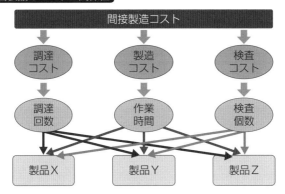

図表3-33　各製品に対する間接費の配賦額

（単位：円）

	X	Y	Z
伝統的な原価計算	200,000	300,000	500,000
ABC	380,000	322,500	297,500

製造原価を元に販売価格を決定するとすれば、間接費の配賦方法がいかに経営意思決定に重要かが理解できる。ABCにより各製品の本来の収益性が明確になれば、プロダクトミックスなどの製品戦略へも活用することができる。

2● ABCと価格戦略の関係

　伝統的な原価計算では、大量に生産している製品や標準品の製造原価が、少量生産の

非標準品と比べて実態よりも高めに計算される傾向がある。これは、直接作業時間や機械運転時間などの一律の基準で製造間接費を製品へ配賦するためである。結果として、伝統的な原価計算に基づく配賦方法を採用している会社では、標準品の価格設定が（製造原価に利益を上乗せするため）高めになりがちである。

　しかし、一般に標準品や大量生産品は、標準化、定型化された作業が多く、実際にはさほど手間がかからないことが多い。この時、標準品や大量生産品の市場に新規参入を計画する会社は、ABCによって実態に合った（低めの）製造原価を把握することで、他社に比べて競争的な価格を設定することができ、シェアを獲得して大きな利益を上げることも可能となる。

　逆に、特殊品や少量生産品については、大量生産品や標準品と比べると手間がかかっておりABCでは製造原価も高くなるが、社内の戦略的な判断により実際の製造原価に比較して低い価格が設定されていることもある。しかし、むしろそうした製品は競合が少ない場合が多く価格弾力性が低いため、価格を上げてもそれほど需要は減らないと予想される。

　つまり、特殊品や少量生産品については、価格をもっと高く設定しても得られたであろう利益を自ら放棄しているとも言えるのである。これがもし伝統的な原価計算方法であれば、把握される製造コストはABCの場合よりも低くなりがちなため、価格を高く設定するインセンティブはなおさら働かないかもしれない。

　このように、製造原価を正確に把握することは、価格戦略上、より適切な意思決定を行うためにも有用なプロセスである。

　ここで、伝統的な原価計算とABCとのコストに対する考え方の相違について言及したい。伝統的な原価計算では製造過程で発生したコストの集積を原価と考える。つまり、生産者の視点で原価を捉えるのに対し、ABCは、その導入のきっかけが顧客ニーズの変化や多様化にあることから、顧客の視点からコストを捉える。つまり、顧客にとって付加価値を生まないコスト及び業務プロセスは不要と考え、見直し、改善することでコスト削減につなげる。この生産者視点から顧客視点へとコストの捉え方の転換こそ、ABCの本質的な意義である。

3●非製造業におけるABCの活用

　ABCは、主に製造業において活用、発展してきた経緯がある。しかし、今日では流通業、金融機関などの非製造業においても広く活用されている。また、作業効率改善や経費削減を目的として行政機関への導入例も見られる。155ページのP社の例では、

間接費のうち製造間接費に絞ってABCの計算例を紹介したが、企業全体としてみた場合、間接費は販売費及び一般管理費にも多く含まれる。したがって売上高に占める間接費の多さという点では、製造業よりもむしろ非製造業においてABCが効果を発揮するとも言える。そこで次に、非製造業の販売費及び一般管理費にABCを適用する例をみていこう。

● ABCの計算プロセス

Q社は、α社、β社、γ社の3つの得意先に対して、家電製品を販売する卸売業者である。α社は最大の得意先であり、創業以来の付き合いである。β社は、3社の中では中間的な取引規模であるが、Q社の取扱い商品の中では中間価格帯の標準品を多く扱い、売れ行きの予測もしやすく効率的に儲けが得られると認識している。γ社は、3社の得意先の中では最も取引歴の浅い取引先である。斬新なマーケティング手法により近年急速に成長しており、取引規模も増加傾向にある。また、特に高額品の需要が多く売上総利益への貢献度も非常に高い。

Q社全体の損益計算書（抜粋）（**図表3-34**）と、取引先ごとの売上、粗利は上記の通りである（**図表3-35**）。

ここで、販売費及び一般管理費を、ABCをもとに各得意先に配賦してみる。

まず、経済的資源の消費によって発生する販売費及び一般管理費を、資源を消費した活動へ、資源ドライバーに基づいて紐づけ、販売、受注、物流、管理の4種に区分したとする。そして、活動ごとに活動ドライバーを探したところ、商談時間、受注処理時間、配送回数、管理に関わる人員数と判明した。さらに、それらコストドライバーが得意先3社ごとにどのくらい消費されているかを調べると**図表3-36**の通りとなった。

ここから、各コストドライバーの"単価"に相当するコストドライバーレートを算定する。なお、小数点2位以下は四捨五入している。

$$販売活動：10,905千円 \div 270時間 ＝ 40.4千円/時間$$
$$受注活動：1,400千円 \div 390時間 ＝ 3.6千円/時間$$
$$物流活動：5,500千円 \div 280回 ＝ 19.6千円/回$$
$$管理活動：9,300千円 \div 18人 ＝ 516.7千円/人$$

コストドライバーレートを使って、各活動の消費量に応じて各得意先へ配賦する。例えばα社では、

図表3-34 Q社全体の損益計算書（抜粋）

（単位：千円）

	2021年3月期
売上高	99,500
売上原価	69,650
売上総利益	29,850
販売費及び一般管理費	27,105
営業利益	2,745

図表3-35 取引先ごとの売上と粗利

（単位：千円）

	α社	β社	γ社	合計
売上高	45,000	30,000	24,500	99,500
売上原価	36,510	20,400	12,740	69,650
売上総利益	8,490	9,600	11,760	29,850

図表3-36 各活動のコストドライバー

		α社	β社	γ社	合計	金額（千円）
販売活動	商談時間	120	60	90	270	10,905
受注活動	処理時間	150	40	200	390	1,400
物流活動	配送回数	120	60	100	280	5,500
管理活動	人員数	8	4	6	18	9,300
						27,105

販売活動：40.4千円/時間×120時間＝4,846.7千円

受注活動：3.6千円/時間×150時間＝538.5千円

物流活動：19.6千円/回×120回＝2,357.1千円

管理活動：516.7千円/人×8人＝4,133.3千円

合計（販売費及び一般管理費）：11,875.6千円

ここから同様に、β、γも計算すると、**図表3-37**のようになる。

最も売上高の大きな得意先α社が赤字であることがわかる。この結果は、Q社の経営

図表3-37　ABCに基づく間接費配賦による顧客別収益管理

（単位：千円）

	α社	β社	γ社	合計
売上高	45,000	30,000	24,500	99,500
売上総利益	8,490(18.9%)	9,600(32.0%)	11,760(48.0%)	29,850(30.0%)
販売費及び一般管理費	11,876	5,812	9,417	27,105
営業利益	△3,386(△7.5%)	3,788(12.6%)	2,343(9.6%)	2,745(3%)

図表3-38　従来の間接費配賦による顧客別収益管理

（単位：千円）

	α社	β社	γ社	合計
売上高	45,000	30,000	24,500	99,500
売上総利益	8,490(18.9%)	9,600(32.0%)	11,760(48.0%)	29,850(30.0%)
販売費及び一般管理費	7,709	8,717	10,679	27,105
営業利益	781(1.7%)	883(2.9%)	1,081(4.4%)	2,745(3%)

者にとっては衝撃的であった。というのも、これまでは販売費及び一般管理費を顧客別の売上総利益の割合で配賦しており、対α社の収益性の低下について問題視はしてはいたが、まさか赤字とは認識していなかったためである（**図表3-38**）。

　改めてABCでの計算プロセスに着目すると、対α社で特に目立つのが商談時間の多さだった。α社に対する売上品目にここ数年大きな変化はなく、取引条件について改めて交渉する必要性も特にないはずにもかかわらず、これだけの商談時間は果たして妥当なのか。Q社はこの結果を受け、一連の販売プロセスの見直しを含めて顧客別の収益性の改善に取り組むべきであるとの認識を深めた。

　このように、間接費の要素が強い販売費及び一般管理費を得意先等へ割り当てる場合には、売上高、売上総利益などの一律の基準で配賦するよりもABCによる配賦のほうが実態に即した損益や経営課題の把握には効果的だとわかる。

　特に、一律の基準による配賦では、配賦後の費用が多い原因を探ろうとしても、その基準における数値が大きかった／小さかったからとしか言いようがないのに対し、ABCでは計算過程を通じてより詳細な分析が可能になる。Q社の例でも、成果である売上高等に対して、販売活動、受注活動、物流活動、管理活動がなぜこれだけ必要なのかというように、提供価値と活動、投下される経済的資源の関係をイメージしやすくな

る。結果として、原因分析や改善策の検討がより実態に即したものになる点もABCの大きな利点と言える。

4⦿ABCのメリット

　以上、ABCの考え方や実際の計算手法、活用例について設例を用いて紹介してきた。ここで、改めてABCのメリットについてまとめてみたい。

● 価格戦略、営業戦略等の判断材料の提供
　P社の例で紹介したように、企業の製品やサービスの価格戦略のベースとなる実態に即したコスト情報を提供するという点で有効である。特に、伝統的な原価計算手法と比べてより実態に合ったコストが把握できることは、価格設定において貴重な情報を提供すると言えるだろう。また、個々の製品等の収益性や、Q社の例のように取引先ごとの収益性を明確に把握することで、どの製品、どの取引先に注力すべきかといった製品戦略、営業戦略等においても、より有効な意思決定ができるようになる。

● 業務プロセスの改善（コストダウン）
　製品等の生産や販売のために費やされた人件費などの経済的資源が、どの活動にどう使われたかを把握することができる。これにより、コストダウンの糸口をつかみやすくなる。例えば、顧客に提供する付加価値に対して非効率的な（コストをかけ過ぎている）活動が何かが浮き彫りになる。そうした活動量を減らすことによって関連する間接費を削減することができる。また、製造に留まらず、一般的な業務プロセスについても、活動ごとにコストの実態が明らかになり、低能率、低生産性の原因を追究することができ、同様に費用削減に役立つ（詳細は、後述のABMを参照）。

● 業績評価への活用
　業績評価にも使用することもできる。ABCを活用して本社費等を各事業部へ配賦し、その結果計算される事業部利益等に基づいて事業部の業績を評価するのである。ただしその際は、社内での政治力の強さなどによって間接費の配賦に恣意性が入ることがないよう、公平な仕組みを構築して運用する必要がある（これについては第4章第3節「責任会計システム」を参照）。

● **製造技術の選択**

　製造技術の決定についてもABCを利用することができる。例えば、複数の製造技術の中からある特定の製造技術を選択する場合、それぞれの製造技術を採用した時の製品コストを計算し比較することで、どの製造技術が製品のコスト削減、利益の最大化につながるかを知ることができる。

5●ABCの留意点

　ABCには数々のメリットが期待されるが、同時に留意点もある。

● **導入及び運用コストがかかる**

　ABCの前提として、経済的資源とそれを消費する活動を関連付ける必要がある。例えば、製造部員の給料がどの活動に費やされているかを特定するなどである。しかし、経済的資源と活動の関係の把握には調査やデータ収集が必要になるし、それでいて必ずしも明確に把握できない場合がある。

　また、原価計算対象である製品等がそれぞれの活動をどれだけ使用したか（例えば要した時間や作業回数）を把握する必要があるが、それらのデータ収集には時間とコストを要する。さらに、作業工程が細分化するほど計算の精度は向上するが、それに応じてデータ収集や分析作業の負担は大きくなるため、費用対効果の見極めが必要になる。

　例えばQ社の例で、販売活動では商談時間をコストドライバーとしたが、具体的に商談時間を何時何分から何時何分までと逐一記録していくとすれば、その体制を整えるのも実際に測定していくのも相応の手間がかかるだろう。また、管理活動のコストドライバーは人員数としたが、必ずしも明確に「この人はα社担当」と分かれるとは限らない。「一人の担当者の作業量のうち6割が対α社だから0.6人カウント」などと細分化していくことも可能ではあるが、精度の追求にかかるコストと効果のバランスをとる必要がある。

● **コストドライバー設定の臨機応変な修正が難しい**

　ABCは、どの活動がどの製品向けに消費されているかといった関係を把握するために一定期間のデータを取る必要があるため、導入と運用開始までに時間とコストがかかる。また、ABCによる費用削減効果等を測定、評価するためには、いったん運用開始したら一定期間継続して適用することが望ましい。そのため、製造プロセス等が変化し、経済的資源と活動、そして原価計算対象の製品等の関係が変化したとしても、コストド

ライバーを変更するか、ドライバーのレートを修正すべきか等を判断するのが即座には難しい場合がある。

　こうした事情を考慮すると、一連の業務プロセスの変化が激しい業種にはABCの適用は難しい。

● 新製品導入期のコストが強調されるおそれ

　ABCを導入すると、新製品の導入期における阻害要因となるとの意見もある。ABCでは、活動を基準に間接費を製品等へ割り当てる。新製品は、製造が安定稼働に至るまでに不具合の調整など多くの工数が発生するため、間接費を多く必要とし、新製品の収益性が低くなることは少なくない。その結果、新製品の導入から成長に至るまでの過程でネガティブな見方が強調されやすいという意味である。

　しかし、だからといってABCが不適切だとはならない。原価は実態を反映することが重要な役割であり、不具合調整等で新製品の間接費負担が増しているのが事実であれば、ABCがそれを可視化しただけのことである。それと新製品の導入可否や価格決定などの経営判断は本来区別されるべきである。

●「実態に合った正確さ」への過信のおそれ

　ABCにより、伝統的な原価計算と比べると計算される製品等の原価の精度は高まることが期待される。しかし、そもそも間接費は、製品等との関連性が明確でないからこそ間接費とされるため、これを製品等へ割り当てるには依然として見なし要素を含む配賦計算にならざるを得ない。つまり、ABCはあくまでも、伝統的な原価計算と比べてより合理的な配賦計算ができる（もちろん、これは多くの人から理解を得やすいという意味はあるのだが）メリットはあるが、100％正しいコストを計算しているわけではない。したがって、ABCの算出結果を過信すべきではない。

6● ABCの将来

　日本の産業形態が、従来のハードなモノづくりから、IP（知的財産）活用型企業やAI開発など人的資源を活用した事業や企業へ移行すると、従業員のマルチタスク化や働き方の変化なども通じて、成果物である製品やサービスとの関係性が薄い、あるいは明確な把握が困難な費用、つまり間接費の割合が増加すると予想される。しかし、そうした製品やサービスであっても、価格を設定して販売している以上、製品やサービスの原価を実態に即して把握することが重要な経営課題であることには変わりない。むしろ、

そのような産業形態へ移行するほど、ABCの重要性は高まる。現在、中小企業など、ABCの導入を見合わせている企業は、費用対効果、特に導入や運用に係るコストを理由として挙げることが多いと思われる。この点については、近い将来、AI等の技術開発の進展により、より効果的な把握が可能となり、しかも導入及び運用コストが著しく低下することになれば、ABCのさらなる普及が期待できるかもしれない。

　企業活動を顧客の視点から見直し、顧客にとって無駄な作業（非付加価値活動と言う）を削減し、付加価値活動のみを効率的に実施するように改善し、継続的にコスト削減を実現する管理活動を**活動基準管理**（Activity-Based Management：ABM）と言う。米国では、1980年代の終わり頃から多くの会社が業績回復のためにコストダウンの必要に迫られ、業務プロセスの再構築（BPR：ビジネスプロセスリストラクチャリング）を行った。その際に、業務改善のための課題を抽出する手法としてABCが活用された。

　ABCが、製品等の原価を実態に即して計算することによって製品や顧客ごとの収益性の分析に役立てるのに対して、ABMは、分析を通じて業務プロセスを見直し、改善することでコストダウンを図る管理手法である。改善の対象となる「顧客にとって価値を生まない非付加価値活動」の例としては、在庫の保管（ただ単に保管しているだけでは付加価値を生まない。在庫調達のための資金調達コストを考慮すると逆ざやにもなる）、（工場内、工場間の）移動・運搬、段取り時間、作業中の空歩行などの動作ロス（こうした成果を生まない時間も固定費は発生している。時間を失うことで生産性が悪化し、製造コストが増加する）、不良品等の手直し（手直しに係る時間、コストだけでなく、不良品の製造に係る原価もロスとなる）などが挙げられる。ABMを効果的に実施するには、経済的資源の消費要因である業務プロセス自体の改善が必須となる。そして、業務プロセスの改善を合理的に実施するためには、コストドライバーや活動内容の分析だけでなく、これを継続するための業績測定方法と関連付けることも必要になる。

　ABCの考え方を予算管理にも取り入れ、活動別に予算編成に役立てる手法が**活動基準予算**（Activity-Based Budgeting：ABB）だ。伝統的な予算編成では、部門別費目別予算をベースにして、これらを合算調整することにより全社予算を編成するため、業務プロセスに潜む無駄な作業まで目が届かなかった。ABBでは、部門の枠を超えて、一連の業務プロセス単位で予算を編成するため、部門間で重複した活動や無駄な活動を抽出して削減することができる。

　ただし、そのためには、従来の部門業績に加えて、業務プロセス単位（例えば、製品等の出荷作業は、物流部門だけでなく、営業部門や製造部門も関係する）の業績を測定、評価できる会計制度や業績評価の仕組みが必要となる（第4章第3節の「責任会計シス

テム」を参照）。

コラム：シェアードサービスによる間接部門コストの削減

　本文で示したように、固定費に含まれる間接部門の人件費の適正化は大きな経営課題である。これに対する施策として特に複数の事業部門や関連会社を抱える大企業では、**シェアードサービス**という、各事業部門またはグループ各社の共通業務を集約し共有する手法を利用する企業もある。これにより、各事業部門またはグループ会社は、それぞれのコア業務に特化することができるようになり、集約した業務を担う部門（シェアードサービスセンター）では、集約によるスケールメリットや業務の標準化等の効果によるコスト削減と、事業部門やグループ会社を「顧客」として捉え業務を提供することによるサービス品質の向上が期待できる。

　シェアードサービスはすでに多くの企業で導入されているが、企業の担当者に話を聞くと実は想定通りのコスト削減効果を出せていないという企業が多い。

　共通業務を集約し共有しただけではコスト削減はできず、集約、共有した業務の非効率な問題を発見し、改善する仕掛けが欠かせない。このため、集約後に業務の再構築が必要となる。各事業部門またはグループ各社別の業務プロセスやルールを整理し、標準業務プロセス・ルールとして定義することも一定の効果を期待できるが、より進んだ取り組みを行っている企業では、ABC／ABMを用いたシェアードサービスセンター業務のコスト分析を日常の管理活動に取り入れて、業務効率性の改善につなげている。

〈事例〉

　グローバルでサービス事業を展開するR社の経理部門は、世界中のオフィスに対して、

- ・最も安いコストで経理事務代行サービスを提供する
- ・事務処理品質と処理スピード向上により各国オフィスの満足度を高める

という新しい2つのミッションを達成すべくシェアードサービスを導入した。

　最初のステップとして、ABCによるサービス価格算定システムを構築した（**図表1**）。

図表1　給与計算に関する内部費用負担明細

●●年●月　　　　　　　　　　　サービス利用者：XXXX営業部門

利用サービス	利用量	単位コスト	コスト金額
給与計算	××時間	×××円	××××円
問い合わせに対する回答	××件	×××円	××××円
タイムシートの誤りの修正	××枚	×××円	××××円
合計			××××円

　ABCによるサービス価格算定方法を確立させたのち、R社ではABCにより把握できる情報の持つ価値を再認識し、ABCをABMに発展させ、追加的なアクティビティ分析を日常的な業務のモニタリングに組み入れることとした（**図表2**）。

図表2　コストマネジメント情報の変革

伝統的アプローチ	（単位：円）		ABMによる分析	（単位：円）
給与及び手当	164,000		就業時間集計	285,000
賃借料	83,000		給与計算	272,000
通信料	393,000		問い合わせに対する回答	113,000
銀行手数料	193,000		タイムシートの誤り修正	29,000
消耗品	35,000		税務処理	42,000
合計	868,000		支払	40,000
			システム処理	87,000
			合計	868,000

勘定科目（形態）別から、アクティビティ（活動）別へ

　ABC/ABMによる新しいコスト情報では、コスト把握単位が従来の勘定科目別から、具体的なアクティビティ別へと変更された。この情報に基づき、事業部門等の社内顧客にとって付加価値を生むアクティビティと、付加価値を生まないアクティビティとを区別し、付加価値を生まないアクティビティのコスト削減を推進した。ABC／ABMの本質は、コストや時間を用いて企業内の作業を可視化することにある。

　ABC／ABM以外にも、企業が取り得る手段はほかにもある。間接部門の固定費を管理しようとするならば、まずは可視化して実態を把握することだ。

　近年ではRPAを活用し業務の効率化を実現する企業も増えている。シェアード

サービスが導入され始めた時期には、高い専門性を必要としない日常的業務、手作業業務こそが集約対象となる業務に挙げられたが、RPAにより、そのような業務はあえて集約化しなくとも効率化を図ることが容易にできるようになった。

　このように、「どんな作業を効率化して固定費を削減すべきか」は必ずしも自明ではない。固定費を管理する上で大切なことは、効率化により削減できる費用は徹底してそぎ落とした上で、創出されるアウトプットの価値を投入する固定費以上に高めるように、継続的なモニタリングと業務改善を繰り返すことである。

4 ● 短期的意思決定

　短期的意思決定とは、日々の業務においてなされる意思決定であり、業務的意思決定ともいう。短期的意思決定の代表的なツールである差額原価収益分析は、それぞれのオプションによる収益、費用、利益の差額を計算し、利益が最も大きくなる選択肢を選ぶ手法である。

　また予測財務諸表の作成は、目標利益の達成に必要な売上高や資金需要を把握したり、具体的な数値により目標を社内で共有することでモチベーションを高めたり、予算と実績を比較して問題点や課題を分析し、改善策を検討する上でも重要なプロセスである。

　自動車部品のメーカーであるH社では、EV（電気自動車）向けの主力製品Cの主要部品Dを1個当たり1万円でG社から購入している。製造部長の矢崎信哉は、かねて主要得意先であるオートメーカーからの、製品Cの追加受注に備えて、キーパーツである部品Dの自社製造を主張していた。そして、社長へ直談判して昨年ようやく部品Dの試作に取り掛かったのであった。開発部長は、矢崎の提案を理解しつつも、自社にとって経験のない部品を内製化し、それが原因で製品Cの品質問題になろうものなら、その場合のダメージは計り知れないと懸念を抱えていた。

　社長の松田隆志は、部品Dの内製化についての必要性は理解しており、まずは内製化が可能かどうかを見極めようということで昨年から開発を進めてきた。そして、内製化は可能であるとの見通しが立ってきた矢先、サプライヤーのG社からの部品Dの供給が安定せず、また、部品に起因するクレームも目立つようになってきた。

　矢崎は、良い機会だとして、ぜひともこのタイミングで部品Dを自社製造へ切り替えるべきだと主張し、次の経営会議で審議されることとなった。1年に及ぶ研究開発によ

図表3-39　部品Dの製造コスト

（単位：円）

原価要素	製造原価
直接材料費	5,000
直接労務費	1,500
固定製造直接費	2,000
固定製造間接費	4,000
製造原価合計	12,500

り、技術的には自社製造が可能であることがわかっている。また、幸いなことに製造設備のキャパシティも、基本的には現有設備で対応可能ということである。ただし、いくつかの点で追加加工を行う専用設備の導入が必要であった。これについてはリースで賄うことを想定しており、リース料は200万円/月である。

　経営会議では、部品Dの製造コストは次のように見積られた（**図表3-39**）。なお、当該部品の1月の使用量（購入量）は、1000個を予定している。

　固定製造間接費はすべて製造設備の減価償却費であり、リース料（固定製造直接費）同様に月次の予定生産量により部品1個当たりに換算した金額である。

　松田は、内製の場合の1個当たり製造原価が1万2500円というデータを確認し、せっかく研究開発費を投じてまで部品の自社製造を可能にしたのに、こんなに原価が増えては厳しいな、と落胆の表情だ。矢崎も無念の表情を隠せない。購買部長は、なぜか表情が晴れやかだ。取引先との関係が維持できるからだろうか。松田は、購買部長を一瞥してすぐさま原価データに目を移した。損益的にはマイナスではあるが、供給面の不安と品質問題が改善するのであれば内製化に踏み切るべきとも考えられる。しかし、このデータを取締役会にかけて、果たして社外役員に対して十分な説明ができるだろうか。

　さて、H社はこの部品をこれまで通り、外部から購入すべきであろうか。

1●差額原価収益分析

　短期的意思決定の典型的な問題として、このCASEのような、製造に必要な部品等を外部から購入するか、それとも自社で製造するかのいずれが会社にとって有利か、という問題がある。もっとも、こうした問題で、コスト面においては外部から購入が有利と判定される場合であっても、例えば、品質管理、供給の確実性、機密保持などの戦略面

など他の側面からの検討も必要とされるため、最終的にはそれらを総合しての意思決定となる。しかし、選択肢を定量化してそれぞれの経済性を評価することは、会社の意思決定において重要な判断基準の1つになることは間違いない。

　こうした経済性を定量的に評価するツールの1つに差額原価収益分析という方法がある。これは、いくつかのオプションを評価、比較して、その中から会社にとって最も有利なものを選択しようとする方法である。

　具体的には、あるオプションを選択した場合に獲得することができる収益と、他のオプションを選択した場合に得られる収益との差額（**差額収益**）、そして発生するコストの差額（**差額原価**）を見積り、その差額として、あるオプションを採用した場合に得られると期待される利益と他のオプションを採用した場合の利益との差額（**差額利益**）を算出することによって、会社にとって最も有利なオプションを選択する。

　実は、この方法は実際の経営における意思決定の場面だけでなく、日常生活におけるさまざまな意思決定の場面において無意識に使っていることも多い。なお、差額原価収益分析で算定される利益は、会社内部の意思決定において用いられる利益概念であり、会社の財務諸表作成において算定される営業利益等との利益概念とは異なる。

　以下、具体例を用いて差額原価収益分析のイメージをつかんでみよう。

◉───── 増産するかしないかの検討

　I社では、製品Xの需要が高まっていることから、1000個の増産を検討している。

　製品Xの販売価格は2500円/個、単位当たりの変動費は2000円/個である。また、減価償却費以外の固定費が30万円/月発生することが見込まれていて、このうち50%は増産により増加が見込まれる部分である。

　製造設備の減価償却費は70万円/月である。なお、増産は現有製造設備によって賄うことが可能であるため、追加的な設備投資は不要である。しかし、増産する場合はメンテナンス費用が15万円必要となる。

　この時、増産によって、どれだけの追加的な利益が期待できるか。

　まず、追加生産によって得られる差額収益を計算すると、

$$差額収益：増産分1,000個の販売による売上高＝2,500円/個 \times 1,000個$$
$$＝2,500,000円$$

　次に、追加的に発生する原価（差額原価）は、

$$差額原価：増産分変動費＋増産により増加する固定費$$
$$＝変動費(2,000円/個×1,000個)＋固定費(150,000円＋300,000円×50\%)$$
$$＝2,300,000円$$

したがって、差額利益は

$$差額利益＝差額収益－差額原価＝2,500,000－2,300,000＝200,000円$$

となる。したがって、差額利益のみに着目すれば、この増産は実施するのが合理的と言える。なお、当月の製造設備の減価償却費70万円及びその他の固定費15万円（増産による増加分以外）の合計85万円は、増産するしないにかかわらず、すでに発生することが決まっているコスト（**埋没原価**）であるため、増産の意思決定においては無視することになる。

●──── 2つのプロジェクトの比較検討

J社では、社内で新規事業プロジェクトを募ったところ、次の2つの有望なプロジェクトが提示された。いずれのプロジェクトへ投資をするほうが会社にとって得策だろうか（**図表3－40**）。

プロジェクトAとプロジェクトBの売上高の差額（差額収益）を求めると、

$$差額収益＝A(売上高)－B(売上高)＝500－450＝50百万円$$

次に、両者の差額原価は、

$$差額原価＝A(原価)－B(原価)$$
$$＝A(200＋100＋30＋10)－B(180＋90＋30＋10)＝30百万円$$

であることがわかる。したがって、プロジェクトAとプロジェクトBの差額利益は、

$$差額利益＝差額収益－差額原価＝50－30＝20百万円$$

と算定される。この結果をもってプロジェクトAのほうが利益が大きいと判断することも可能だが、実際問題として、会社はいずれかのプロジェクトを採用した時、もう片方のプロジェクトは諦めるのだとすると、諦めることで手放す利益（**機会費用**）も考慮に入れる必要がある。

図表3-40　プロジェクトの比較

(単位：百万円)

	プロジェクトA	プロジェクトB
売上高	500	450
変動費	200	180
固定費（プロジェクト関連）	100	90
固定費（プロジェクト共通）	30	30
固定費（本社費配賦額）	10	10
利益	160	140

プロジェクトAの機会費用＝プロジェクトBを採用したら得られた利益＝140百万円
プロジェクトBの機会費用＝プロジェクトAを採用したら得られた利益＝160百万円

機会費用を考慮した差額原価＝（A（原価）－B（原価））＋（A（機会費用）－B（機会費用））
＝30＋（140－160）＝10百万円

よって、

差額利益（機会費用考慮後）＝差額収益－差額原価＝50－10＝40百万円

　差額原価収益分析の結果、J社はプロジェクトAへ投資すべきとなる。
　これらはいずれもシンプルな設例ではあるが、実際のビジネスにおいても非常に有用な手法である。

　関連原価：ある特定のオプションの選択によって金額が変化するコストであり、意思決定に「関連」して変化するため関連原価と言う。J社の例では、プロジェクトAとBのそれぞれの変動費及びプロジェクトの関連固定費が該当する。

　無関連原価：いずれのオプションの選択によっても金額が変化しないコストであり、意思決定に関連なく発生するコストであるため無関連原価と言う。無関連原価の代表例が下記の埋没原価である。J社の例では、プロジェクトの共通固定費30百万円が無関連原価となる。

　埋没原価（Sunk Cost）：どのオプションを採用しても発生する原価のことであり、

意思決定には関係なく、考慮の対象から埋没しているコストである。J社の例では、プロジェクトA、Bの実施にかかわらず発生する本社費配賦額10百万円が該当する。なお、埋没原価は、冷静に考えれば将来の意思決定に影響を与えないことを理解することは難しくないが、しばしば意思決定者の心理に影響を及ぼし、正しい意思決定の阻害要因となるため注意が必要である（例：事業から撤退するか継続するかの選択において、大きな累積損失がある場合、なかなか撤退に踏み切れない）。なお、埋没原価は意思決定の際には無視するが、いったん、選択されたオプションを前提として事業計画を立案等する場合には回収すべき費用として認識しなければならない。そうでないと、当該費用は永久に回収されないことになってしまう。

機会費用（Opportunity Cost）：複数のオプションの中から1つのオプションしか選択することができないような場合は、ある特定のオプションを選んだ結果、他のオプションを選択することはできなくなる。その際、選択しなかったオプションの中で最も有利なものを採用した時に得られるであろう利益を指す。J社の例では、例えば、プロジェクトAの機会費用は、プロジェクトAを選択することによって諦めるプロジェクトBの利益140百万円となる。

●────　定性分析との組み合わせ

　短期的な意思決定では、数値分析に加え、定性的な経営戦略やマーケティング戦略などを併せて考えていく必要がある。

　例えば、ハーバード・ビジネススクールのマイケル・ポーター教授が提唱した、競争優位の3つの基本戦略がある。①市場のどの競争相手よりも低いコストを達成することによって低価格を実現しようというコスト・リーダーシップ戦略、②製品の品質や種類、あるいはメンテナンス・サービスなどの点で、製品の付加価値を増加させることによって競争相手の製品よりも高い価値を認めてもらおうという差別化戦略、③特定の市場に的を絞って経営資源を集中的に投入し、その限定された市場の中で低コストもしくは差別化を達成しようという集中戦略である。

　このうち、コスト・リーダーシップ戦略あるいは低コストによる集中戦略がふさわしい場合には、できる限りコストダウンを図ることが最重要課題になるであろう。一方、差別化戦略や差別化をベースとした集中戦略を採用しようという場合では、コストの把握の重要性こそ変わらないものの、削減一辺倒ではなく、差別化のためならむしろコストを掛けるという方向もあり得る。このように、コストのデータに基づく意思決定は、企業の経営戦略と密接に結びつけて考えていく必要がある。

　また、コストの問題はマーケティング戦略とも大きく関わってくる。ある市場について、いわゆる4P（Product－製品戦略、Price－価格戦略、Place－チャネル戦略、Promotion－コミュニケーション戦略）で示されるマーケティング・ミックスが決定されたとする。そうすると、価格戦略で決定された消費者の購入可能価格、つまり製品の販売可能価格で十分な利益が出るような範囲に製造コストを抑えなければ、利益が出ないことになってしまう。一方で、ただ単に製造コストを抑えるのが良いわけではなく、他のマーケティング・ミックスとの整合性を保つ必要もある。

　これとは逆に、マーケティング・ミックスの中で決められた価格が、コストと比較して低すぎると予想される場合には、設定した価格の変更を含め、製品の仕様の変更などマーケティング・ミックス全体を、そのコストでも利益を上げられるようなものに練り直さなければならない。

　重要なことは、価格戦略をはじめとしたマーケティング・ミックスの選択肢をできるだけ多くする、つまりマーケティング戦略構築上の制限を最小化するために、コストを正確に把握することである。

2●予測財務諸表

　予測財務諸表とは、文字通り損益計算書、貸借対照表といった財務諸表を、事業計画等に基づき将来の売上高等の数値を予測して作成するものである。策定した戦略の妥当性、すなわち、望ましい利益を獲得できるのか、そのためにどの程度の資金が必要となるのか等を定量的に評価し、従業員等へ具体的な目標値を明確に伝達するためにも、予測財務諸表は重要な経営管理ツールとなる。また、予測数値と実績の差異を把握し、原因を究明し、対策を立て実行することで計画の達成を支援する役割も期待される。なお、予測財務諸表の作成においては、固定費と変動費の費用分類を使用する。

　予測財務諸表を作成するには、通常の場合、損益計算書から貸借対照表の順に作成していく（支払利息の金額を、期末借入金残高を使って予測する場合は、この順序ではなく両者は同時に確定することになる）。具体的な作成方法を以下に示す。

●────予測損益計算書の作成ステップ

ステップ1：変動費と固定費を区分する

　過去のデータ等から、売上高に比例して増減する費用（変動費）とそれ以外の費用（固定費）等を区分する。

ステップ2：売上高を予測する

　市場成長率、市場における獲得シェア、新製品の投入や拠点の拡大等の計画をもとに将来の売上高を予測する。この予測売上高をベースに変動費が決まってくるため、できる限り合理的に予測することが望まれる。

ステップ3：変動費の算定

　ステップ1で抽出した変動費の項目に関して、売上高との比例計算を行う。

ステップ4：固定費の予測

　売上高に直接連動しない固定費を予測する。例えば、減価償却費は固定費に区分されるが、この金額を予測するためには、予測した売上高を達成するためにどのような仕様や性能を持った固定資産が必要かといった設備投資計画を立案する。その中で、将来に増やす固定資産の金額とタイミング、耐用年数、減価償却費の償却方法などを決定し、金額を見積る。

　また、人件費についても、どの事業や活動にどれだけの人員が必要かを見極め、採用計画や退職の予測などを踏まえて要員計画を立てるなどして見積る。

◉ーーー 予測貸借対照表の作成ステップ

　上記の要領で予測損益計算書を作ったら、それをもとに予測貸借対照表を作成していく。

ステップ1：売上高との連動性の高い資産・負債の区分

　損益計算書と同様に、売上高に比例して増減する資産及び負債項目とそれ以外の項目に区分する。一般に、売上債権、棚卸資産、仕入債務などの運転資本を構成する項目は、売上高に比例して増減する項目として区分される。

ステップ2：売上高との比例計算

　ステップ1で抽出した売上と連動性の高い項目に関して、売上高との比例計算を行う。

ステップ3：個別の条件による項目の予測

　契約等個別の条件によって金額が増減する項目を特定し予測する。例えば、長期借入金や社債は、返済あるいは償還スケジュールに基づいて予測する。

ステップ4：貸借対照表と損益計算書の関連付け

　予測損益計算書の当期純利益（配当金等、当期純利益から控除される項目がある場合は、それらを控除した残額となる）を前年度の利益剰余金に加算して、予測貸借対照表の利益剰余金を算定する。

　以上により、借入金以外の項目は概ね金額が定まるので、貸借対照表の左右（資産の部と負債及び純資産の部）は金額が一致するという性質を利用して、差額として借入金の額を算定する。なお、この場合の「借入金」とは、通常は短期借入金などの短期的な有利子負債が対象となる。

　実務では、策定作業の分量とそれによる効果とのバランスを考慮して、目標となる売上を上げるための必要な事業活動を具体的に検討し、またその実行結果が費用等にどう反映されるかを検討することが、実現可能性の高い予算策定のポイントである。

　次に、具体的な事例を用いて、前述の予測財務諸表の作成プロセスを見ていこう。

　X社の直近年度の損益計算書、貸借対照表は**図表3-41**の通りであった。ここから次年度の予測財務諸表を作っていくとしよう。なお、設例では次年度のみであるが、中期経営計画など目的に応じて予測期間の長さは変わり得る。

　なお、作成において以下の前提を置いた。

【予測損益計算書】

ステップ1「変動費と固定費を区分する」：ここでは簡便にするため、すべての売上原価、販売費及び一般管理費が売上高に比例すると仮定している（**図表3-42**）。

ステップ2「売上高を予測する」：2021年度は2020年度よりも5%成長するとのことなので、以下の通りとなる。

$$1,950,000 \times (1 + 0.05) = 2,047,500 \quad (千円) \qquad (図表3-43①)$$

ステップ3「変動費の算定」：前提条件より、売上原価と販売費及び一般管理費は、売上高から比例計算で求められる。

$$売上原価 \quad 2,047,500 \times 0.63 = 1,289,925（千円） \qquad (図表3-43②)$$
$$販売費及び一般管理費 \quad 2,047,500 \times 0.31 = 634,725（千円） \qquad (図表3-43④)$$

ステップ4「固定費の算定」：ステップ1より、売上原価、販売費及び一般管理費の中

図表3−41　X社の損益計算書、貸借対照表

（単位：千円）

		2020年度実績
損益計算書		
①	売上高	1,950,000
②	売上原価	1,267,500
③	売上総利益	682,500
④	販売費及び一般管理費	585,000
⑤	営業利益	97,500
⑥	支払利息	27,240
⑦	税引前当期純利益	70,260
⑧	法人税等	21,078
⑨	当期純利益	49,182
⑩	配当金	14,755
⑪	利益剰余金への繰入額	34,427
貸借対照表		
⑫	流動資産	936,000
⑬	現金及び預金	312,000
⑭	売上債権	234,000
⑮	棚卸資産	390,000
⑯	固定資産	1,095,000
⑰	機械装置	395,000
⑱	土地	700,000
⑲	資産合計	2,031,000
⑳	流動負債	636,000
㉑	仕入債務	234,000
㉒	短期借入金	402,000
㉓	固定負債	950,000
㉔	長期借入金	950,000
㉕	純資産	445,000
㉖	資本金	100,000
㉗	利益剰余金	345,000
	負債・純資産合計	2,031,000

で固定費はこの例では想定しない。支払利息は、前年度末（今年度期初）の有利子負債残高に借入利率2%を掛けて求めることとする。

　支払利息　（402,000＋950,000）×0.02＝27,040（千円）　**（図表3−43⑥）**

　ここまで求められれば、後は①売上高から②売上原価を引き、③売上総利益が出る。次いで、売上総利益から④販売費及び一般管理費を引き⑤営業利益、さらに⑥支払利息を引き⑦税引前当期純利益が求められる。そして、前提条件の法人税率、配当性向から⑧法人税等、⑩配当金を求め、税引前当期純利益から順次引いていくことで、予測損益計算書ができあがる。

【予測貸借対照表】

ステップ1「売上高との連動性の高い資産・負債の区分」：ここでは現金及び預金、売上債権、棚卸資産、仕入債務について、売上高に比例すると仮定した。

ステップ2「売上高との比例計算」：上記項目で想定した比率を、予測した21年度売上高にそれぞれ掛けて予測残高を求める。

　現金及び預金　　2,047,500×0.16＝327,600　（千円）　**（図表3−43⑬）**
　売上債権　　　　2,047,500×0.12＝245,700　（千円）　**（同⑭）**
　棚卸資産　　　　2,047,500×0.18＝368,550　（千円）　**（同⑮）**
　仕入債務　　　　2,047,500×0.14＝286,650　（千円）　**（同㉑）**

ステップ3「個別の条件による項目の予測」：前提条件より、機械装置は対前年比70,000千円増、長期借入金は同10,000千円減、土地と資本金は増減無しとする。

　機械装置　　　　395,000＋70,000＝465,000（千円）　**（図表3−43⑰）**
　長期借入金　　　950,000−10,000＝940,000（千円）　**（同㉔）**
　土地　　　　　　700,000で変わらず　　　　　　　　　**（同⑱）**
　資本金　　　　　100,000で変わらず　　　　　　　　　**（同㉖）**

ステップ4「貸借対照表と損益計算書の関連付け」：予測損益計算書で求めた利益剰余金を前年度貸借対照表の利益剰余金に足して、今年度の利益剰余金を求める。

　利益剰余金　　　345,000＋46,947＝391,947（千円）　　**（図表3−43㉗）**

　ここまでで予測貸借対照表のうち、短期借入金以外の項目が求められた。そこで、短

図表3-42　X社の予測損益計算書

前提条件

	2020年度実績	2021年度予測
損益計算書		
売上高成長率	3%	5%
売上原価率	65%	63%
販売費及び一般管理費率	30%	31%
借入金利	2%	2%
法人税率	30%	30%
配当性向	30%	30%
貸借対照表		
現金及び預金率（売上比）	16%	16%
売上債権率（売上比）	12%	12%
棚卸資産率（売上比）	20%	18%
機械装置（対前年増減額）	+50,000	+70,000
土地（対前年増減額）	−	−
仕入債務率（売上比）	12%	14%
短期借入金	調整項目	調整項目
長期借入金（対前年増減額）	−10,000	−10,000
資本金（対前年増減額）	−	−

期借入金は資産合計から短期借入金以外の負債・純資産項目を引いて求める。

短期借入金　2,106,850（⑲資産合計）−286,650（㉑仕入債務）−940,000（㉓固定
負債）−491,947（㉕純資産）＝388,253（千円）　（図表3-43㉒）

　これで予測貸借対照表ができあがる。
　以上、簡便な予測財務諸表の作り方を示したが、実務上では以下の点に注意を要する。

● 棚卸資産と仕入債務

　設例では、売上高に対する比率を乗じて算定している。しかし、売上高が利益を含むのに対して、棚卸資産及び仕入債務には利益は含まれていない。そのため、売上原価率（売上総利益率）が大きく変動する場合等においては、算定される棚卸資産等の金額が影響を受けるため注意が必要である。そこで、過去の実績等から売上原価に対する比率

図表3-43　X社の予測損益計算書、予測貸借対照表

（単位：千円）

		計算式	2020年度実績	2021年度予測
損益計算書				
①	売上高	前年度売上高×売上高成長率	1,950,000	2,047,500
②	売上原価	①×売上原価率	1,267,500	1,289,925
③	売上総利益	①－②	682,500	757,575
④	販売費及び一般管理費	①×販売費及び一般管理費率	585,000	634,725
⑤	営業利益	③－④	97,500	122,850
⑥	支払利息	前年有利子負債×借入利率	27,240	27,040
⑦	税引前当期純利益	⑤－⑥	70,260	95,810
⑧	法人税等	⑦×法人税率	21,078	28,743
⑨	当期純利益	⑦－⑧	49,182	67,067
⑩	配当金	⑨×配当性向	14,755	20,120
⑪	利益剰余金への繰入額	⑨－⑩	34,427	46,947
貸借対照表				
⑫	流動資産	⑬＋⑭＋⑮	936,000	941,850
⑬	現金及び預金	①×現金及び預金率	312,000	327,600
⑭	売上債権	①×売上債権率	234,000	245,700
⑮	棚卸資産	①×棚卸資産率	390,000	368,550
⑯	固定資産	⑰＋⑱	1,095,000	1,165,000
⑰	機械装置	前年度機械装置＋増減額	395,000	465,000
⑱	土地	前年度土地＋増減額	700,000	700,000
⑲	資産合計	⑫＋⑯	2,031,000	2,106,850
⑳	流動負債	㉑＋㉒	636,000	674,903
㉑	仕入債務	①×仕入債務率	234,000	286,650
㉒	短期借入金	⑲－（㉑＋㉓＋㉕）	402,000	388,253
㉓	固定負債	㉔	950,000	940,000
㉔	長期借入金	前年長期借入金＋増減額	950,000	940,000
㉕	純資産	㉖＋㉗	445,000	491,947
㉖	資本金	前年資本金＋増減額	100,000	100,000
㉗	利益剰余金	前年利益剰余金＋⑪	345,000	391,947
	負債・純資産合計	⑳＋㉓＋㉕	2,031,000	2,106,850

図表3－44　運転資本改善による長短借入金額の変化

	2020年度	2021年度 （運転資本改善有）	2021年度 （運転資本改善無）
長短借入金合計	1,352,000	1,328,253	1,410,153
増減（対2020年度）	－	△23,747	58,153

をもとに2021年度の比率を予測し、2021年度の売上原価に対して予測比率を乗じて計算する方法もある。なお、この点は、棚卸資産回転期間、仕入債務回転期間を算定する場合も同様である。

● 支払利息

　設例では前年の有利子負債（短期借入金＋長期借入金）の残高に借入利率を乗じて算定している。これは、2021年度中は一貫して2020年度末の残高を借り続け、2021年期末日に一部（10,000千円）を返済したという前提に基づく計算である。しかし、実際には、特に短期借入金などは、期中の資金需要に対応して弾力的に借入、返済をすることが考えられる。会計期間中の有利子負債の残高変動を考慮すると、前年度の有利子負債残高と当年度末の有利子負債残高の平均残高に対して借入利率を乗じて支払利息を計算することがより合理的と考えられる。ただし、この場合、支払利息を算定するためには期末の借入金を決める必要があるが、期末の借入金を算定するためには支払利息を決める必要があるという状況が発生するため、Excelで予測財務諸表を作成すると循環参照というエラーが発生する。循環参照を解決する簡単な方法としては、Excelのオプションで反復計算回数を制限する簡易的な方法やゴールシーク機能を使用する方法などがある。

　なお、設例では、売上高の増加による運転資本の増加を売上高棚卸資産率の減少と売上高仕入債務率の増加によって抑制している。その結果、長短借入金の合計は2020年度の13億5200万円から2021年度は13億2825万3000円へと減少することになる。仮に、売上高棚卸資産率の低下等、運転資本の改善がないとすると、売上高の増加により2021年度の長短借入金は、14億1015万3000円へ増加することになる（**図表3－44**）。

5●長期的意思決定

　長期的な経営課題に関する意思決定においては、投資に対する成果を比較し、成果が投資を上回るかどうかを判断基準とする。その際、成果をどう把握するかについては、大きく2つの考え方がある。1つは、あるビジネスについてどれだけのキャッシュを投下し、最終的にどれだけのキャッシュを獲得することができたのかを重視する「キャッシュ」ベースの考え方である。キャッシュを基準として投資に対する成果を評価する代表的な手法が**DCF**（Discounted Cash Flow）法であり、その具体的な方法には**NPV**（Net Present Value）と**IRR**（Internal Rate of Return）がある。もう1つは、会計のルールをもとに計算した「利益」を成果として考える方法であり、具体的な手法には、回収期間法（ペイバック法）がある。

　家電量販店であるV社は、経営者の佐藤昌義の経営手腕により、このところ急速に成長している。モットーはスピードと積極性だ。そして、それを売上や利益の成長につなげるためにも、いかに事業に投下した資金を効率的に成果に結びつけるかを念頭に置いている。佐藤は、これまでの成長スピードにさらに拍車をかけるためM&Aにも積極的に取り組みだしている。この3年間で、他地域を中心に事業展開している中堅家電量販店を2社買収した。この2社はいずれもターゲット顧客層が重なり、商品を本社において大量に一括購入することでメーカーとの価格交渉力が強まり、購入価格の引き下げによる利益率改善が期待された。

　ところが、このところ、在庫量が増加傾向にあるにもかかわらず、各店舗から商品発注要求が増加してきていることが問題視されるようになった。特に、買収した2社の店舗から、配送センターへの臨時的な商品の配送要求が目立つようになってきた。V社と

2社とは現在も異なる別個の在庫管理システムを使用しており、タイムリーな在庫保有残高等の情報共有がなされていない。そのため、このような必要在庫の欠品による販売の機会損失や不要な在庫の発注が起こっていると考えられる。各店舗の在庫をトータルした全社的な在庫回転日数は、買収前から比べると10日程度も長期化している。

　佐藤は、この状況を早期に解決してM&Aによるシナジーを享受するために、併存するシステムを統合し、全拠点を対象にした在庫管理システムの導入を検討している。これによって、現在の機会損失が解消され販売が増加するとともに、受注処理や物流コストの削減等による諸経費の削減、さらに在庫の削減といった効果が期待される。一方、在庫管理システムに係る投資や導入及び運用サポートに係る費用は覚悟しなければならない。佐藤は、来月の経営会議へ諮るため、早速、経営管理部長の中野美幸を社長室に呼び、投資対効果を早急に検討して報告するよう命じた。

　中野がスタッフとともに調査した結果は以下の通りである。

　販売増加による売上総利益の増加
　1年度：10,000千円、2年度：15,000千円、3年度：20,000千円、4年度：25,000千円、
　5年度：25,000千円
　諸費用の減少
　1年度：3,000千円、2年度：5,000千円、3年度：6,000千円、4年度：6,000千円、
　5年度：6,000千円
　在庫の削減
　1年度：3,000千円、2年度：4,000千円、3年度：5,000千円、4年度：5,500千円、
　5年度：5,500千円

　一方、在庫管理システムへの投資及び関連費用は次のように予測される（**図表3－45**）。

　投資額
　0年度：100,000千円
　導入費用等
　0年度：15,000千円、1年度：15,000千円、2年度：10,000千円、3年度：
　10,000千円

図表3－45　在庫管理システムの効果と導入コスト

（単位：千円）

	0年度	1年度	2年度	3年度	4年度	5年度
販売増		10,000	15,000	20,000	25,000	25,000
経費削減		3,000	5,000	6,000	6,000	6,000
導入費用	15,000	15,000	10,000	10,000		
設備投資	△100,000					
減価償却費		20,000	20,000	20,000	20,000	20,000
在庫変化		△3,000	△4,000	△5,000	△5,500	△5,500

　なお、在庫管理システムの設備導入コスト（100,000千円）は翌年度から5年間にわたり定額法で減価償却される。また、減価償却終了後の残存価値は考慮しない（残存価値は0とする）。これらの情報から、NPV法によって在庫管理システムへの投資の是非を検討する。なお、投資効果を現在価値に割り引く際の割引率は10％、実効税率は30％とする。

毎年のフリー・キャッシュフローの算定

　　フリー・キャッシュフロー
　　＝営業利益×（1－税率）＋減価償却費－投資額－⊿運転資本
　　　※CASEにおける販売増、経費削減、導入費用はいずれも営業利益に影響を及ぼす

0年度：－15,000－100,000＝－115,000千円
1年度：（10,000＋3,000－15,000）×（1－0.3）＋20,000－△3,000＝21,600千円
2年度：（15,000＋5,000－10,000）×（1－0.3）＋20,000－△4,000＝31,000千円
3年度：（20,000＋6,000－10,000）×（1－0.3）＋20,000－△5,000＝36,200千円
4年度：（25,000＋6,000）×（1－0.3）＋20,000－△5,500＝47,200千円
5年度：（25,000＋6,000）×（1－0.3）＋20,000－△5,500＝47,200千円

　1年度から5年度までの各年度のフリー・キャッシュフローを割引計算すると、

1年度：$21,600 \div (1+0.1) = 19,636$千円
2年度：$31,000 \div (1+0.1)^2 = 25,620$千円
3年度：$36,200 \div (1+0.1)^3 = 27,198$千円
4年度：$47,200 \div (1+0.1)^4 = 32,238$千円
5年度：$47,200 \div (1+0.1)^5 = 29,307$千円

$NPV=$各年度の割引後FCFの合計－初期投資
$=(19,636+25,620+27,198+32,238+29,307)-115,000$
$=19,000$千円

　よって、NPV＞0となるため、上記予測に基づけば、在庫管理システムの投資は行うべきという結論になる。

　中野は、これならば社長へシステム投資の提案書をまとめられるとほっと安堵した。直後に、「ちょっと待てよ、果たしてこれは現実になるのだろうか？」という疑問が脳裏をよぎった。というのも、システム投資の成果、つまり、販売増加、経費削減、在庫削減は将来にわたって表れるが、必ずしも確実視できるとは限らない。仮に、予測通りに効果が出なかった場合はシステム投資の価値はどうなるのだろうか。

　そこで、システム投資の期待効果について、仮にすべての期待効果が半減するとした場合のNPVを計算してみることにする（**図表3-46**）。

　なお、在庫管理システムへの投資（減価償却方法等含む）及び関連費用等の諸条件は変更がないものとする。

毎年のフリー・キャッシュフローの算定

　0年度：$-15,000-100,000=-115,000$千円
　1年度：$(5,000+1,500-15,000)\times(1-0.3)+20,000-\triangle1,500=15,550$千円
　2年度：$(7,500+2,500-10,000)\times(1-0.3)+20,000-\triangle2,000=22,000$千円
　3年度：$(10,000+3,000-10,000)\times(1-0.3)+20,000-\triangle2,500=24,600$千円
　4年度：$(12,500+3,000)\times(1-0.3)+20,000-\triangle2,750=33,600$千円
　5年度：$(12,500+3,000)\times(1-0.3)+20,000-\triangle2,750=33,600$千円

図表3-46　在庫管理システム投資の効果見積り（当初見積り×50％）

（単位：千円）

	0年度	1年度	2年度	3年度	4年度	5年度
販売増		5,000	7,500	10,000	12,500	12,500
経費削減		1,500	2,500	3,000	3,000	3,000
導入費用	15,000	15,000	10,000	10,000		
設備投資	△100,000					
減価償却費		20,000	20,000	20,000	20,000	20,000
在庫		△1,500	△2,000	△2,500	△2,750	△2,750

1年から5年度までの各年度のフリー・キャッシュフローを割引計算すると、

1年度：15,550÷(1＋0.1)＝14,136千円
2年度：22,000÷(1＋0.1)²＝18,182千円
3年度：24,600÷(1＋0.1)³＝18,482千円
4年度：33,600÷(1＋0.1)⁴＝22,949千円
5年度：33,600÷(1＋0.1)⁵＝20,863千円

NPV＝各年度の割引後FCFの合計－初期投資
*　　　＝(14,136＋18,182＋18,482＋22,949＋20,863)－115,000*
*　　　＝△20,387千円*

在庫管理システムへの投資から期待される効果を変化（半減）させることによって、NPVはマイナスとなった。ここで認識すべきは、NPVの数値は投資に対する効果をどう予測するかに大きな影響を受けるということである。そして、期待効果は、その後のさまざまな状況変化によって必ずしも100％達成されるという保証はない。そこで中野は、ある要素（変数・パラメータ）が現状あるいは予測値から変動した時、最終的な効果にどの程度の影響を与えるかを見る感度分析や、ベース、ベスト、ワーストなどの複数のシナリオに基づいて、そのシナリオごとにどんな結果となるかを分析するシナリオ分析（詳細は195ページ）を用いて、多角的に分析してみることにした。

感度分析やシナリオ分析は、将来における想定外の状況を減らし、計画の実現可能性を高めるためのプロセスとも言える。大切なのは、計算を正確に行うことではなく、意思決定を間違えないことだと中野は自らに言い聞かせた。

1●キャッシュフローをベースに考える

ここで、長期的意思決定において成果をキャッシュで把握すべきか、あるいは「利益」で把握すべきかについて考えてみたい。まず、利益は会計のルールに従って会社の業績を測定したものであり、ある一定期間の業績を表す上では有用な情報と言える。しかし、会社が長期の意思決定を行う場合には、プロジェクト（投資案件）ごとに、どれだけの投資に対してどれだけのリターンが見込めるのか個別に考える必要がある。そしてその場合、投資時にはどれだけキャッシュを投入するかを考える。したがって、その成果であるリターンについても同じくキャッシュをベースに考えることで、整合性を保つことができる。つまり、キャッシュの投資に対してはキャッシュでリターンを把握す

る（cash to cash）という考え方である。

　また、会計の利益は、減価償却方法、棚卸資産の評価方法、引当金に対する経営者の
考え方など、会社の選択する会計方針によって変わり得る。そのため、実質的な業績が
同じ会社であっても、損益計算書に表れる利益は1つに定まらない。一方、キャッシュ
は、会計方針等の選択にかかわらず、誰が計算しても同じになる。これを「キャッシュ
は事実、利益は意見（cash is a fact, profit is a matter of opinion）」と言うこと
がある。

　長期間の累計をとれば、タイムラグこそあれ、「利益＝キャッシュ」が成立するから、
どちらを採用してもいいとも考えられる。しかし、金銭の時間的価値（後述）の考え方
を取り入れると、いつキャッシュとして成果を獲得できるのかは一大事である。例えば、
同じ利益の会社であっても、現金商売の会社であれば顧客からは即入金されるが、信用
取引（掛け取引）の会社ではキャッシュの獲得には一定の時間を要する。この点も、長
期的意思決定において、成果を利益でなくキャッシュで把握する根拠と言える。

◉─────　フリー・キャッシュフロー

　企業経営において投資判断や企業価値の算定といった長期の意思決定を行う際には、
投資に対する成果としてのキャッシュを**フリー・キャッシュフロー**（Free Cash
Flow：FCF）という特定の概念で把握することが一般的である。これは、会社の事業
活動から発生するキャッシュフローから税金を差し引いたものであり、会社に資金を提
供している金融機関（有利子負債の提供者）や株主（資本の提供者）に自由に（フリ
ー）に分配しても会社の事業運営に支障がないキャッシュフローの合計額である。また、
フリー・キャッシュフローは財務活動から発生するキャッシュフロー（支払利息）を控
除前の金額であるため（フリー・キャッシュフローの所有者に債権者が含まれるため）、
会社が事業に必要な資金をどのように調達しているのかには関係なく、純粋な意味で事
業から生み出されたキャッシュフローという意味でもある。

　フリー・キャッシュフローは、会社の通常の活動から生み出された利益である「営業
利益」を出発点として、以下のような修正を加えていくことによって求められる。

①財務活動を除いた「本業からの税引後利益（NOPAT：Net Operating Profit After Tax）」を算出する

　損益計算書の営業利益に実質的な税率である実効税率を掛けて税金を計算し、これを
差し引いて本業からの税引後利益を算出する。

　なお、経常利益に受取利息、支払利息等を加減算することで財務活動を除いた本業か

らの税引前利益（EBIT：Earnings Before Interest and Taxes）を計算し、これに
対して実効税率を掛けて計算した税金を控除して、税引後利益を算出する場合もある。

② 実際にキャッシュの支払いがない費用の修正を行う

　キャッシュの支払いがない費用を、「本業からの税引後利益」に加える。このような
費用には、有形固定資産の減価償却費、のれんなどの無形固定資産の償却費などがある。

③ 費用ではないがキャッシュの支払いが行われるものの修正を行う

　費用ではないがキャッシュの支払いが行われるものを、②で算出した金額から差し引
く。具体的には、設備投資の支払金額などが該当する。

④ 運転資本の変化による修正を行う

　会計ルールでの収益、費用と、キャッシュの動きのタイムラグの修正を行う。具体的
には、売掛金、受取手形、棚卸資産といった営業サイクルで発生する資産については、
その増加分をキャッシュフローのマイナスとし、逆に買掛金、支払手形といった負債に
ついては、その増加分だけキャッシュフローのプラスとして加える。

◉──── 金銭の時間的価値

　皆さんは、100万円をもらえるとしたら「今」と「5年後」のどちらを選択するだ
ろうか。また、それはなぜだろうか。多くの人は「今」を選択するであろう。その理由
の1つは、今すぐに100万円を手に入れることができれば、例えば5年間で事業等へ投
資をしたり、銀行に預金したりするなどして100万円をさらに増やすことができる
（機会を得ることができる）。これを金銭の機会費用と言う。もう1つの理由は、今であ
れば100万円を間違いなく手に入れられるが、5年後には何らかの状況の変化によっ
て100万円が手に入らなくなるかもしれないし、手に入れられたとしても物価高騰な
どによって100万円で購入できるモノの価値が下落するかもしれないといったリスク
（不確実性）が伴うためである。

　このように、金額自体は同じであっても、「今」の100万円と「将来」の100万円
では、その価値に差があると考えることができる。これを**金銭の時間的価値**と言う。

　以上の考え方が、「今日の1円は明日の1円よりも価値がある（a dollar today is
more worth than a dollar tomorrow）と言われるゆえんである。

　これを会社のプロジェクト投資に置き換えて考えてみる。会社のプロジェクトには、
短期的なものもあれば長期にわたるプロジェクトもある。仮にプロジェクトから得られ

るキャッシュの総額が同じとしても、それらのプロジェクトが会社に同じ価値をもたらすとは限らない。例えば、あるプロジェクトは1年後に1億円のキャッシュをもたらし、あるプロジェクトは10年後に1億円のキャッシュが見込めるとすると、金銭の時間的価値の考えを当てはめると前者のほうが会社にもたらす価値が高いと考えることができる。したがって、長期的な意思決定においては、（将来の）キャッシュフローに金銭の時間的価値を考慮に入れる必要がある。

　具体的には、例えば年率rの複利で運用（毎年の利子を元本に組み入れていくこと）するn年物の債券にキャッシュCF_0を投資する場合のn年後に受けとれるキャッシュCF_nは、

$$CF_n = CF_0 \times (1 + r)^n$$

　で表される。すると、n年後のキャッシュフローCF_nの現在価値PV（CF_n）はCF_0と同じであるから、

$$PV(CF_n) = \frac{CF_n}{(1 + r)^n} = CF_0$$

　となる。この式からわかるように、現在価値（PV）を算出する場合には、将来発生するキャッシュフローを同じような投資機会によって得られるであろう利回りで割り引くことになる。この利回りのことをディスカウント・レート（割引率）と言う。ディスカウント・レートは、時間とリスクをベースに、金融市場における利回りにより決定される。この場合、ディスカウント・レートは、あるプロジェクトに投資することによって、同じようなプロジェクトに投資をしたら得られるであろう儲けが失われたと考えると、一種の機会費用と考えられる。

コラム：リスクと資本コスト

「安全な円は危険な円よりも価値がある」という考え方に基づき、リスクのあるプロジェクトの現在価値を求めるには、そのプロジェクトのキャッシュフローを同じようなリスクを有する投資対象に投資した場合に得られるであろう利回りで割り引くことになる。

　また、この時の割引率は、会社が現在の資金調達構造の下で新たな投資を行う際に最低限満たさなければならない収益率（ハードルレート）を意味している。というのは、会社が調達する資金には必ずそれ相応の調達コスト（156ページ）がかかっており、その調達コスト分を上回るリターンが得られなければ投資をする意味

がなくなってしまうからである。

　会社の資金調達にかかる平均的なコストを**資本コスト**と言い、具体的にはバランスシートの負債と資本（株主資本）それぞれの調達コストの加重平均（**WACC**：Weighted-Average Cost of Capital・通常ワックと呼ぶ）として、以下の計算式によって算出する。

$$WACC = r_D \times (1-t) \times \frac{D}{(D+E)} + \{r_f + \beta\,(E(r_M) - r_f)\} \times \frac{E}{(D+E)}$$

WACC：加重平均資本コスト
D：有利子負債金額（時価）
E：株主資本（時価）
t：法人税率（実効税率）
r_D：利子率
r_f：リスクフリー・レート（非危険利子率）
$(E\,(r_M)-r_f)$：マーケット・リスク・プレミアム
β：ベータ値

　次に、WACCの構成要素について簡単に説明する。まず、負債のコストは銀行等の債権者に対して支払うコストのことである。ただし、すべての負債が対象となるのではなく、有利子負債に対して支払うコストのみが対象となる。具体的には借入金や社債などの金利に加えて、手形割引の割引料やクレジットカードの手数料なども含まれる。この負債のコスト（金利・割引料など）は税金計算の際には費用として扱われ課税所得を引き下げる効果があるため節税効果がある。WACCの計算においては、この節税効果を負債のコスト（r_D）に（1－t）を掛けることで表現する。

　一方、株主資本のコストは株主に対して支払うコストのことである。具体的には、配当とキャピタルゲイン（株式の値上がり益）が相当する。なお、会社側から見た株主資本コストは、投資家側から見た場合は期待収益率に一致すると考えられる。なぜなら、会社が株式を発行して資金調達する場合には、投資家の期待に見合った収益を提供しなければ購入されないからである。株主資本のコストの算定には、通常、効率的な資本市場を前提とした場合のリスクとリターン（投資収益率）の関係について表した資本資産価格モデル（CAPM：Capital Asset Pricing Model）

を利用する。なお、CAPMを利用して株主資本コストを算定するには、リスクフリー・レート（非危険利子率）、マーケット・リスク・プレミアム（E（r_M）−r_f）、個別企業のベータ値（β）、の3つの要素が必要になる。

　リスクフリー・レートには、リスクフリーな資産の中で最も代表的な長期国債の利回りを使うのが一般的だ。リスクフリーとは、リターンを得ることが確実だという意味である。国債は国が崩壊しない限り確実に金利という利益を生み出すためリスクがなく、また会社の投資は通常長期にわたるため、短期利子率よりも長期利子率を使うべきと考えられるからである。

　マーケット・リスク・プレミアムは、株式投資からの期待収益率とリスクフリー・レートの差のことである。通常、株式は価格変動を伴うリスクのある資産であるため、その投資の期待収益率が、リスクがなく確実なリターンを生み出す資産（例えば国債）の収益率を上回っていなければ（つまりリスク・プレミアムがなければ）株主には投資する意味がない。

　ベータ値は、株式市場全体のリターンが1%変化した時に、任意の株式のリターンが何%変化するかを表す係数である。株式市場全体よりも個社の変動が激しい株式の場合にはベータ値は1を超え、逆に株式市場全体よりも激しくなければベータ値は1未満になる。市場全体と個社のリターンがまったく同調する場合はベータ値は1となる。

　それでは具体的な数字に基づいて、資本コスト（WACC）を算出してみよう。

　　D：負債金額（時価）　60億円
　　E：株主資本（時価）　40億円
　　t：法人税率（実効税率）　30%
　　r_D：利子率（負債の調達利子率）　2%
　　r_f：リスクフリー・レート（長期国債の利子率）　1%
　　（E（r_M）− r_f）：マーケット・リスク・プレミアム　5%
　　β：ベータ値　1.2

とすると、

$$WACC = 2\% \times (1-30\%) \times 60億円 \div (60+40)億円$$
$$+ (1\%+1.2 \times 5\%) \times 40億円 \div (60+40)億円 = 3.64\%$$

　となる。これは、この会社の平均的な資金調達コストが3.64%であると同時に、この会社が企業価値を上げていくためには、調達した資金を3.64%を上回る収益率が期待できるプロジェクトに投資しなければならないことを意味している。この資本コストを下回る収益率しか上げられないようなプロジェクトに投資してしまうと、将来的に企業価値が毀損し、株価に悪影響を及ぼすおそれが生じることになる。

●────ディスカウンテッド・キャッシュフロー（DCF）法

　資産が生み出す将来のキャッシュフローの割引現在価値を、その資産の理論価格とする方法である。DCF法の具体的な適用方法には、NPV（Net Present Value：正味現在価値）と、IRR（Internal Rate of Return：内部収益率）などがある。

　NPVとは、事業やプロジェクト等が生み出すキャッシュフローの現在価値（DCF）の総和であり、投資を決定するための評価指標の1つとして活用される。具体的には、将来生み出せるであろうキャッシュフローの現在価値から初期投資額を差し引いた金額を指す。NPVが大きいほど事業やプロジェクトが生み出す価値が大きくなる。また、NPVという定量評価を行うことで、複数の異なる条件のプロジェクトを選択する際に役立つ。NPVの算定にはプロジェクトの期間、予測期間における年ごとのフリー・キャッシュフロー、割引率を決定することが必要である。その場合の割引率にはWACCを用いるのが一般的である。なお、割引率を何%に設定するのかによって結論が変わってしまうこと、また将来のキャッシュフローの予測が難しく、楽観的な予測と悲観的な予測で大きな差が出てくる可能性がある点に注意する必要がある。

　この考え方に従って、今後 n 年にわたり毎年キャッシュフローが発生するプロジェクトの現在価値を表すと、次の式になる。

$$PV = CF_1 \div (1 + r) + CF_2 \div (1 + r)^2 + \cdots\cdots + CF_n \div (1 + r)^n$$

PV：現在価値
r：割引率
CF_n：n 年のキャッシュフロー

　さらに、これを用いてキャッシュフローのNPVを表すと次の式となる。

$$NPV = CF_0 + PV (CF_{1 \sim n})$$

CF_0：初期投資額でありマイナスとなる

　割引率rについては、厳密には、年ごとに異なる割引率が存在すると考えることも可能である。しかしながら、将来を予測することは難しいため、割引率はキャッシュフローの発生年にかかわらず一定と仮定して計算する場合が多い。

　この方法の長所の1つは、異なる資産やプロジェクトでも現在価値という共通の尺度に引き直して表されるという点である。したがって、プロジェクトAのキャッシュフローの現在価値とプロジェクトBのキャッシュフローの現在価値を合計して、プロジェクト（A＋B）のキャッシュフローの現在価値とするなど、現在価値同士を合計することもできるし、差額を算出することも容易である（これをNPVの価値加法性と言う）。この性質は、長期にわたってキャッシュフローが発生する資産（例えば有価証券や投資プロジェクトなど）の価値を検討する時に極めて重要な意味を持つ。

　IRRとは、NPV＝0となる割引率のことであり、投資対象となる事業やプロジェクトから期待される収益率を表す。この方法による投資決定では、「いかなるプロジェクトでも資本の機会費用、つまり会社の資本コストを超えるIRRが得られるならば採用する」ことになる。n年の期間にわたる投資プロジェクトのIRRは、次の計算式を満たすrを求めることとなる。

$$PV = CF_0 + CF_1 \div (1+r) + CF_2 \div (1+r)^2 + \cdots\cdots + CF_n \div (1+r)^n = 0$$

（実際にIRRを算出するには、金融計算用の電卓やパソコンの表計算ソフトを使うと、簡単に求められる）

　IRRはパーセンテージ表示で簡単に比較することができるため、投資金額が一定限度に抑えられた中で最も有利なプロジェクトを見つける場合には良い方法と言えるが、収益の規模に関係なく収益率で判断する方法であるため、投資金額にあまり制限がない場合には必ずしも正しい結論を導くとは限らないため注意が必要である。具体的には、2つのプロジェクトAとBどちらかに投資を検討したところ、IRRではA：5％、B：10％だが、NPVではA：10億円、B：5億円だったとしよう。このような場合、投資金額に制限がないのであれば、リターンの金額の大きさが重要となるため、NPVの大きいAを選択することになる。

　NPVの算定においては割引率を決定する必要があるため、例えばハードルレートが5％か6％か明確に決まっていない場合などはNPV法が使えない。そこで、IRRを計算してハードルレート（候補）を超えるかどうかをチェックすることが考えられる。また、多くの案件から投資対象を選定するようなケースでは、都度NPVによる評価によると時間がかかる。そこで、いったんIRRを計算してNPVにより詳細検討する案件をふる

いにかけるという使い分けもある。他方、投資ファンドなどでは投資家に一定の利回りを示すことで資金を集めているため、投資先の選定においては投資利回り（IRR）を重視する傾向がある。IRRは予測期間内における継続を前提とした利回りを示すが、実際には一定の利回りが継続するとは限らない。また、実際の事業には追加投資が必要な場合もあるが、追加投資があるとIRRは正確に算定できない場合がある。したがって、予測期間のキャッシュフローの見直し等により事業価値がどう変化するか把握し、事業計画を検討、改善することを目的とする場合にはNPVが適している。

コラム：感度分析とシナリオ分析

　現代は不確実性の時代である。実際の結果が、計画通りにいかない可能性はかつてなく高まっている。物事が予想通りに進捗しない場合、それに対して後付けで対応するのでは効果が現れるのも遅くなるし、結果としてコストも高くなる。感度分析は、事前に事業計画や財務予測の安定性、危険度や柔軟性を把握し、改善の方向性などを探ろうというものである。

　実務で伝統的に行われている**感度分析**のやり方は、ある変数を、基準値（現在値、あるいは計画値など）から上下に20%ずつ変動させた時に、最終結果がどうなるかを見る手法だ。例えば、原油価格が計画値では60ドル/バレルだとすれば、48ドル/バレル、72ドル/バレルの時に、最終利益がどうなるかを見ていく。このやり方は簡便法としてわかりやすいが、各変数について機械的に20%の上下幅を取ることの妥当性に対して疑問を抱く人も多い。例えば、新規顧客数や顧客平均単価など、売上に関連する変数が20%ぶれることは現実にかなりの頻度で起こり得るが、自社でコントロールしやすい1人当たり人件費などが、計画値から20%もぶれることは考えにくい。このような場合は、機械的に上下20%の変動幅をとるのではなく、現実に起こり得る可能性を関係者間で議論した上で個々の変数ごとに変動幅を決める。

　一方、**シナリオ分析**では、複数の状況を想定してシナリオを作成し、シナリオごとにNPVを計算することが基本になる。戦略の実行にあたって、ダウンサイド（悲観的）やアップサイド（楽観的）に振れた時に、収益や投資がどれだけ変化するかを求める。それによって、プロジェクトのダウンサイド・リスクに財務的にどこまで耐えられるか、アップサイドに触れた時に経営資源を手当てできるかなどを検討する。シナリオ分析することで、アップサイドやダウンサイドに振れた時の対応策を事前に検討し、適切な準備ができる。

　シナリオ分析では、各シナリオがどの程度起こり得るか、定量的に確率を押さえ

ておくことも重要である。一般的に80％の振れ幅で、悲観的シナリオ10％、楽観的シナリオ10％の確率で起こり得るレベルで振れ幅を考えることが多い。

　なお、感度分析とシナリオ分析の違いとしては、感度分析では、各インプットを独立させて、例えば顧客数が上下20％、客単価が上下20％、広告費が……というように、それぞれが単独で変化した時にアウトプットに与える影響を見る。

　これに対しシナリオ分析では、あるシナリオのもとで顧客数は10％増、客単価は据え置き、広告費は5％減というように、複数のインプット要素が連動して変化することを想定して、アウトプットに与える影響を見る。

2●利益をベースに考える

　ここまではキャッシュフローをベースにした考え方について解説してきたが、実務では簡易的に利益をベースとして長期的意思決定を行うケースも多い。ここでは、その代表的手法である**ペイバック法**（Payback Method：回収期間法）について簡単に見ていこう。

◉─── ペイバック法（Payback Method：回収期間法）

　ペイバック法とは、プロジェクトの初期投資額が、会社で決めた一定の期間内（カットオフ期間）に回収されると見込めるならば投資する、という意思決定方法である。プロジェクトから将来得られると予測される利益の合計が、初期投資額に等しくなるまでに要する期間のことを回収期間（Payback Period）と言い、回収期間が会社で決められたカットオフ期間より短いプロジェクトにだけ投資することになる。下記のプロジェクトAとプロジェクトBについて、ペイバック法で評価してみよう。

```
プロジェクトA：初期投資額        20億円
     利益の推移    1年目    12億円
                  2年目     8億円
                  3年目     6億円
                  4年目     3億円
                  5年目     1億円

プロジェクトB：初期投資額         6億円
```

	利益の推移	1年目	3億円
		2年目	2億円
		3年目	1億円
		4年目	4億円
		5年目	6億円

　プロジェクトAでは20億円の初期投資額を2年後に回収することができるが、プロジェクトBでは6億円の初期投資額を回収するのに3年間かかる。仮に会社が定めたカットオフ期間が2年とすると、初期投資額が2年以内で回収されるプロジェクトAだけを採用することになる。またカットオフが3年以上なら、AとBの両方を選択することになる。なお、この事例をNPVを使ったDCF法で評価すると、別の結果が得られることになる（ここでの利益はキャッシュフローに等しいと仮定する）。

　割引率を10%とすると、プロジェクトAのNPVは、

$$NPV = -20 + 12 \div (1.1) + 8 \div (1.1)^2 + 6 \div (1.1)^3 + 3 \div (1.1)^4 + 1 \div (1.1)^5$$
$$= 4699億円$$

となる。一方プロジェクトBのNPVは、

$$NPV = -6 + 3 \div (1.1) + 2 \div (1.1)^2 + 1 \div (1.1)^3 + 4 \div (1.1)^4 + 6 \div (1.1)^5$$
$$= 5589億円$$

となり、プロジェクトBのほうが有利となる。
この違いは、以下の理由により生じる。

・ペイバック法では回収期間内の利益だけが考慮され、回収期間後の利益についてはまったく無視されている
・ペイバック法では利益の時間的価値が考慮されていない

　ペイバック法は、計算が容易であり、過去の経験則に基づいて同様のプロジェクトの投資評価には一定の効果はあると言える。一方、ペイバック法には、投資回収後のキャッシュフローや時間的価値を考慮していない点、また、そもそも目標とする投資回収期

間（カットオフ期間）の根拠が明確でない等の留意点がある。そのため、日本では1990年代前半まではペイバック法で投資評価を行う会社が多かったが、それ以降は、NPVやIRRを活用した投資評価を行う会社が増加している。

◉────── **EBITDAによる株価の評価**

　EBITDA（Earnings Before Interest, Taxes, Depreciation and Amortization）という財務数値が企業の株価の評価に使用されることは少なくない。EBITDAは、金利（Interest）、税金（Taxes）、減価償却費（Depreciation）、無形資産の償却費（Amortization）の4つを差し引く前の（Before）利益（Earnings）という意味である。

　このうち前半のEBITは、借入金や社債の支払金利と税金を差し引く前の利益を意味し、実質的には本業で儲けた営業利益と概ね同じ利益を表す。後半のDAは、設備投資の金額をその利用可能期間にわたって割り振った費用である減価償却費と、特許権や営業権といった無形固定資産の購入金額をその効果があると考えられる期間にわたって按分した費用である償却費のことである。これらの費用は利益を計算する時には差し引かれるが、実際には費用が発生した時にキャッシュの支払いが行われているわけではない。したがって、この2つの費用をEBITに足し戻すことによって、DAを差し引く前の利益、つまりキャッシュフローベースに置き直している。つまり、EBITDAはキャッシュフローをベースに計算した本業からの儲けを意味していることになる。

　EBITDAが株価の評価に使用される理由としては、以下の3つが考えられる。

　・DAを足し戻したキャッシュフローベースでの財務数値であるため、減価償却の方法の変更をはじめとする利益調整を排除した、より客観的な業績を把握することができる

　・設備投資や買収をはじめとする投資により発生するDAを差し引く前の財務数値であるため、投資を積極的に行って赤字になっている企業でも数値がプラスになる可能性があり、投資の効果が本業の業績にどのように反映されているのかを把握することができる

　・金利を差し引く前の財務数値であるため、借入金や社債といった外部からの負債が多いか否かといった、資金の調達方法に影響されない本業の業績を把握することができる

　それでは、EBITDAを企業の株価の評価にどのように使うのであろうか。EBITDAは、

前述のように企業が本業から生み出したキャッシュフローのことであり、企業が事業を行うために資金を提供した株主と債権者に分配されるべきものである。したがって、EBITDAが多いほど、債権者や株主の取り分も多くなり、結果として債権者が供給した資金である借入金や社債の金額と、株主価値を意味する時価総額を合計したものも多くなるというように、両者は連動すると考えられる。そこで、この関連性に注目して、企業ごとに借入金及び社債と時価総額の合計がEBITDAの何倍になっているのかを計算する（この比率をEBITDA倍率と呼んでいる）。

　EBITDA倍率は、大きな設備投資が必要な業種では、EBITDAの額が比較的高めであっても、実際の投資まで考えると最終的な債権者や株主の取り分は少なくなるため倍率は低めになるというように、業種によって大きく異なる可能性が高い。逆に、同業種の企業ではほぼ似通った数値になる可能性が高い。この関係性を利用して、株価の評価対象とする企業のEBITDAを計算し、それにその企業と事業の内容が類似した企業のEBITDA倍率を掛けて、あるべき借入金及び社債と株式の時価総額の合計を計算する。そこから借入金と社債の金額を差し引いて、理論的な株式の時価総額を計算する。

　ただし、上記の計算を行う際には、借入金と社債の金額は、それらの返済にすぐ利用できる現金預金や有価証券などを差し引いた、純額としての借入金と社債の金額を使うことに注意が必要である。

　なお、EBITDA倍率を使用した企業価値の算定方法は、**PER**（株価収益率）を使用した企業価値の算定方法と同業他社の比率をベンチマークして企業価値を算定する方法という点では同種である。しかし、PERを使用する場合、株式の価値を直接的に算定するのに対し、EBITDA倍率を使用する方法では、いったん債権者の価値も含めた事業価値全体を算定する。そのため、PERを使用する方法では、ベンチマークする会社と負債比率が異なる場合は株式価値が影響を受けてしまうという留意点がある。

　EBITDAを使った企業の株価評価には、以下のような注意点がある。

　・EBITDAは前述のように投資を差し引いていないので、必ずしも投資まで含めた最終的な業績を表しているわけではない。そのため、投資まで考えると実際には赤字にもかかわらず、EBITDAがプラスの数字になることもある。したがって、投資がかさむ成長ステージにある企業などでは、投資金額まで考慮しても将来本当に儲かるようになるかどうかの見極めが必要である

　・かなりの投資を必要とする設備投資型の事業を行っている企業などでは、EBITDAが高めでも、実際は投資まで考慮するとあまり大きな儲けが出ていないことも考えられるので、注意が必要である

　・税金が差し引かれていないため、実際のリターンは税金分だけ低下する

　このような注意点はあるが、EBITDAは、企業の株価評価の物差しの1つとして最近ではよく使われている。メリットと注意点をしっかりと理解して、上手に利用することをお勧めしたい。

コラム：適切な利益管理軸定義

　管理会計において利益を管理することの目的は、事業利益の計算、分析を通じてその事業の問題点を識別し、有効な対応策の検討につなげることである。そのためには、①利益管理の仕組みが事業のビジネスモデルと整合していること、②利益管理の単位ごとに責任が明らかになっていること、これら2つの要件を満たす必要がある。

①利益管理の仕組みが事業のビジネスモデルと整合していること

　例えば販売売切り型のビジネスモデルと、サブスクリプション型のビジネスモデルとでは、どのような製品・サービスで、どのチャネルで、どうやって利益を得るのか、という利益獲得の仕組みは大きく異なる。これにより、売上と費用を集計する単位やモニタリングすべき指標も異なることが考えられる。どんなに卓越したビジネスモデルを構築していても、それに合った利益管理方法を採用していなければ、その事業における経営の非効率などの問題点を正確に把握することができず、競争に打ち勝つことはできない。

②利益管理の単位ごとに責任が明らかになっていること

　仮に利益管理を行うことによって経営上の問題点が明らかになっても、それが誰（どの事業、どの部門、どの管理者等）の責任なのかが曖昧になっていては適切な改善活動は期待できず、その利益管理の仕組みは機能しているとは言えない。利益管理の仕組みに基づく業績評価制度に、企業の組織及び組織の責任者の責任・権限が一致していることで、問題の責任の所在が明確になり改善活動が進み、ひいては企業目標の実現を確かなものにする。

　言い換えれば、一見してわかりやすそうに見え、かつては実際に有効であった利益管理方法でも、上記の要件を満たしていないのであれば見直しが必要ということである。

　甲社の事例を紹介したい。甲社は税理士や弁護士事務所向けに業務支援システムAの製造販売を行っている。モニターやキーボード、サーバー等のハードウェアと専用プログラムをセットで販売し、販売後は製品に対する保守サービスを提供することで収入を得るビジネスモデルを構築している。新製品は販売開始後、毎年バージョンアップ（若干の機能のカスタマイズ）が行われている。

　製品Aの損益構造を見てみると以下の通りである。

　・無形固定資産（研究開発費）の減価償却は定額法、耐用年数2年としている
　・本体（プログラムとハードウェア）の販売数量、販売単価、その他費用の発生額は毎期一定としている

　甲社では、製品別に利益の管理単位を設定しており、月次及び年次で期間損益を計算していた。しかし、毎年バージョンアップは行っているものの、同じ製品であり、販売数量、販売価格も一定であるにもかかわらず、保守サービス収入は販売数量の累積に比例して増加し、また各期に計上される減価償却費も期によって異なるため、利益はその影響を受けて変動し、期間比較をしても問題点の把握につなげることが難しかった。

　甲社ではこれを解決するために、製品別にライフサイクル（研究開発－原材料購入－製造－販売－保守）全体を通じた収支を求め利益管理する仕組み（**図表**）を追加し、長期の視点で採算性を管理するように改善を行った。

　また、甲社のもう1つの問題として、製品の損益を構成する各費目について責任部門を設定していなかったために、ある製品の採算性が悪いと感じていても、他の製品の利益によってカバーされ結果的に製品全体で利益が出ていれば良しとする、ある意味無責任な経営が行われていた。これについても、費目ごとに責任部門を明確にし、職務分掌の中でその役割を明確に定義することにより、「数字が悪かった原因はこれだ」ということをはっきり指摘できる文化へと変化を遂げている。

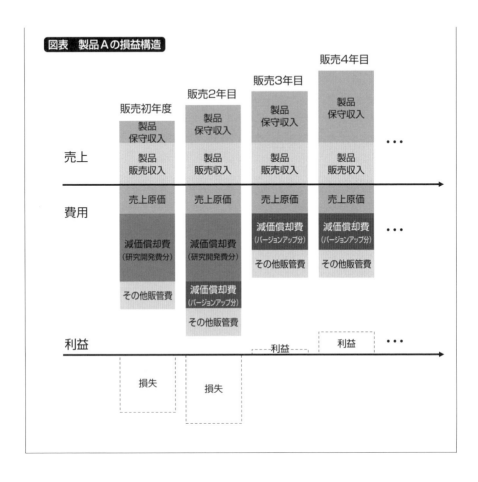

図表　製品Ａの損益構造

組織管理の管理会計

● 第4章のはじめに

●

　企業は、顧客を始めとするステークホルダーに価値を提供しながら、企業価値を高めていくことを期待される。企業価値向上をあまり期待されない中小の非公開企業であっても、最悪の事態である倒産は避けながら、事業を継続できるだけの利益をしっかりと残すことが必要だ。これは単に製品力や営業力だけで実現できるものではなく、それを支える組織管理≒マネジメントの仕組みがあって実現される。その代表が本章で紹介するコントロール・システム（組織管理の管理会計制度）である。コントロール・システムは、他の組織運営のためのシステム（人事や意思決定の仕組みなど）と一体となりながら、企業活動を裏側から支える重要な要素である。

　例えば予算というものを一切立てない企業、あるいは立てたとしても月次の予算実績管理をまったく行わない企業は、年度末になってようやく、「しまった、予想以上に赤字だ」「あの時にもっと適切な手を打っておけば」という事態になりやすい。いわゆるPDCAができていないのだ。こうした行き当たりばったりの経営では収益性が高まらないだけでなく、中長期的には人材獲得・維持もできず、競合に負ける可能性が高い。米国企業のほうが日本企業よりも一般的に収益性が高いのも、四半期の予算実績管理を始めとする組織管理の仕組みが根付いており、利益に対するこだわりも高いことが一因である（それに対する批判もあるが、優良企業ほど高収益と、成長や社会的貢献を同時に満たしている）。

　コントロール・システムが弱い企業は、他にも以下のような好ましくない状態になりやすい。

　・経営の意図を末端の社員があまり理解していない。その結果、社員のベクトルが合わない

　・ヒト・モノ・カネといった経営資源の配分のバランスが悪い。資源を無駄使いしたり、逆に必要とする事業に資源が行きわたったりしないことで、企業としての競争力や成長性が削がれていく

・社員の利益に対するこだわりが弱い。当然、低い収益性に留まってしまう
・社員のモチベーションが低く（スキル向上への意欲も弱く）、生産性が上がらない

　経営環境がますます厳しくなる中、これでは生き残れる可能性は当然低くなる。逆に適切なコントロール・システムが構築され、運営されていれば、従業員のモチベーションも上がり、100のポテンシャルの人間が120のアウトプットを出してくれるかもしれない。組織のベクトルも合い、また無駄が圧倒的に減るおかげで、組織としての生産性も上がるだろう。なにより利益に対するこだわりが生まれることで、「高収益」→「積極的な投資、賃金アップ」→「高い競争力、高いモチベーション」→「さらなる高収益」といった好循環が生まれる。それほどコントロール・システムは企業に大きな影響を与えるのである。

　コントロール・システムが特に重要になるのは、一定の規模を超えた企業である。従業員2、3人の企業であれば、社長はあまり細かく数字を見なくても、何か起これば すぐ問題に気づくだろうし、社員に直接働きかけることも容易だ。銀行の口座残高と売上状況（あるいは受注状況）を把握できていれば、倒産のリスクについてもある程度は捕捉できるだろう。

　しかし、従業員が100人、1000人、1万人……と増えるにしたがって、こうした属人的なリーダーシップやマネジメントでは対応できなくなる。「仕組み」をしっかり作らないと、経営者が望む方向に従業員は動いてくれないのだ。企業規模が大きくなる、あるいは事業の複雑性が増すに従い、属人的なリーダーシップやマネジメント以上に、仕組みの比重が高まるというのは直感的にも理解できるだろう。

　本章では、コントロール・システムの中でも特にビジネスリーダーを目指す人々が理解していなくてはならない予算管理、バランススコアカード（BSC）、そして責任会計制度について解説していく。こうしたコントロール・システムが、いかに企業経営において大きな武器になるかを実感していただきたい。

1 ● 予算管理とコントロール

POINT

　マネジメントの基本となる考え方、フレームワークがPDCAだ。これは管理会計の文脈では、予算（及び付随する計画）を立て（P）、実行し（D）、予算実績差異分析を行い（C）、その結果に基づいて適切なアクションをとる（A）という一連の流れである。PDCAをタイトに回している企業とそうではない企業では、収益性に大きな差が生じると同時に、経営の安定度が大きく変わってくる点を強く意識したい。

CASE

　W社は主にメーカー向けに測定器を販売するBtoBのメーカーである。製品は比較的ニッチなものであったが、ユーザーには知名度のある「知る人ぞ知る」中堅企業である。
　喜田勇人はW社に半年前に転職した営業担当者であった。見込顧客からの問い合わせに応じて訪問をし、ニーズを聞き出し、提案をして契約にこぎつけるというスタイルの営業が彼のメイン業務である。
　年が明けた1月早々、社長の鈴木恵一から「今年もリカバリープランを発動することになった。皆の努力を期待する」というメッセージが出された。
　「リカバリープラン」。喜田にとっては初めて聞く言葉であった。喜田は同僚で同じチームの先輩、原田薫にどういう意味か聞いてみた。
　「要は、このままだと年度の売上計画に達しない可能性が高いから、1月から3月までの第4四半期はもっと営業は頑張れってこと。うち独自の用語らしいけど、まあラストスパートのようなもので、この会社では毎年この時期に出るよ」
　「具体的には何をするんでしょうか」
　「それについてはそのうち古葉部長から指示が出ると思うよ。いずれにせよ、また忙しい季節になるな」

「この会社ではリカバリープランは結構出るんですか」

「結構出るというか、この時期の恒例行事」

「え、でも、遅れを取り戻すという意味ですよね。それが毎年出るんですか」

「まあ、私が知っている限りはそうだね。出なかった年はほとんど記憶がない」

「年度末に駆け込みで頑張るのなら、もっと前に頑張っておけば良かったのでは……」

　喜田は大きな違和感を抱いていた。前職では週次や月次でPDCAがしっかり回され、売上予算や受注目標に対してビハインドがあると翌週、遅くとも翌月に取り返すべく知恵を絞って動くのが当たり前だったからだ。

　翌日、営業部のミーティングで古葉部長からいくつかの具体的な指示が出された。既存顧客で脈がありそうなところにアプローチする、管理業務は後回しでいいからなるべく多く客先に出る、懇意の顧客に紹介をお願いするなどだ。

　ミーティング後、喜田は恐るおそる古葉に尋ねた。

「部長、ちょっと疑問があるのですが……。毎年第4四半期になってリカバリープランを出すようなら、もっと事前にそうならないように手を打っておけば良かったのではないでしょうか。最終利益も残業代などが減る分、そちらのほうが高くなると思いますし」

「言いたいことはわかるけど、うちの会社は長年これでやってきたんだよ。皆もこのペースに慣れているから、ある意味これがうちのスタイルと考えてもらっていいかもな」

「でもそれでは月次や四半期の予算があまり意味ないのでは」

「まあ、確かにそうだが、その分、第3四半期まではゆとりがあっただろう。普通の企業の営業に比べると、うちは営業の負荷が少ないほうだと思う」

「そうですか…。あと、先ほどの説明では、年間予算に対して7割の進捗とうかがいましたが、そうなんですか」

「ああ。受注ベースでおおむね70%といったところだ。うちのビジネスはあまり季節変動はないから、ここから3カ月は今までの2、3割増しくらいの忙しさは覚悟したほうがいいよ」

「……」

　そこからは目が回りそうな忙しさであった。1時間の密度が濃くなったうえに、いつもであれば19時には帰社するような時でも、21時になってようやく帰社することも少なくなかった。

　喜田は、市場の需要に季節変動がないのなら第3四半期までで75%進捗していてしかるべきだと考えていた。進捗が遅れているのがもっと早くわかっていれば、その時点で打つ手はいくらもあったはずだ。「自分がもう少しものを言える立場になったら、こ

んなやり方は絶対に変えよう」と内心で言い聞かせた。

　2月まではリカバリープランは順調に進み、例年同様、「駆け込みゴール」が見えてきた3月に、大事件が起きた。得意先が2件、相次いで倒産したのだ。営業部内はてんやわんやの大騒ぎとなった。売掛金の回収や契約の見直し、納入済商品の引き取りなどに担当者は忙殺され、それ以外の通常の商談の一部は諦めざるを得なかった。

　結果としてW社の売上は予算に対して92％の未達となり、利益もこの20年間で最大の赤字となった。幸い、手元の現金はあったため倒産は免れたが、首の皮一枚残った形だった。

　4月某日。喜田は古葉に向かって話しかけた。

「部長、やはり年度末の駆け込みはもう止めるほうがいいと思います。環境変化の激しい時代でもありますし」

「それについては社長とも話をした。少なくとも四半期ごとにしっかり売上と利益は達成するように予算管理の仕組みを変えることになる。君が言っていた通り、やはり当たり前のことを普通にやることが大事だな。いい歳をしていまさら感じたよ」

　喜田は心中苦笑いするしかなかったが、製品力はある会社だけに、マネジメントがきちんと実行されるようになれば、この会社はもっと伸びるという実感も同時に抱いていた。

1●PDCA

　マネジメントの基本の1つに、**PDCA**を的確に回すことがある。管理会計では、**予算管理**、**予算実績差異分析**によってこれを行う。一方、課やチームといったより小さい単位では、より実務に即した**KPI（重要業績評価指標）**を用い、スピーディーにPDCAを回していく。

　PDCAは、企業が行うさまざまな活動を、Plan-Do-Check-Action（計画、実行、評価、改善行動）という観点から管理する考え方、フレームワークである。管理会計という枠に留まらず、**マネジメント**（管理）の基本ともなるものだ。

　PDCAの一般的なイメージは以下のようなものである（**図表4－1**）。

Plan　　：目標を設定し、それを具体的な行動計画に落とし込む

Do　　　：役割や組織の形態を決めて人員を配置し、従業員の動機づけを図りながら、具体的な行動をする

Check：途中で成果を測定・分析・評価する

図表4−1　PDCA

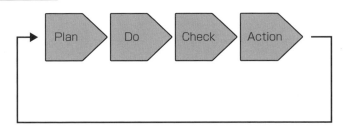

Action：必要なアクションをとる。また必要に応じてPlanに修正を加える

　このように企業や事業部が年間予算を始めとする年間計画を立て、その進捗を適宜見直して計画や予算を**ローリング**（更新）していくのもPDCAであるし、四半期ごとの従業員に対する**MBO**（目標管理）もPDCAに基づく行為だ。あるいは、営業の現場であれば、日次レベルでPDCAを回すことも多いだろう。PDCAは図表4−1からもわかるように、一度きりのプロセスではなく、一連のサイクルが終わったら、反省点を踏まえて再計画のプロセスへ入り、さらに新たなPDCAサイクルに入っていくという点が重要だ。

　好業績を維持し続けている組織は、このPDCAがしっかり回っていることが多い。「第4章のはじめに」でも触れたように、特に米国企業などでは四半期ごとのPDCAが重視され、業績が未達だと経営者は株主などから厳しく評価される。それゆえ、目標必達のために頑張るのである。このやり方は経営者を短期的な視点に走らせてしまうという批判もあるが、良い企業ほど長期的な成長と四半期ごとの好業績を両立させている。

　PDCAは、組織内の各部署や各従業員がばらばらに実行しても効果は出ないという点も重要だ。**図表4−2**に示したように、組織の上位階層から現場レベルに至るまで、あるいは時間軸で言えば中長期的なものから短期的なものに至るまでが入れ子構造になりながら、整合性を保ちつつPDCAを回していくことが肝要となる。

2●予算

　予算とは、企業が経営ビジョンや戦略に基づいて設定した具体的な目標を、財務的な数字として表現したものである。典型的な予算の構造は**図表4−3**のようになる。予算はまた、企業全体の予算、事業部やカンパニーの予算、その下の部署や事業単位の予算

図表4-2　PDCAを回す

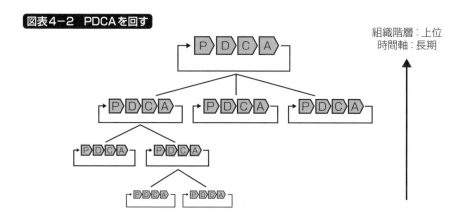

組織階層：上位
時間軸：長期

などのレイヤーがある（**図表4-4**）。なお、**事業部**とは**事業部制**の組織を構成する単位で、製品別、顧客別などで組成されることが多い。それに対して、**カンパニー**とは、企業内の複数の事業部門をそれぞれ独立させ、1つの独立した会社として扱う**カンパニー制**の単位である。当然、下位のレイヤーのものを足し上げると、上位のレイヤーの予算と一致する。

　予算を立てることの典型的な目的としては以下がある。

　　・PDCAのサイクルを回す中心ツールとなる。具体的には、予算実績差異分析（後述）を行うことで問題点の早期発見・解決が容易になる、進捗・達成状況がわかり適切な資源配分が可能となるなどのメリットが得られる
　　・責任を明確にすることで**業績評価**、**動機づけ**に活用できる
　　・経営資源（特にヒトとカネ）をどのくらい調達すべきかの目処が立てやすくなる
　　・従業員や株主などのステークホルダーに対して、経営としての意思をメッセージとして伝えることができる
　　・予算策定の過程を通じて、経営環境に改めて目を配ることができる。また、従業員を適宜巻き込むことでコミットメントを高めることができる

　予算にはいくつかの種類がある（図表4-3）ので、代表的なものを説明する。なお、一般のビジネスパーソンが関与することが多いのは損益に関する予算であり、貸借対照表に関する予算は財務部や経理部が資金管理のために作るという意味合いが強い。

図表4-3　予算の構造

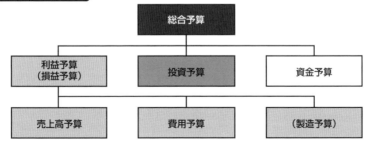

図表4-4　予算のレイヤー

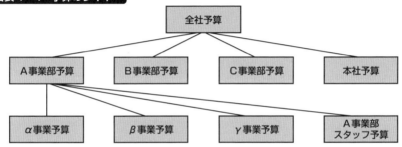

● 売上高予算

　文字通り、売上の見込みについての予算。プロフィットセンター（248ページ）や営業部門など、売上を上げることに責任を持つ部署が作る。企業や事業部の成長意欲やその見込み、経営戦略やマーケティング戦略などが反映される。多くの場合、対前年〇〇%増といった形で考えることが多い。成長率が重視されるベンチャー企業などにとっては最も重要な予算と言える。

　通常、受注から売上計上までにタイムラグがあるケースも多いため、売上予算と同時に、それと整合した「受注予測」を立て、PDCAのために用いる企業も多い。

● 費用予算

　費用に関する予算。プロフィットセンターだけではなく、コストセンター（248ページ。経理部門や人事部門、中央研究所などが典型的）も策定する。対前年費用予算を参考に、売上成長の見込みを加味して策定される。

　費用予算をどのくらいの細かさで設定するかは企業によって異なるが、通常は日々の

経費処理の費目をそのまま用いると数が多くなりすぎてしまうため、それらを管理上問題がない程度に一部合算して費用項目の調整を行ったうえで、それぞれの計画を立てる。例えば普段の経費レベルでは「電車・バス」「タクシー」「新幹線・特急」「飛行機」「その他交通費」と分けて集計しているものを、予算レベルでは「交通費」などとまとめて費用の予測を立てる。

● 製造予算

　これは費用予算の1つとも言えるが、製造業の場合、利益管理などを行ううえでこの予算の持つ意味が非常に大きいため、他の費用（特に販管費）とは分けて予算を立てるのが一般的だ。221ページのコラムで触れる標準原価という「原価の予算」を別途細かく立てて管理する企業もある。

● 利益予算（損益予算）

　企業全体や事業部などのプロフィットセンターで策定する。売上予算や費用予算が確定すればおのずとその差異となるが、利益予算の妥当性に納得がいかない場合、改めて売上予算や費用予算を再策定することも多い。

　ここからもわかる通り、売上高予算、費用予算、利益予算は行きつ戻りつしながら、最終的に企業にとって妥当性のあるものを作り上げていく。

● 投資予算

　特に設備投資など、大型の投資に関するものは、費用予算とは別に予算を立てるのが一般的だ。何を投資と見なすかは企業によって差があるが、それまでにしたことがないテレビ広告を行う場合などは、広告費を通常の費用予算の中ではなく、別途投資予算の中で予算を作るといったケースもある。在庫の多い小売業などでは運転資本（26ページ）の増分も投資の一種となる。特に影響の多い棚卸資産（在庫）の増加については、投資予算に組み込むケースもある。

● 資金予算

　事業部レベルで策定することはあまりないが、財務部などでは月ごとのキャッシュフローの予算から資金の手当ての目処を立て、資金予算を作るのが一般的だ。注意が必要なのは、給与支払いのある月末（20日や25日）、特にボーナス支払いのある6月や12月の月末のキャッシュ残である。そこで資金がショートしないように管理するのも財務部や経理部の仕事である。その際、予測財務諸表（175ページ参照）を作成すること

も多い。

　また、内部留保のみでは賄いきれないような大きな投資が予定される場合には、そのための資金をどのように調達するのか（デットなのかエクイティなのか）について、リスクも勘案しながら経営陣もコミットして決定する。ハイリスクの投資は通常、エクイティによる資金調達のほうが向いている。

● 人員計画

　予算とは言えないが、人員の見込み（特に採用計画）も予算と同時に立てることが多い。予算としては費用予算に紐づくことになるが、経営的には人材に対する投資という側面も大きい。

　特に正社員の人件費は固定費的な要素が強く、この計画も慎重に行うことが求められる。ただ、あまり保守的になりすぎるとせっかくの成長機会を逃すことにもつながるので、戦略の実現可能性やリスクをしっかり見極める必要がある。新卒採用が重視される日本企業の場合、毎年極端に採用数が上下することや数年も採用を凍結することなどは組織ピラミッドをいびつにしてしまうためあまり好ましいことではない。

● 年間予算と月次予算

　上記の各予算は一般的にはまず年間レベルで目処を立て、四半期や月次の予算にブレークダウンしていく。通常は過去のパターンを参考に各月に売上や費用を割り振る。例えば引っ越しという事業であれば、異動や進学などの多い春に売上も費用も集中しやすいし、ビールであれば暑い季節や年末に売上が増える。

　なお、予算にはきめ細かいPDCAを行うためのツールという側面の他に、事業が順調に進捗しているかを見極めるツールという側面もあるので多少の工夫をすることがある。例えば、夏や冬のボーナスを6月や12月の月次の費用としてしまうと、月次の利益に差が出てしまい、かえってわかりにくくなる。そこで、月次予算上は、ボーナスは見込額を12等分して各月の費用とするなどの工夫をするのである（資金の予算については管理部門に任せることが多い）。そのほうが、ビジネスの実態をより正確に把握できるという発想である。

　なお、月次予算によるPDCAをしっかり行うためには、請求書を顧客に迅速に出す、経費は翌月中にしっかり精算するといった基本を従業員に徹底させることも必要となる。半年も経費精算をため込むなどが横行するとせっかくの月次予算の意味がなくなることは意識づけたい。これらは大企業では比較的徹底されていることが多いが、コントロール・システムが弱い中堅企業ではアバウトなことも多いため、注意したいポイントだ。

3● 予算策定の方法論

予算の策定には、いくつかの側面からの工夫が必要となる。重要なものを見ていこう。

◉─── **予算策定のアプローチ**

予算の策定のアプローチには、大きく**ボトムアップ型**と**トップダウン型**がある。実際には多くの企業においてこの両者のエッセンスを含む複合的手法がとられている。

ボトムアップ型とは、現場に近い各チームや部署からの数字を積み上げ、事業部の予算、最終的には会社の予算とする方法である。一方、トップダウン型とは経営サイドで大枠の予算を決め、それを事業部、部署へと落とし込んでいく方法である。これらはいずれもメリットとデメリットがある。

まずボトムアップ型のメリットとして、現場のことをよく知っている人間が起案するため、市場や競合への洞察などの現場感が反映されやすい。また、多くの人々の声を聞くことで参画意識やコミットメントを醸成させやすくなる。

デメリットとしては、「甘い数字」になりがちという点が挙げられる。これは売上予算にも費用予算にも言えることだ。前者については、通常、営業担当者や事業責任者にとって「売上未達」は人事考課上もマイナスとなるため、保守的な（少なめの）数字を出すのは人間心理としても当然なのだ。後者についても、本来削れる費用であっても、「昨年これだけ使ったのだから、今年もこのくらいは必要だ」として予算案に（多めに）盛り込みがちである。本来であれば売上は高く、費用は必要最低限にして利益を最大化することが望ましいのだが、ボトムアップ型では通常これは実現されにくい。

一方のトップダウン型は、まずメリットとして経営の意思が伝わりやすいということがある。期待する売上や利益、投資の意思、さらには重視したい事業などが明確になりやすいということだ。例えばある事業の人員を3倍にし、売上見込みも3倍を目指すような計画が出てきたら、経営サイドがその事業を将来育てようとする意思があることが誰の目にも明らかだ。

デメリットとしては、現場から見るとかなり高い売上や利益の数字になりやすい点がある。それを強引に現場に落とし込もうとすると、「厳しいノルマ」という意識が強くなり、かえって現場のモチベーションを削ぐ可能性がある。1年、2年は良くても、長期的には社員が疲弊してしまい、離職率が高くなるなどということも起きがちだ。

よりまずいのは、不正を誘発する可能性が高まることだ。架空売上の計上などはその最たるものである。

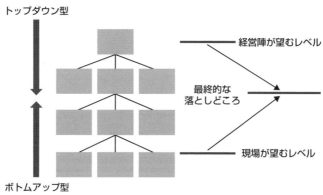

図表4−5　ボトムアップ型とトップダウン型の併用

トップダウン型

経営陣が望むレベル

最終的な
落としどころ

現場が望むレベル

ボトムアップ型

　こうしたこともあり、通常はボトムアップ型とトップダウン型が併用され、その間で
バランスの良い落としどころが模索されるという方法がとられる（**図表4−5**）。
　どちらの数字を先に出すか、あるいはボトムアップの合計とトップダウンの意思の間
のどの辺が落としどころになるかは、組織文化や経営者の個性で大きく変わるため、ど
のやり方が正解ということはない。大事なのは、最終的に戦略に合致し、かつより多く
の関係者（従業員や経営陣、株主）が納得する予算とすることで、従業員のモチベーシ
ョンアップやスキル向上にもつながり、さらには企業価値を高めることにつながる予算
とすることだ。

◉───── **予算策定の期間**

　予算策定にどのくらいの時間をかけるかは千差万別である。4月から新年度が始まる
企業の場合、2月くらいからスタートして3月にまとめるというケースもあれば、前年
末頃から準備を進める企業もある。かつてのメインフレーム中心時代のIBMなどは、1
年前から翌年度の予算策定を開始したという。これは、それだけ当時のIBMの競争力が
強く、また経営環境の変化が小さかった（あるいはその見込みと現実があまりぶれなか
った）ためである。
　予算策定の時間を長くとるメリットとしては、現場からの多くの意見を採用できるこ
と、議論に時間をかけられることなどがある。これはコミットメントの醸成などにもプ
ラスに働く。一方で、あまり早めに予算策定をスタートすると、直近の経営環境の変化
が反映されないというマイナスがある。

　PDCAのツールとして予算を用いるのか、それともコミットメント醸成を優先するのかなど、その企業における予算の意義を踏まえたうえで適切な期間を設定するのが一般的だ。

◉──── 前年実績の参照度合い

　前述したように、予算策定にあたっては前年の実績値（年度末の数字については予測値）を参考にするのが一般的だ。一方で、この方法は、特に費用面に関して、本来必要のないものがそのまま温存されたり、場合によっては行政のように「既得権益化」を招いてしまったりすることも多い。例えばいったん企画部に調査費用の予算が2000万円つくと、本来必要がなくともその2000万円を使い切り、翌年もその予算を確保しようとするのである。それゆえ、最終的に許可する立場にある人間は、本当にその予算が必要なのかをしっかり見極める必要がある。

　なお、このような予算の硬直化を避けるため用いられるのが**ゼロベース予算**だ。これは前年度の実績は考慮せず、ゼロベースで最適な予算を作ろうというものである。ただ、これは赤字の自治体などでは有効だが（もともと1970年代に米国のジョージア州で採用された方法である）、実際の企業の場合、手間暇がかかるうえに、往々にして部門間のコンフリクト（例：人員や費用予算の奪い合い）を招きやすい。結果として、効果以上に大きな機会費用を生じさせたり、禍根を生み出したりしてしまう。それゆえ、企業でコンスタントに用いられている例は少ない。例外は、突発的なプロジェクトや新規事業など、前例がないケースなどである。

　ただ、それでも数年に1回はゼロベースで不必要な費用がないか精査することは有効だ。2008年のリーマンショックなどのタイミングでコストを見直してみたら費用の削減余地はいくらでもあることを発見したというケースは実際に多い。「〇〇ショック」といった緊急時のみならず、例えば5年に1回は見直すなどを常態化することも企業の収益性を高めるうえで有効である。

4◉予算実績差異分析

　実際の業績を予算と比較し、その差額（予算差異）を算出することによって、当該期間にどのような変化が起こったのかを分析し、現在の経営上の課題を見つけ、適切なアクションにつなげるのが予算実績差異分析だ。PDCAでいえば、CとAにあたる部分である。

　予算実績差異分析の最もシンプルなやり方は、売上や費用、利益について、予算と実

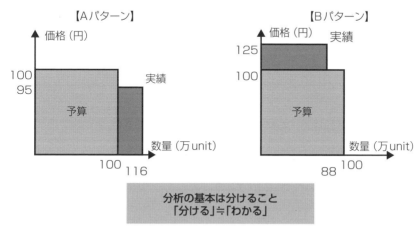

図表4-6　数量と価格にブレークダウンする

材料費予算1億円、実績1億1000万円だけだと、以下の2つの差がわからず、適切な
アクションをとれない

分析の基本は分けること
「分ける」≒「わかる」

績の差異を求め、それを判断基準にアクションを考えるというものだ。収益の差異や原
価の差異の実態を探り、アクションに反映させる。ただ、この方法は簡便である反面、
真の原因がどこにあるのかがわからないことがしばしばある。

　例えばある製品の原材料費が、もともと1億円の見込みだったところ、1億1000万
円になったとする。この場合、1000万円費用が増えたのは明らかなので、しかるべ
きアクションをとる必要があるが、原材料費が増えた理由が数量によるものなのか原材
料費によるものなのかがわかりにくい。そこで以下のような工夫を行う。

◉───**数量と価格（単価）にブレークダウンする**

　よく用いられる有効な方法は、金額を数量と価格（単価）に分解するというやり方だ。
例えば先の金額を、数量と単価に分けたところ、**図表4-6**のようになったとする。

　まずAパターンの場合、数量が増えたことが、原材料費が増えた原因である。もし順
調に売上が増えているなら、単価は下がっているので製造部門としてはあまり問題がな
いと言えそうだ（実際には、いったん在庫となってから数カ月後に売れることが多いの
で、営業部門との連携が悪く作りすぎた可能性もあるので精査は必要だ）。

　それに対してBパターンの場合は、原材料費が非常に高くなっていることがわかる。
仕入価格は数量に比べると自社でコントロールしにくいという側面はあるが、もしこの

図表4-7　売上高をブレークダウンする

・価格差異　＝　（実際価格－予算価格）　×　実際数量
・数量差異　＝　　予算価格　×　（実際数量－予算数量）

図表4-8　直接労務費をブレークダウンする

・賃率差異　＝　（実際賃率－予算賃率）　×　実際作業時間
・作業時間差異　＝　　予算賃率　×　（実際作業時間－予算作業時間）

　原材料費の高騰が経営的に問題であるなら、仕入れ先と価格交渉をする、あるいは設計を見直したり、場合によっては仕入れ先を変えたりするなどのやり方を検討する必要がある。

　この数量と価格（単価）にブレークダウンする手法は、売上（**図表4-7**）や**直接労務費**（**図表4-8**）の差異分析にも応用できる、非常に汎用的な分析方法である。なお、売上の場合、予算よりも実際の数字が増えた場合を**有利差異**と言い、逆の場合を**不利差異**という。費用に関しては、予算よりも小さくなった場合を有利差異、増えた場合を不利差異と考える。やや紛らわしいが、利益を増やすような差異は有利差異、利益を減らすような差異は不利差異と考えるといい。

　なお、図表4−7の中で、右上の**価格差異**と**数量差異**が重なる部分は価格差異のほうに含めるのが一般的である。先述したように、価格のほうが一般的にはコントロールしにくいため、精度の低いほうに含めてしまうという発想である。重なる部分は便宜的に価格差異に含め、数量差異は予算数量 ×（実際数量−予算数量）で管理していく。

　また、図表4−7と図表4−8は、数式中「実際−予算」の表現を採用しているが、教科書によっては「予算−実際」という書き方をしているものもある。企業による差もある。計算結果として符号がプラスマイナス逆になるが、有利差異なのか不利差異なのかの意味は変わらない。数字を見る際に、どちらの流儀で計算をしているかには注意が必要だ。

◉──── 稼働率（操業度）を盛り込む

　特に製造業においては、当初予定していた操業度との差異が売上や費用にも影響を与えることがある。**図表4−9**は、費用の詳細は割愛し、固定費と変動費に分けて予算と実績の差異を示したものだ。これだけを見ると変動費についてはむしろ有利差異のように見えるが果たしてそうだろうか（なお、図表4−9では売上と費用発生のタイムラグは無視している）。

　ポイントは、操業度（稼働率）が85％であったという点だ。固定費は操業度によらず一定の額がかかるが、原材料費などの変動費は、操業度が下がればこちらは下がるはずである。そこで出てくるのが変動予算という考え方だ（**図表4−10**）。

　変動予算のポイントは、固定費は一定であるのに対して、操業度に応じて変動費の予算が変わる点である。図表4−9の例に当てはめると、変動予算は**図表4−11**のようになり、それと実績を比較するほうがより実態がつかめることがわかる。先の単純な比較では一見有利差異に見えた変動費も、実は不利差異だったことがわかる。つまりこの例では、操業度が85％になったことで利益が4.5減り、売上も不利差異、固定費も変動費も不利差異で、利益では計9の不利差異になっているのである。

図表４−９　あるメーカーの予算と実績

稼働率：85%

	予 算	実 績	差 異
売上高	100	84	▲16
固定費	20	21	▲1
変動費	70	62	8
利 益	10	1	▲9

図表４−10　変動予算

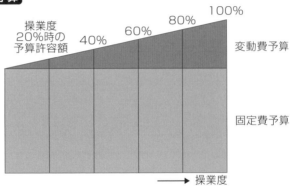

操業度20%時の予算許容額　40%　60%　80%　100%
変動費予算
固定費予算
操業度

図表４−11　変動予算を用いた分析結果

	予 算	変動予算（稼働率85%）	実 績	差 異（対変動予算）
売上高	100	85	84	▲1
固定費	20	20	21	▲1
変動費	70	59.5	62	▲2.5
利 益	10	5.5	1	▲4.5

コラム：標準原価

　特に製造業においては、**原価管理**が利益改善に非常に大きな意味を持つ（もともと日本における管理会計は、原価管理を中心に発達してきたという歴史もある）。そして原価管理において多用されてきたのが**標準原価**という考え方である。標準原価は「原価の予算」という意味合いがあり、それと実際にかかった原価を比較することでコスト削減のヒントを得てきた。標準原価は以下の3つの要素で考える。

　　・標準直接材料費＝標準価格×標準消費量
　　・標準直接労務費＝標準賃率×標準作業時間
　　・標準製造間接費＝標準配賦率×標準操業度

　このうち標準製造間接費とは、複数の製品を製造する際に共通に発生する水道光熱費や減価償却費などである。他の2つの直接費が価格×数量でブレークダウンされるのに対し、標準配賦率と標準操業度にブレークダウンされるのが一般的である。標準製造間接費の分析は、原価計算を主たる業務とする人間にとっては必須の素養であり、工業簿記などでも必ず登場する項目だが、一般のビジネスパーソンがこれを行うことは少ないと思われるので、詳細は割愛する。
　標準原価には4つの種類があり、その峻別は非常に重要だ。

●理想標準原価
　最大の操業度を前提とした理想的な標準原価のことである。機械のトラブルや人員の遊休などがない状態を想定している。あくまで理想であるため、これを用いて実際の予実管理を行うことはあまりない。

●現実的標準原価
　現実的な操業状況を前提とした標準原価のこと。予算策定や価格決定、オペレーション改善のベースともなる原価である。過度なストレッチなく、頑張れば達成できるレベルであることが望ましい。

●正常原価
　過去の実績をベースに改善予測などを盛り込んで設定された標準原価。非正常なトラブルなどがないことを前提にしている。現実的標準原価に近いことが多い。これが製造現場では目標として用いられることがある。

● **基準標準原価**

翌年度以降も継続することを前提とした標準原価のこと。

なお、標準原価は基本的に過去の実績から科学的な方法論で導き出されるものであるため、新製品の製造などにおいては、そもそも標準原価は存在しない。そのようなケースでは**見積原価**あるいは**予定原価**などが用いられる。標準原価に比べると精度は下がるのが一般的であるが、それでも極力確からしい条件を設定することが必要だ。それにより価格戦略が影響を受けたり、製造部門にとってはそれを下回ったりすることが目標となるからである。見積原価の設定方法としては、設計者などが過去の経験から求める方法、類似の製品や製造方法から推定する方法、**コストテーブル**から各部品のコストなどを積み上げる方法、これらを組み合わせる方法などがある。

標準原価の問題点や課題としては以下がある。

・「それをクリアすれば良い」というマインドを往々にして生み、生産方法の刷新につながりにくい

・顧客ニーズの多様化から多品種少量生産の時代となり、配賦方法に恣意性の入りやすい間接費の割合が増えて（よりコントロールしやすい直接材料費や直接労務費の割合が減って）その効果が限定的になった

・機械化が進み、直接労務費管理の重要度が下がった

・新製品や新製造方法の比率が増え、見積原価の精度などに企業の焦点が移り、標準原価のほうに工数をかけにくくなった

・中小企業などでは過去の実績を科学的に分析し応用するだけのリソースが不足しており費用対効果に見合わない

こうしたこともあって、以前に比べると標準原価に対する注目度は下がり気味である。

●────── **予算実績差異分析を機能させるために**

予算実績差異分析は正しく用いれば非常にパワフルなツールであるが、そのためにはいくつかの条件がある。それを指摘しよう。

● 予算に妥当性がある

　当たり前のことのようであるが、予算の立て方からいい加減な企業も少なくない。例えばかつてある電機メーカーは毎年実績を下方修正することで有名であった（上場企業の場合、売上で10％、利益で30％の差異が生じた場合、**下方修正**あるいは**上方修正**を行わなくてはならない）。PDCAは信頼に足るPがあってこそという点を経営陣も社員も認識する必要がある。予算は単なる数字いじりではなく、経営戦略やその前提となる経営環境の変化等を適切に反映し、かつ適度なストレッチを織り込んだものであるべきだ。

● データ処理と報告が迅速で正確

　どれだけPDCAに対する理解があっても、前月の実績の速報が翌月の20日にしか出てこないようでは環境変化の速い時代には対応できない。必要なスピードは業界によって異なるが、ある程度の精度の数字をタイムリーに提供できる体制作りが必要だ。そのためには経理部門や財務部門といった管理部門に必要なリソースを投入するとともに、ITを的確に用いる必要もある。**アメーバ経営**で著名な京セラは、この部分にリソースを費やすことで、スピーディーかつガラス張りの経営を実現している。

● 適切なアクションへのこだわりがある

　PDCAが甘い会社では、多少数字が未達であっても、それを短期でカバーしようとする意欲が弱い。結果として、年度末も近づいてようやく慌てて対応策を練るという事態も散見される。CASEのW社はその典型だ。企業によっては、年初に設定した行動計画（予算を踏まえたより実践的なアクションや施策の計画）を途中で変えたくないということもある。要は面倒を避けたいのだ。予算達成や結果へのこだわりは、最終的にはトップの意思が反映される。トップ自らがPDCAにコミットし、スピーディーなアクションをとることを管理職や現場に徹底させる必要がある。

　一方で、年初に立てた予算にいたずらにこだわるのではなく、経営環境の変化を適宜盛り込み、「頑張れば実現できる」程度の予算にしっかり修正し、その意図や理由をしっかり社内に説明することも必要だ。

補論1●KPI経営

　近年良く用いられる言葉に**KPI**（Key Performance Indicators:重要業績評価指標、あるいは重要経営指標）がある。これは会計的、財務的な数字に限らず、マネジメント

を行ううえで役に立つ指標（メトリクス）全般を指す。例として、マーケティング関連のKPIであれば顧客満足度や知名度（助成想起、純粋想起）、市場シェアなど、人事関係のKPIであれば採用数、離職率、従業員エンゲージメントなどがある。

　こうしたKPIを用いて経営の実態を可視化し、より良い意思決定やコントロールにつなげていこうというのが昨今の趨勢であり、企業内での位置づけも管理会計と重なる部分が大きいため補論で取り上げることとする。

◉──── **KPIの効用**

　KPIには以下の効用がある。

● **きめ細かなマネジメントが可能となる**

　KPIを用いることの第一のメリットは、売上や費用といった「大きな塊」では捉えきれない実態がわかったり、よりきめ細かなマネジメントを行えたりする点だ。例えば動画サービスの例であれば、月次の売上高と費用だけを見ていても、スピーディーかつ適切なアクションにはつなげにくい。週次、場合によっては日次でのPDCAが必要なこのタイプのサービスにおいては、離脱率、LTV（顧客生涯価値）、CAC（顧客獲得コスト）、LTV/CAC比率などを細かく見るほうが、適切なアクションにつなげやすい。

　ビジネスやKPIの種類にもよるが、現場レベルでは多くの場合、重要なKPIについて10〜20個ほどを時系列で観測し、その推移をしっかり見ていくことが効果的である。通常の現場では、週次のミーティングが行われることが多いため、その場でKPIの動きについて確認し、部署内（場合によっては関連部署間）で共有すると、スムーズなアクションに移ることができる。多くの企業では、対前年同期比、対前月比、対目標値などに対する達成度も併せて見ることで、ビジネスが順調に推移しているか、あるいはテコ入れできる箇所はどこなのかを確認している。

　なお、KPIはその気になればいくらでも細かくすることができる。これは**図表4-12**に示した**足し算・掛け算型**でも、図表4-13の**ファネル型**でも同様である。

　KPIを細かくすることは、適切に行えば問題発見やその解決につながるが、へたに細かくするとその測定コストや管理コスト（実費＋機会費用）が増えてしまい、費用対効果に結びつかないことも多い。KPIは手段であって目的ではない。過度に精緻さを追うのではなく、実務的に最も費用対効果が高くなりそうなメッシュの細かさを意識したい。

● **経営の意思を伝えることができる**

「人は測定されないものには関心を示さない」という言い習わしがある。たとえ経営者

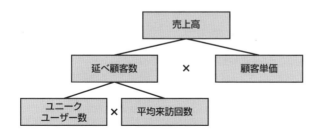

図表4-12　KPIをブレークダウンする：足し算・掛け算型

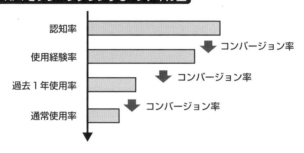

図表4-13　KPIをブレークダウンする：ファネル型

や事業責任者がスピードを重視していたとしても、それが測定されていなければ、人は掛け声だけでは動きにくいのだ。ところが、そこで例えば「問い合わせからの対応時間」というKPIを測定し、従業員に開示するようにしたらどうなるだろうか。おそらく多くの従業員は「経営はこの指標を重視しているのだ」と考え、対応スピードを意識するようになるだろう。

　さらに従業員を特定の方向に動機づけたいのであれば、そこに**インセンティブ**をつけると効果はさらに上がる。わかりやすいのは経営が重視しているKPIを達成したチームや個人にボーナスを与える、あるいは表彰や周囲からの称賛といった非金銭的なインセンティブを用いるなどだ。

　この時意識したいのは、インセンティブ付与や人事考課の際のKPIの重みづけのバランスが悪いと、経営者が意図した方向とは違う行動をとる人間が一定の比率で生じるということだ。例えば病院の外科において「手術中の急患の死亡率」を過度に重く評価したとする。病院経営側としては、医師により多くの命を救ってもらうことを意図したとしても、このKPIを低くしようとして重篤な病気や怪我の患者の受け入れを避けようと

する医師は一定数出るだろう。手術中の死亡は少ないに越したことはないが、ゼロになるものではない。受け入れを拒否して救える命を救えなかったとしたら本末転倒なのである。

● 競争優位を築くことができる

　他社に先駆けて「役に立つ」KPIを発見し、活用することで競争上優位に立てることもある。この活用法は他に比べても難しいが、ビッグデータとAIが発達した昨今、そうしたKPIを発見できる可能性は増している。

　企業事例ではないが、そうしたKPIの発見で一時期成功したのが米国メジャーリーグのオークランド・アスレチックスだ。詳細は『マネー・ボール　奇跡のチームをつくった男』に詳しいが、貧乏球団であったアスレチックスは、年俸は安いけれど実力のある選手を集めることが急務だった。そこでGMだったビリー・ビーンが注目したのがOPSという指標である。OPSは、出塁率（出塁数÷打席数）と長打率（塁打÷打数）を足した数字で、打率や本塁打数、打点数といったオーソドックスな指標に比べまったく注目されていない指標であった。しかし、この数字は実力がある割に（得点に寄与しやすい割に）年俸が安い選手を見分けるのに非常に有効だった。アスレチックスはこの指標に着目してチーム作りを進めることで、ヤンキースに代表される金持ち球団と五分に戦えるだけの戦力を擁するに至ったのである（ただし、その後、この情報が球界に伝わったせいで、アスレチックスのアドバンテージはなくなった）。

　ウェブ上のビッグデータから実際に有効なKPIを見出した例に、あるIT企業がある。その企業は、最初にサイトに来てから1日以内に再訪した顧客は、有償の顧客となりやすいことを発見した。そこでその企業では、「1日以内再訪率」を重要なKPIとし、UIや載せるべきコンテンツ開発などに活かし、マーケティング効率を上げたのである。

　KPIはかつては演繹的、「べき論」的に発想することが多かったが、ビッグデータとAIの時代には、それを活用して帰納的に発見するという姿勢も大切だ。

補論2●ROICとEVA®

　日本では主に2010年代以降アカウンティング、ファイナンスの分野で注目を浴びているKPIにROIC（投下資本利益率：Return On Invested Capital）がある。これは1980年代に開発された**EVA**®（Economic Value Added：EVAはスターン・スチュアート社の登録商標であるが、以降は便宜上登録商標マークを割愛している）と表裏一体の指標である。この2つの指標について簡単に解説しよう。

●──── ROIC

ROIC（ROCE: 使用資本利益率、Return On Capital Employed）は、端的に言え
ば、コストのかかる資本の出し手である債権者と株主に対して、どの程度彼らに帰属す
る利益を本業で残せたかという比率を指す指標であり、下記の式で求められる。なお、
投下資本（IC）と使用資本（CE）は**図表4−14**に示した範囲となる。企業の中心的な
資本となる自己資本と有利子負債のみに注目している点がポイントだ。

$$ROIC ＝ NOPAT ÷ 投下資本$$
$$＝ NOPAT ÷ 使用資本 ＝ ROCE$$

※NOPAT：税引後営業利益、Net Operating Profit After Tax
NOPAT＝EBIT ×（1−実効税率）
※EBIT：Earnings Before Interest and Taxes。日本では営業利益を用いること
が多い

ROICは貸借対照表の左側、ROCEは貸借対照表の右側から見た表現であり、数値と
しては同じものとなる。

ROICはWACC（191ページ。加重平均資本コスト）が**ハードルレート**となる。つ
まり、ROICがWACCを超えれば企業価値が上がり、WACCを下回れば企業価値が下
がるということである。ROAやROE、その他多くの財務指標とは異なり、明確なハー
ドルレートが存在する点が大きな違いである（もちろん、同業他社と比較することもで
きる）。

ROICが用いられるようになった背景にはいくつかの理由がある。まず、メリットと
して上述したようにハードルレートが明確で、どこまで頑張ればいいかがわかりやすい
という点がある。また、全社のみならず、事業部の評価にも使えるという点が特徴的だ。
これは「経営者の通信簿の数字」とも言えるROAやROEにはない点である。

さらに、ROEとは異なり、財務レバレッジの影響を受けにくいという点がある。
2014年に経済産業省内に設置されたプロジェクト「持続的成長への競争力とインセ
ンティブ──企業と投資家の望ましい関係構築」の最終報告として出された**伊藤レポー
ト**では、第1ステップでROE8%以上、第2ステップで10%を上回る水準のROEを出
すことを掲げたが、ROEにはどうしても財務レバレッジの問題が付きまとう。そこで、
企業全体の収益性、資産の効果的な活用にはこだわりつつも、財務レバレッジの影響を

図表4-14　投下資本と使用資本

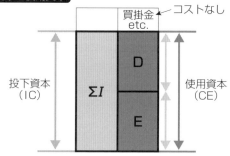

ΣI：ネット資産に投下されたキャッシュ総額 ＝ 正味運転資本＋有形固定資産＋その他資産
I：ネット投資 ＝（投資－減価償却費）＋$\varDelta$運転資本

受けないROICを用いようという機運が高まったのである。

　1990年代から2000年代に導入されながら、あまり定着しなかったEVAの影響も
ある（定着しなかった理由については231ページで後述）。EVAそのものはそれを用い
てコカ・コーラなどが企業価値を高めたことでその効果はわかっていたが、財務リテラ
シーが高くないと組織では使いにくい指標でもあった。そこで、金額と率の差を除けば
EVAと基本的に同じ意味を持ち、かつその指標の意味も理解しやすいROICのほうを使
おうということになったのである。

　なお、ROICは事業部ごとに使える点がメリットではあるが、実務的にある事業がど
れだけ資本を使っているのかを正確に求めるのは容易ではない。ABCにおける間接費
の配賦同様の難しさがある。

　それ以上に難しいのは事業部ごとのハードルレートとしてのWACCの設定である。
まず、各事業がどのくらいデットとエクイティを使っているかを決めるのが難しい。理
論的にはハイリスクのビジネスほどエクイティの比率は高いはずだが、それを正確に決
めるのは容易ではない。また、WACCを設定する際には、理論的には事業ごとのβを
求める必要があるが、これも簡単ではない。専業の同業他社のβと財務レバレッジを参
考にして求めることが多いが、どの企業の数字を採用するかでぶれやすいのである。

　なお、WACCはファイナンス的には、本来、時価で求めるのが好ましい数値である。
ただし、企業全体のWACCは時価で求められても、事業部のWACCを時価で求めるこ
とは非常に困難である。事業ごとの株価は存在しないからだ。そこで簡便的に簿価の数
字が用いられることが多い。

　2022年現在、ROICはソニー・グループ等、多くの企業に用いられている。事業管

図表4-15　オムロンのROIC経営

> 企業価値向上を目指し、6つの事業セグメント（グローバル展開している約100の事業ユニット）を対象に、収益性（ROIC：投下資本利益率）と成長性（売上高成長率）の2軸により4つのカテゴリーに分けて、ポートフォリオマネジメントを実践。

M&A・成長加速・構造改革・新規参入を見据えた、投資資源配分の経営判断

ポートフォリオマネジメントカテゴリー

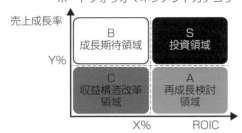

出所：経済産業省「持続的成長に向けた長期投資（ESG・無形資産投資）研究会（第2回）、資料6 オムロン株式会社 安藤様 ご説明資料」
https://www.meti.go.jp/committee/kenkyukai/sansei/jizokuteki_esg/pdf/002_06_00.pdf

理における運用は各社さまざまであるが、**図表4-15**にオムロンの事例を示した。成長性と収益性を用いたオーソドックスなマトリクスだが、収益性の軸としてROICを用いているのが特徴的である。

◉─── EVA

ROICに先立って注目を浴び、日本ではAGC（当時は旭硝子）や花王、オリックスなどが1990年代にいち早く採用したのがEVAだ。米国のスターン・スチュアート社が独自に開発した。米国で多くの企業に採用されて企業価値向上につながったことから、「役に立つKPI」として利用されるようになった。ABC、BSC（232ページ）と並び、20世紀後半の管理会計の3大発明の1つと呼ばれることもある。

EVAは以下の式で求められる。

$$EVA = NOPAT - CE \times WACC$$
$$= NOPAT - \Sigma I \times WACC$$

NOPAT：税引後営業利益
CE：有利子負債＋株主資本

図表4-16　EVAとROICの関係

ROIC　＝　NOPAT　÷　投下資本（使用資本）

EVA　＝　NOPAT　−　CE（使用資本）×　WACC（加重平均資本コスト）

よって、

EVA　÷　使用資本　＝　ROIC　−　WACC　◀━ EVAスプレッド

EVA　＝　（ROIC　−　WACC）×　使用資本

EVAをプラスにすることと、ROIC − WACCをプラスにすることは
額と率の差を除けば、同じ意味を持つ

ΣI：ネット資産に投下されたキャッシュ総額＝正味運転資本＋有形固定資産＋その他資産

I：ネット投資＝（投資−減価償却費）＋Δ運転資本

WACC：加重平均資本コスト

　ROIC（ROCE）とほぼ同じ項目が計算式に登場することからもわかる通り、「率」と「額」の違いはあるものの、意味合いはほぼ同じである。ファイナンスのプロジェクト評価に登場するNPV（額）（193ページ）とIRR（率）（194ページ）の関係に近いものがある。その関係性を示したのが**図表4-16**だ。

　EVAがプラスの場合、その事業は企業価値をその分増やすことを意味し、マイナスの場合はその逆となる。この指標も全社ベース、事業部ベースで用いることができる。式からもわかるように、会社全体としてEVAを向上させるには、NOPATを増やす（EBITを増やす）、CE（使用資本）を減らす、WACCを下げるという方向性がある。また、EVAがプラスの事業を買収する、マイナスの事業を売却することでも全社のEVAは増す。

　EVAは企業価値と密接に関連するということで財務的には良く練られた指標だが、弱点もある。例えば、事業によっては明らかにEVAをプラスにするのが難しく、目標設定がしづらいことがある。例として、過去の過剰な設備投資があって、CE（使用資本）× WACC（資本コスト）が大きく差し引かれることがほぼ確定しているケースなどだ。こうした場合には、EVAのマイナスをどれだけ縮小するかに着目し、EVAの目標も最初からマイナスなどとする場合もある。担当する事業部長の評価も、EVAの額そのものではなく、EVAの増分、すなわちΔEVAを重視するなど、企業によって工夫をする必要性が生じる。また、事業ごとに用いる場合には、ROICと同様に、使用資本やWACCを独自に決めなくてはならないという難しさがある。

　EVAが日本企業で定着しなかった理由としては、まずは計算式が難しかった点が挙げられる。ROICの場合、WACCはハードルレートであり、計算式中には登場しない。それゆえ、正確にその定義を説明できなくても、「債権者や株主が求める利益率」と大まかな説明で「逃げる」ことも可能であった。一方、EVAはWACCが計算式中に出てくるため、その意味をマネジャーや現場に説明する必要性が高くなるのだが、ファイナンスのリテラシーが低い企業ではそれはかなり難しいのだ。

　最終の結果がマイナスという数字を突き付けられることで現場のモチベーションが下がるという問題もあった。ROICの場合、NOPATがプラスなら、すなわちEBIT（≒営業利益）がプラスなら、一応ROICもプラスの値が出る。仮にハードルレートであるWACCを下回ったとしても、プラスの数字であることは現場の士気をそこまでは下げない。

　しかしEVAの場合、せっかくNOPATで黒字を出しても、「CE×WACC」という現場ではどうしようもないことも多い数字（しかも多くの場合は前任者の意思決定ミスに起因する。例えば過去の過大な投資に係る借入金が残っていてCEが膨らんでいるなど）を差し引かれてマイナスになるということが多々発生した。「黒字を出しているのになぜマイナス評価なんだ」「なぜこんな指標で評価されるんだ」という疑問に答えられる経営陣は必ずしも多くはなかった。またマイナスの数字は「自分たちは会社の価値を削いでいる」という感覚をダイレクトに与えやすいため、現場の士気を削いでしまった。

　ちなみに、学生などが気にする「偏差値」は平均を50に置いているため、ほとんどの場合はプラスの数字になる。もし偏差値の中心を0に置いていたら、マイナスの数字をつきつけられた多くの学生のモチベーションを下げる結果になっただろう。そうした好ましくないことがEVAでは起こったのだ。

　自分の事業部のEVAを高めようとして、計算式の中の使用資本を減らすべく、交渉でこれを下げようとする事業部長も現れた。そして事業部間で使用資本の押し付け合いが生じ、禍根を残すといった例も起こった。

　こうしたこともあって、2000年代にはEVAを用いる企業は減り、それに代わってROICのほうに注目が行くようになったのである。なお、2020年代になっても花王のようにEVAの使い方を工夫することで経営管理に用いているケースもある。

2 ● BSC

POINT

　BSCは、財務の視点、顧客の視点、内部プロセスの視点、成長・学習の視点の4つのカテゴリーに計30個程度のKPIを設定し、戦略の推進・浸透を図るマネジメントツールである。先行指標的なKPIと遅行指標的なKPIが同時に可視化されているため、現在の業績のみならず将来の成長力についても把握しやすくなっている。KPIマネジメントの集大成とも言えるマネジメントツールである。

CASE

　嶋恵梨香は急成長のベンチャー企業、V社でCFO（最高財務責任者）兼CHRO（最高人事責任者）を務めている。V社はネイティブアプリを独自に開発し、クライアント企業の従業員の働きやすさを支援する企業である。従業員数はすでに300人に達する。嶋は過去に2回転職の経験があり、国内の経営大学院の夜間コースでMBAも取得している努力家であった。ベンチャー企業の財務と人事を統括するということで多忙ではあったが充実した日々を過ごしている。

　そんな嶋のもとにある日社長の柏木優子がふらっと立ち寄った。

「嶋さん、相談があるんだけど、ちょっと時間を貸してもらえるかな」

　会議室に移動した後、柏木は切り出した。

「嶋さんはMBAを取っているからバランススコアカードはもちろん知っているよね」

「あ、はい。BSCですよね。大学院の管理会計のクラスで勉強はしました。過去に自分で使った経験はないですが……」

「実はうちの会社でもBSCを導入しようと考えているんだけど、どう思う？」

「えっ。まあ、適切に導入すればBSCは大きな効果をもたらすことは理解しています」

「そうね。この前、経営者仲間の砂田さんと話をした時、2年前からBSCを導入して

かなりの成果を収めたという話があって。そこでうちでも導入できないかなと思ったんだけど」

「砂田さんの会社はうちよりも結構大きいですから、BSCをうまく使えば効果は出そうですね」

「うーん……。うちの規模だとフィットしないかな」

「いえ、そんなことはありません。数十人単位の企業でも導入して成功したケースはあると勉強しました」

「できれば嶋さんにそのリーダーを務めてほしいんだけど、どうかな。単純な仕組みではないと聞いているから、ここは嶋さんの手を借りたいんだ。忙しいとは思うけどお願い。社長室長の山田君も補佐役に付けるから」

　嶋は柏木からの大きな仕事の依頼に嬉しさを感じつつも、同時に柏木の理解度をあらかじめ確認しておく必要を感じた。

「それはありがたいですけど、BSCはかなり大掛かりな制度ですので、社長はじめ、取締役の方々にも協力いただかないといけないのですが、それは大丈夫でしょうか。私が学んだ範囲でいえば、BSCの成功のカギは経営陣のコミットです。戦略そのものの見直しや構造化も必要ですし」

「構造化」

　V社では、「早くて安い」を差別化要因として顧客に訴求すること、そして営業人員を拡大してローラー的に潜在顧客にアプローチすること、また顧客の声をベースに俊敏に機能を付加することを戦略として打ち出していた。柏木は聞いた。

「今の戦略でもわかりやすいと思うけど、それだと不十分ということ」

「そうですね。戦略のエッセンスはすでに現場にも伝わっていると思いますが、より各施策間の連関をストーリー的につなげていくことがまずは必要です。また、重要なのは経営陣のベクトル合わせです。可能ならば役員合宿的なものを開いて、戦略の構造化、ストーリー化と、成功につながるKPIの洗い出しをするほうがいいと思います」

「うーん。みんな忙しいからそんな時間をとれるかな」

　嶋は、ここで柏木の腰が引けては成功はおぼつかないと考え、より一層のコミットを要求することにした。

「でも、BSCは最初こそが肝心です。そこで手を抜くと、後で悔やむことになります。私も自分で過去にBSCプロジェクトに関与したことはないのですが、一通りは勉強しましたので、これだけは言わせてください。皆さんのコミットメントがなければBSCは絶対に成功しません。皆さんにBSCの意義を理解いただき、戦略を再構築し、適切なKPIを設定するためにもこれは必要な条件です」

「わかった。嶋さんがそう言うならおそらく正しいのでしょう。ただ、実務的な部分は引き受けてもらえるかな」

「山田さんは私の大学院の後輩ですから、同じ感覚は持っていると思います。彼が手を貸してくれるなら、事務的な段取りなどの細かい部分も含めて私が音頭をとります」

　こうしてBSCプロジェクトのリーダーを引き受けた嶋であったが、内心は不安であった。改めて何冊もBSC関連の書籍を読み、自分なりにどうプロジェクトを運べばいいのかのイメージを練りこんでいった。

　それから1年後。最初はBSC導入に懐疑的な役員もいたが、柏木の力も借りてその効用を納得してもらった。嶋と山田がファシリテーター役を務めた役員合宿は結局3回行うことになったが、それを通じて役員陣の理解やコミットメントは高まり、開始から4カ月目で納得性の高い戦略マップやKPIの設定ができた。その時には、一同、「よし、これだ！」という感覚を共有していた。

　現場への落とし込みはまた一苦労であったが、柏木がさまざまな機会を捉えて従業員にしつこくコミュニケーションしてくれたおかげで、現場もその必要性を受け入れてきた実感があった。

　嶋はしみじみと感じていた。

「今のところは順調に進んでいる。でもこれからまだまだ山あり谷ありかな。定着にはあと1、2年はかかりそうだから、これからも気を引き締めて頑張らないと」

1●BSCの体裁

　BSCはBalanced Scorecard（日本語では通常「バランススコアカード」と表記する。「バランストスコアカード」と書かれることもある）の略である。1992年にハーバード・ビジネススクールのロバート・キャプラン教授とコンサルタントのデビッド・ノートンによって提唱された。通常、15個から45個程度までのKPIについてモニタリングしたチャートもしくは表と、KPIのつながりを表す戦略マップよりなる。KPIをバランスよく組み合わせ戦略遂行のためにマネジメントを行うためのツールで、いまや世界中の企業でカスタマイズされながら使われている。ある意味、どのような企業でもある程度通用する「KPIのパッケージの仕方」とも言える。

　BSCは通常、合計15〜45程度のKPIで構成されており、それぞれが次の4つの視点のどれかに分けられている。

　・財務の視点：戦略達成に関して重要な財務数値データ

図表4-17 ビジョンと指標のリンク

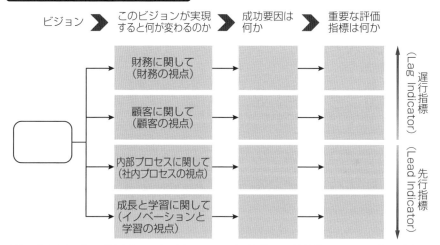

出所：ロバート S.キャプラン、デイビット P.ノートン「バランス・スコアカードの導入インパクト」（『DIAMONDハーバード・ビジネス・レビュー』2003年8月号）をもとにグロービス作成

・顧客の視点：顧客や市場との関係を表す数値データ

・内部プロセスの視点：ビジネスの仕組みやその状態を表す数値データ

・成長・学習の視点：イノベーションや改善能力を表す数値データ

　なお、「内部プロセスの視点」は文献によっては「オペレーションの視点」「社内プロセスの視点」などと表記されることもあるが、エッセンスは同じである。また、「成長・学習の視点」も、「成長・イノベーションの視点」「学習・イノベーションの視点」などと表記されることあるが、これも意味するものは基本的には変わらない。

　図表4-17は戦略と連動して策定されることの多いビジョンと、採用すべきKPIの関係性を示したものである。図表からもわかるように、成功に向けて重要なKPIを設定することが大切だ。**図表4-18**に初期の成功例であるモービル（現エクソン・モービル）の採用したKPIの例を示す。

　BSCの画期的な点の1つは、これらの図表に示したように、先行指標と遅行指標のバランスを見ている点だ。一番下の「学習と成長の視点」はすぐに売上や利益という結果に表れる指標ではなく、5年先10年先に花開くような**先行指標**（リードインジケーター）となっている。そして過去の「学習と成長」の努力や投資の結果が「内部プロセス」や「顧客」の指標に反映され、最終的に「財務」の**遅行指標**（ラグインジケータ

図表4−18　モービルが採用したKPI

視点	戦略テーマ	戦略目標	成果尺度
財務	財務面の向上	ROCE 保有資産の活用 収益性 業界内のコスト・リーダー 利益性の高い売上増大	ROCE（使用資本利益率） キャッシュフロー 同業種の純利益ランキング 対同業他社比1ガロン当り の全部原価 対業界比販売量増加率 プレミアム・ガソリンの比率 ガソリン事業以外の収益と 利益
顧客	消費者を喜ば せる ディーラーと のWin-Winの 関係	標的とした消費者を継続的 に喜ばせる ディーラーとのWin-Winの 関係の構築	主要な市場におけるセグメ ント占有率 覆面調査員による評価 ディーラーの粗利益の増加 ディーラーの調査
ビジネス・ プロセス	製品イノベー ション 安全と信頼 競争力のある 元売りとなる 品質 良き隣人	革新的な製品とサービス 最高クラスのフランチャイ ズ・チーム 精製業務 在庫管理 業界内でのコスト・リーダー 企画遵守、納期厳守 環境、健康、安全性の向上	新製品のROI（投資利益率） 新製品の受容率 ディーラーの経営品質の成績 歩留差異 予期しない設備の停止 在庫レベル 品切率 対競合他社比のアクティビ ティ・コスト 完璧な注文履行 環境問題の発生件数 欠勤日数の比率
学習と成長	やる気のある 有能なスタッ フ	活動に対する組織風土 コア・コンピタンスとスキル 戦略的情報へのアクセス	従業員調査 個人別BCS（達成率） 戦略的なコンピタンスの達 成可能性 戦略的な情報へのアクセス

出所：ロバート・S・キャプラン、デビッド・P・ノートン『キャプランとノートンの戦略バランスト・スコアカード』（東洋経済新報社、2001年）

図表4−19 適切な業績の理解

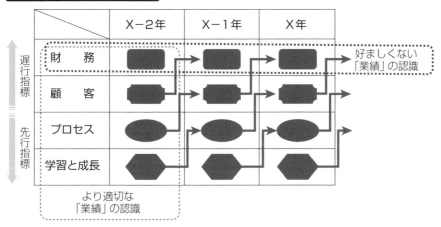

出所：櫻井通晴 編著『企業価値を創造する3つのツール EVA・ABC・BSC』（中央経済社、2002年）をもとに加筆修正

一）となって数字に表れると考えるのである。財務・会計畑の人間は往々にして財務の指標にばかり目を向けるが（もちろん、時系列でしっかりそれを読み解くことで企業の実態がある程度把握できるのは財務会計のパートで書いた通りである）、会社の実態をワンショットで捉えるならば、**図表4−19**に示したように、4つの視点をバランスよく見る必要があるというのがBSCの考え方だ。

実際のBSCは**図表4−20**のような形式をもとにグラフや表で数字として見せる（広義の意味では、前述したように戦略マップも添える）。そのうえで、順調に推移しているKPIは青色、微妙なものは黄色、要テコ入れのものは赤色にするといった、視覚化するうえで工夫をして公開する。そしてそれによってベクトルを合わせつつ、PDCAを回していくのである。

◉───**戦略マップ**

4つの視点に整理されたKPIは、**図表4−21**のような**戦略マップ**（ストラテジーマップと呼ぶこともある）に紐づけられる。

戦略マップは、KPIの設定に先だって（あるいは同時並行的に行きつ戻りつしながら）、経営メンバー同士の議論などを通じて作成、可視化される。狭義のBSCはKPIの進捗状況を示すチャートを指すが、広義のBSC（BSCシステムといったほうが適切かもしれない）は、戦略マップとセットである。

図表4-20　実際のBSCの体裁の例

	KPI	目標値	アクションプラン	グラフ/表
財務の視点	ROIC	10%	A A A A A A A A A ……	
	EBITDA	25億円	B B B B B B B ……	
	売上高総利益成長率	15%	C C C C C C C C ……	
	2年以内製品からの売上高	50億円	D D D D D D D D ……	
	コアカテゴリー売上高	180億円	E E E E E E E E ……	
顧客の視点	延ユーザー数	1,000万人	F F F F F F F F ……	
	総資産回転率	3.0回	G G G G G G G G ……	
	新規顧客獲得コスト	800円／人	H H H H H H H H ……	
	ブランドイメージ調査	4.3／5.0	I I I I I I I I ……	
	顧客満足度	4.5／5.0	J J J J J J J J ……	
	顧客再訪率	66%	K K K K K K K K ……	
内部プロセスの視点	覆面調査	8.5／10	L L L L L L L L ……	
	在庫額	10億円	M M M M M M M M ……	
	1人当たり付加価値	400万円	N N N N N N N N ……	
学習と成長の視点	従業員満足度	4.3／5.0	O O O O O O O O ……	
	研修参加者数	4,000人	P P P P P P P P ……	
	昇格人数比率	20%	Q Q Q Q Q Q Q Q ……	

　戦略マップを作成する意義は、4つの視点ごとに設定される要素や戦略目標、KPIなどの関係性を視覚化することで、企業のビジョン・戦略の全体像、ならびにその中における自分の意味や位置づけを、多くの人間が理解できるようにすることにある。いわば戦略と目標、KPIの同時的「見える化」だ。

　戦略マップに登場する「箱」の数は通常十数個とすることが多い。図表4-21では14個となっている。あまりに少なすぎるとつながりがぼんやりしてしまうし、多すぎると細かくて理解しにくくなる。それゆえ十数個がおおむね妥当とされている。そのうえで、各箱に1から3のKPIを紐づけ、マネジメントしていくのである。各KPIにはそのKPIに責任を持つ上級管理職（執行役員）などを設定し、達成意欲を持たせることが多い。

　なお、箱ごとに紐づけられるKPIの数は、1990年代は比較的少なかったが、昨今は増している。その結果、90年代には合計でもBSC全体で20個程度だったKPIの数も、近年では30個前後とすることが多い。これは経営環境が複雑化し、KPIの粒度を細かくする必要性が増したことの表れとも言える。とはいえ、50を超えるKPI数は管理が複雑になるので、BSCで可視化するKPIは多くても40個台に留めるケースが多い。

　なおこれは、現場で独自に工夫してKPIを設定することを否定するものではない。あ

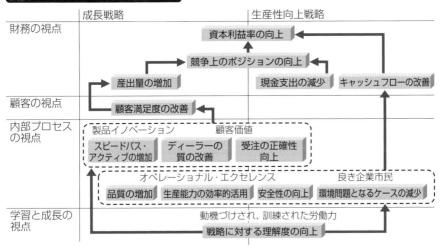

図表4-21 モービルの戦略マップ

出所:「BSC成功企業:10社の実践プロセス」(『DIAMONDハーバード・ビジネス・レビュー』2003年8月号)をもとにグロービス作成

くまで会社や事業部総体として皆で見るべきKPIの数としてはその程度が妥当ということである。

　戦略マップとKPIの設定が適切にできれば、例えば工場の作業員であれば、内部プロセスの視点で「自分の担当する製品の不良品率を下げることは、会社にはこんな意味があるのか」というように、自分の作業の意味合いを理解しやすくなり、当事者意識も植え付けられる。これはモチベーションや組織に対するエンゲージメントにつながる。

　経営者や経営企画室の人間が、実際に戦略や目標を検討する際にもBSCと戦略マップは役立つ。BSCを使うと、一つひとつの目標とその関係性が可視化されるため、矛盾を払拭し整合性を担保することが比較的容易となるのだ。

　また、戦略は一度構築したらそれで終わりというものではなく、「その戦略は本当に正しかったのか」「時代の変化に合わせて今の戦略を修正する必要はないのか」といったことを常に考え、必要があれば改定することが必要だ。その際、戦略マップによる「見える化」が行われていると、現在の戦略という「仮説」を検証し、さらに改善するためのたたき台として使うこともしやすくなる。

◉────**BSC導入の典型的プロセス**

　BSC導入は決して簡単ではない。企業全体、あるいは大きな事業部の戦略・ビジョ

図表4−22　BSCの策定・導入にあたっての典型的なプロセス

ステップ	主なアクション
準　備	BSC開発チームの組成、テストするビジネスユニットの選定
第1次インタビュー	シニアマネジャーに対し、戦略や視点、評価指標の試案について聞き取り
第1次ワークショップ	（主だった経営陣が参加して）ビジョン・戦略に関する合意形成、指標（試案）の選択、指標と戦略の関連付け（戦略マップの試案作成）
第2次インタビュー	シニアマネジャーに対し、想定される問題点などについて聞き取り
第2次ワークショップ	（参加者をミドルにまで拡大して）導入プランの立案、目標値の設定、戦略マップの精緻化
第3次ワークショップ	（主だった経営陣が参加して）ビジョン、目標、評価指標、導入プラン等に関する合意形成
導　入	BSCの社内への展開、関連システムの整備、ビジネスユニットごとの副次的固有指標の策定
モニタリング	月次もしくは四半期ベースでのモニタリング（必要があれば修正）

出所：ロバート S.キャプラン、デイビット P.ノートン「バランス・スコアカードの導入インパクト」（『DIAMONDハーバード・ビジネス・レビュー』2003年8月号）をもとにグロービス作成

ンをしっかり構築し、適切なKPIを設定するだけでも多大な労力を要するからだ。そうした準備段階を経て、さらに現場に落とし込む努力が必要となるということは意識しておきたい。

　図表4−22はキャプランらが提唱した典型的な導入プロセスだ。このうち第3次ワークショップまでを3カ月程度で済ませ、導入プロセスに入る。導入は1年以内にまずは行うが、組織として定着するには通常2、3年を要することも多い。

　導入にあたっては責任者（例：経営企画室長など）を置くとともに、それを支える**ステアリングコミッティ**（可能であれば経営者も参加しているほうが良い）などを設置することが望ましい。また、浸透を加速するうえでファシリテーターといった推進・相談役を置くことも効果的だ。従業員数百人に対して1人はファシリテーターを置くといった工夫もよくなされる。ただしそのためにはファシリテーターの教育が当然必要となる。

　なお、BSCは見よう見まねでやると効果が出ず、予期しない落とし穴に陥ることも多い。そこで外部のコンサルタントや学者の力を借りるのも効果的だ。ただ日本の場合、米国に比べるとこうした外部識者の層が薄いという問題はある。

2●BSCの効用

　当初キャプランらは、戦略を確実に実行するためのツールとしての効用を中心的に考えていた。BSC策定を通してより効果の高い戦略を構築し、そのエッセンスや成功までの道筋を従業員に浸透させ、戦略の進捗状況を、KPIを使ってモニタリングしPDCAを回そうというのである。結果として、売上や利益が改善され、従業員のモチベーションも高まるという狙いである。

　事実、キャプランらの助けを受けてBSCを導入した企業は、財務状況が改善したのみならず、顧客満足度やオペレーション関連指標の劇的な改善が見られた。当時米国の石油元売りとして低迷していたモービルが、一気に業績を改善させたケースなどが有名な成功例だ。

　当初は戦略遂行面に意識を向けていたキャプランらだが、BSCを運用することによる他の効果があることにも気がついた。具体的には以下のようなものだ。

● 人々の意識や行動の変容を促し、組織変革に役立つ

　BSCは従業員に戦略の意図や成功までのストーリーを伝えるとともに、自分自身の仕事の意味を考えさせる効果を持つ。往々にして末端に近くなるほど自分の仕事を狭く捉え、目の前の仕事を処理するだけの従業員は少なくない。こうした従業員がBSCの運用を通じて意識や行動を好ましい方向に向ける可能性が高まるのである。

● 経営陣の意識合わせができる

　経営陣といえども必ずしも一枚岩ではない。しかしBSCはその作成の過程で経営陣の濃密なディスカッションを行うことが多い。そのプロセスを通じて経営陣の意識のベクトルが合っていくのである。

● 組織のコミュニケーションが活性化する

　BSCで可視化された戦略やKPIが公表されることは、組織にまたとない議論の題材を提供することとなり、コミュニケーションを活性化する。それを通じて従業員のベクトルが揃うと同時に、改善に向けた議論や、部門の垣根を越えた協調のためのやり取りが促されるのである。また、いわゆる**SECIモデル**（個人が持つ暗黙知は、共同化（Socialization）、表出化（Externalization）、連結化（Combination）、内面化（Internalization）という4つの変換プロセスを経ることで、集団や組織の共有の知識

（形式知）となるというモデル）も回りやすくなり、暗黙知が形式知化される度合いも高まることが知られている。

● 運用の過程で人材が育つ

BSCの運用にはある程度の戦略理解やマネジャーのマネジメントの能力が問われる。多くの企業は優秀なマネジャー不足に悩んでいるものだが、BSCを用いることは、マネジャー育成にも役立つ。

3● BSC導入を成功に導く

BSCは非常にパワフルだが、ただ導入すればそれだけで企業の業績が上がっていくような魔法のツールではない。実際、BSCを導入しても、それを活かし切れない企業は少なくない。

BSC導入に失敗する典型的パターンとしては、次のようなものが挙げられる。

● トップのコミットメントがない

BSCの導入に失敗するパターンとしてまず挙げられるのは、トップのコミットメントがないケースだ。経営者が「BSCが流行っていると聞いたから、わが社でも取り入れよう」と安易に導入を決めるケースは多いが、BSCの導入にはそれなりの手間暇がかかるし、結果が出るまでにはタイムラグが生じるため、トップのコミットメントは必要条件である。トップが真剣に向き合わない場合、大抵は効果を発揮できないまま形骸化してしまう。

● 業績評価のみに用いてしまう

BSCは前述したように多様な効用をもたらすツールである。一方で、各事業部や従業員の評価するツールとしても使い勝手が良いために、単なる人事考課の採点シートとしてしか使われなくなってしまうことが多い。戦略の本質を理解せずに、KPIとして挙がっている数字しか気にしなくなってしまうと、かえって従業員の偏った行動を促しかねない。

● ICTシステムとの連携が弱い

20〜30個ものKPIを測定し適切かつタイムリーに処理するには、ICTシステムとの連携が必要だが、そうしたインフラとの連携に問題があるケースは決して少なくない

（特に中堅企業の場合）。数字は集められていても可視化の工夫が弱く、現場に浸透しないというケースもある。

● 導入時のスピード感や設計が不適切

一気にBSCを導入すると、失敗した時のリスクが大きすぎることがある。特に大企業であればいきなり全社で始めるのではなく、まずは子会社や一部の部署にテスト的に導入するという方法も効果的なことが多い。

BSCの導入初期は、戦略マップやKPIの完成度が低いことも多い。そのため必要に応じて随時それをアップデートする必要があるのだが、これも拙速に行うとかえって現場は混乱してしまう。正確さを追うのか、現場のわかりやすさを追うのかの判断は容易ではない。

● BSCが更新されない

初年度の導入時にその内容が二転三転するのは問題だが、数年単位で見た時に、経営環境が大きく変わっているにもかかわらず、戦略マップが更新されなかったり、KPIがそのままだったりするのも問題である。ここでもPDCAを意識し、実効ある戦略マップやKPIに進化させていくマインドや仕掛けが必要だ。

● BSC至上主義になってしまう

BSCは適切に用いれば大きな効果をもたらすが、往々にしてBSCを導入することが目的化してしまうことがある。手間暇がかかるツールほどその傾向は強いがBSCはまさにそれに当てはまる。手段やツールありきではなく、そもそも何のためにBSCを導入するのかという経営陣の意識のすり合わせが必要だ。

こうした失敗パターンを踏まえて、BSCの展開を加速するポイントをまとめると次のようになるだろう。

・マネジメントレベルでBSC導入の目的を明確化し、従業員と共有する
・可能な限り初期段階で納得性の高い戦略マップやKPIを作る
・BSCの意義、使い方、成果などに関してしつこくコミュニケーションをとる
・ICTシステムにより適切にサポートする

現場の従業員にとっては、BSCと言われてもいきなり上から新しい評価シートが降

ってくるようにしか感じられないことが多いものだ。そうした「やらされ感」がある状態では、とてもBSCは浸透しない。BSCの意義を始め、従業員としっかりコミュニケーションを行うことが求められる。

4● BSCをベースに工夫する

　BSCは管理会計のツールの中でも最もパワフルなツールの1つなのは間違いない。一方で、あらゆる企業がそれを導入する必要性はないし、キャプランの提唱したフォーマット通りにそれを導入しようとすると非常にエネルギーを要する。キャプランらが提唱したBSCの形はあくまでも標準化されたパッケージの仕方であり、企業やビジネスモデルによっては、あまり重視しなくてもいい要素もある。例えばNPOであれば財務の指標の意義は減るだろう。

　現実的には、手間やコストを考慮しながら自社なりのカスタマイズをして用いるほうがより効果が出るケースは多い。標準的なBSCや先行事例などを参考にしてカスタマイズすることで、ゼロからKPIを設定していくよりも効率的で失敗のないシステムを構築できるのだ。

　特に、従業員が100人程度の小規模なベンチャー企業や中小企業、あるいはビジネスの中身が見えやすい単一事業の企業では、経営者のビジョンが従業員に伝わりやすく、また会社の状況も把握しやすいので正式なBSCの必要性はそれほど高くないことが多い。しっかりと考えている経営者がいて日頃から戦略やそのストーリーについてコミュニケーションをとり、関連する重要なKPIが15個くらい見えていたら、それほど外さない経営をすることができるだろう。であれば、簡易版の「BSC的な方法」でも十分に期待効果を得られる可能性は高いのだ。

　逆に従業員の数が多く、ビジネスが複雑になった大企業であれば、BSCは効果を発揮しやすい。安定期を迎えたがさらなる成長をしたいという企業、方向性が明確でなくもう一回戦略を再構築しようと考える企業などで導入されるケースは少なくない。

　オーソドックスなBSCのフォーマットや先行事例を参考に独自の視点を加えるケースもある。例えば導入企業としてよく紹介されるリコーは4つの視点に加えて「環境の視点」という5つ目の視点を加え、KPIを設定した。

　キャプランとノートンのオリジナルのフォーマットは、参考文献や先行事例も多く、その意味では学びやすいという側面はあるが、それに過度にこだわるのは得策ではない。自社の置かれた状況に合わせ、適切に変更を加える柔軟性も持ちたいものである。

3 ● 責任会計システム

POINT

　企業が適切に利益を上げていくためには、事業部やカンパニーといった事業あるいは事業群の責任を持つ部門に利益を上げる責任を同時に持たせる必要がある。事業部やカンパニーが利益創出にこだわるからこそ、全社としての利益も確保されるからだ。経営陣としては、どの単位で利益責任を与えるのか、またどのような**評価報奨制度**を作れば責任者を適切に動機づけられるかを慎重に検討する必要がある。

CASE

　アルファ社は主に中小企業向けにITサポートを行う企業である。社内には4つの事業部があり、それぞれが利益責任を持つ形をとっていた。4つの事業部とは以下である。

　　・人材派遣事業部（人材を顧客企業に派遣して駐留させ、サポートする）
　　・コンサルティング事業部（顧客に提案を行い、システムを構築する）
　　・パッケージソフト事業（自社開発のソフトを企画・販売する）
　　・サブコントラクト事業部（大手SIerの下請け的な業務を受託する）

　もともと大手の下請けとして発足したという歴史もあって、サブコントラクト事業部が今でも最も大きな事業部である。それに対して他の3つの事業部は新規事業として立ち上げたものであり、歴史は比較的新しい。

　それぞれの事業部のスタッフは、事業部ごとの利益に応じて配分されるボーナスが、年間ボーナスの2割から5割ほどを占めるという報奨体系になっていた。職位が上がるほど、その比率は高くなる。また同社では人事制度としてポスティング制度が導入されており、ある事業部で「○○というポストを募集する」と公募をすれば、社員が自由に

そこに応募できるという制度を3年前から導入していた。募集人員以上に応募があった場合は競争となるため、必ずしも応募したからといってそのポストに就けるわけではなかったが、やる気や自信がある従業員には非常に好評であった。人を出すことになる事業部には拒否権はなかった。

　この制度に前々から不満を抱いていたのが、サブコントラクト事業部の事業部長である鈴木洋一である。鈴木は、特にパッケージソフト事業部とコンサルティング事業部が優秀な営業担当者やエンジニアを奪っていくことに怒りにも似た感情を持っていた。

「確かにパッケージソフトやコンサルティングのほうが下請け的な仕事よりも自由度はあるし、仕事は面白く感じるかもしれない。しかし、うちがキャッシュをコンスタントに稼いでいるからこそ新規事業での挑戦もできる。うちは他部署の人材育成担当部署ではない。人材が足りないなら、人事と連携してもっと採用努力をすべきだ」というのが鈴木の持論であった。

　社長である鴻池一郎にこの不満をぶつけてみたが、鴻池はそっけなかった。

「成長のためには新規事業を伸ばすことが必要なのはわかるよな。コンサルティングや人材派遣は粗利益率も高い。パッケージソフトはまだまだ途上だが、これも当たればかなり高い収益性が期待できる。鈴木君の不満もわかるが、全社的な視点を持ってほしいな」

「それはわかりますが、やはり他の部署にフリーライドされているようで納得がいきません。うちの事業部だって人手が余っているわけではないんです。最近は大手Slerから要求されるスペックも上がっているし、やはり優秀な人材は必要なんです」

「まあ、その分、新卒のエンジニアなんかはかなり優先的に配属させているだろう」

「それはわかりますが、せっかく戦力になった人材をどんどんとられるのではたまりませんよ。見返りはないわけですし」

　たまたま同席していた管理本部長の森夏希がそこで意見を出した。森は1年前にアルファに加わり、現在は人事、財務・経理、総務などを束ねていた。前職は外資企業の日本支社で同様の仕事をしていた。

「社長、鈴木さんの言うこともわかりますよ。社内調査では、特にサブコントラクト事業部のマネジャーのエンゲージメントが低いことがわかっています。忙しいのに人材育成もしなくてはならない、それでいてポスティングで人を奪われるのではやはり疲弊するでしょう」

「森さん、それでは何かいいアイデアでもあるかね」

「これは素案ですが……。人材を出しても見返りがないというのが今の制度の問題かと思います。プロスポーツだって、選手をトレードするなら代わりの選手が来るか、相応

の金銭をもらえますよね。そこで、今のポスティング制度ですが、人をとった部署は、人を出した部署に移転価格を支払うというのはいかがでしょうか」

「移転価格」

「つまり、各事業部があたかも1つの企業のように、他の事業部からポスティングで採用した場合、見返りの金額を支払うというわけです。社内の話なので、実際には金銭のやり取りは発生しませんが、管理会計上、各事業部の損益計算書を変化させるわけです」

「それはいいアイデアですね」

　鈴木は言った。

「つまり、人を出せばその分、うちの事業部に管理会計上、お金が入るということだよね。そうすれば、フリーライドではなく、正当な対価を得られることになる。人をどんどん出せば、その分利益が増えるということか。うちの事業部利益に紐づいたボーナスの多さを考えれば、それは助かるね」

　社長の鴻池は森に言った。

「それは一案だと思うが、せっかくのポスティングが機能しなくはならないかな」

「そこは移転価格ルールの決め方次第だともいます。とるほうにも出すほうにも納得感のある移転価格を決めることができれば、不公平感を減らしつつ、ポスティングの狙いも実現できると思います。1人当たりいくらといった方法ではなく、異動した人の人件費に比例させるなどの工夫をすればより納得感が出ると思います」

「なるほどね。では森さん、さっそく試案を作ってくれないか」

「わかりました」

　その後、森の試案をベースに経営会議で移転価格が議論され、まずは実験的に異動した人材の人件費のうち50％が、もといた事業部に支払われる取り決めとなった。「50％は高いのでは」という意見もあったが、優秀な人材を外部調達するコストを考えれば決して高くはないということで話はまとまった。

　社長の鴻池は改めて考えていた。

「各事業部が納得した形で、互いに助け合いながら成長させるには、やはり工夫が必要だな。うちの会社もどんどん大きくなる。これからはもっとこうした仕組みをしっかり作っていかないと」

1●コストセンターとプロフィットセンター

　責任会計とは、組織の管理責任と会計上の責任を結びつけ、責任者の業績を明確に測

定・評価するための管理会計制度を指す。

　企業はいくつかの部門（部署）の集まりと捉えることができる。そして部門あるいはそのリーダーは、何かしらの基準で評価されることになるが、管理会計上、特に重要なのは利益や費用を中心に評価される部門である。そうした部門がしっかり利益を残し、またコストを適正なレベルに抑えるからこそ、企業総体として利益が出るからである。これらをどのように切り分けて設定するかという課題は、管理会計上非常に重要なポイントだ。そして当然これは戦略論や組織論とも大きな関係を持つこととなる。

　ある部門やそのリーダーを評価する際、さまざまな評価のためのKPIがあるが、その中でも財務的な結果、特に利益は大きな意味を持つ。カンパニーや事業部という大きな組織単位では特にその比重が高くなる。CASEのように、ボーナスなどにカンパニーや事業部の利益を反映させるというやり方をとる会社もある。そうすることで、利益創出に向けて従業員やリーダーを鼓舞するのである。経営者にとっては、多くのカンパニーや事業部が高い水準の利益を残してくれる状態が理想だからである。

　利益責任を持つ部門を**プロフィットセンター**と呼ぶ。通常はカンパニーや事業部といった事業単位や事業を束ねた単位がプロフィットセンターになることが多いが、より細かくプロフィットセンターを切り分けることもある。252ページのコラムで紹介する京セラの「アメーバ」という組織はその典型である。

　それに対し、人事部や経理部、総務部などの**社内サービス部門**は**コストセンター**とされることが多い。コストセンターとは、財務的な観点ではコストにのみ責任を持ち、パフォーマンスはその他のKPI中心に評価される部署である。人事部のKPIであれば、採用人数、離職率、従業員エンゲージメント等である。

　研究所や物流、カスタマーサポート部門などは、バリューチェーン上は主機能に切り分けられることも多いが、業務の特性上、コストセンターとされることが多い。

　インベストメントセンターという考え方を採用する企業もある。これは、収益と費用に加えて、資産や負債、資本などの項目についても集計され責任を持つ部門である。カンパニー制を採用する企業などでは、各カンパニーにそうした責任を持たせることも多い。インベストメントセンターでは、利益創出はもちろん、投下資本に対してできるだけ多くの利益を上げることが目標となり、ROI（投下資本利益率）などが重要な評価指標となる。プロフィットだけではなく投資効率を加えたプロフィットセンターの発展形と見ることもできる。227ページで触れたようにROICが重要なKPIとなってきた昨今、プロフィットセンターとされる事業部でも、実質的にはインベストメントセンターとして評価されることも増えている。特に資産効率が重視される製造業やインフラビジネスでその傾向がある。

　その他に**レベニューセンター**という考え方もある。これは売上に責任を持つ部署のことで、営業部門などが該当する。もちろん、コストについても適正な範囲に収めることは求められるが、評価は基本的に売上を中心になされるのである。プロフィットセンターである事業部の中でも営業部署をレベニューセンターとして扱うことは多い。

　以降は、多くの企業で標準的に採用されているプロフィットセンターとコストセンターを中心に議論を進める。

◉──── どの単位をプロフィットセンターとするか

　どのレベルの組織単位（例：チーム、課や部、事業部、カンパニーなど）から利益を始めとする責任を持つ評価単位とするかは、一意的に決まるものではなく、経営者の意思や事業の特性などが反映される。例えば家電メーカーであれば、「テレビ」「空調」などといった製品レベルで担当部署をプロフィットセンターとするか、それともそれらをまとめた「家電事業」をプロフィットセンターとするかといったことである。

　プロフィットセンターを大きな組織単位とすることのメリットとしては、戦略的な赤字部門が目立ちにくい（モチベーションも削ぎにくい）、外部に向けて順調に利益が出ているようにアピールできるなどがある。一方で、往々にして一人ひとりの従業員の利益に対するこだわりが弱くなることがある。「うちの製品は赤字でも、他の製品がカバーしてくれるからいいや」といった発想を招きがちということだ。

　プロフィットセンターの単位を小さくすることのメリットとしては、各従業員が利益に対してこだわりを持ちやすい、プロフィットセンターのリーダーが経営者的視点を持つことから人材育成が加速される、赤字を出している部分が明確なので統廃合の意思決定がしやすいなどがある。一方で、事務的な管理コスト（例：管理のための人件費など）が増えること、往々にしてプロフィットセンター間でコンフリクトが生まれ協力体制を阻害すること、戦略的赤字部門のモチベーションを削ぐケースがあることなどがデメリットとして挙げられる。

　3つ目のデメリットについては、企業によっては数年は赤字が見込まれる投資フェーズの事業はまとめて「イントレプレナーシップ」事業などとして社長直轄の部署に集めてしまい、プロフィットセンターではあるものの実質的に利益は度外視して別のKPIで評価を行うというケースもある。そしてある程度収益化が見込めるようになった段階で独自にプロフィットセンターにしたり、本来属すべきより大きなプロフィットセンターの傘下に組み込んだりするのである。

　なお、プロフィットセンターはあくまで組織の単位であり、利益管理をどの単位で行うかというのはまた別の話である。前述の家電の例であれば、たとえ家電事業部という

単位でプロフィットセンターとなっていたとしても、やはりリーダーはある程度は製品単位の利益をしっかり捕捉し（その際にはABCの考え方を応用・援用した間接費配賦などもなるべく正確に行うことが望ましい）、利益改善に向けたアクションをとるべきなのである。

　利益管理をどこまで細かくするかは、これも経営の意図が反映される。細かすぎる利益管理は、手間暇の割に得るものが少ない。例えば飲料メーカーが、あるブランドのジュースについて「350ml缶」「500ml缶」「350mlペットボトル」「500mlペットボトル」「1ℓペットボトル」「2ℓペットボトル」などの**SKU**（Stock Keeping Unitの略。受発注・在庫管理を行う時の、最小の管理単位）単位で利益を見てもあまり意味はない可能性が高い。間接費をどう配賦するかという問題もこのケースでは大きい。このケースであれば、明らかに売上が少ないSKUを知るだけである程度適切な意思決定はできるかもしれない。

　それでも、業界の常識よりも細かい単位で利益管理を行うケースは存在する。例えば日本航空は、多くのエアラインが路線ごとに利益を見ているのに対し、機体ごとに利益を見ている。これは、過去の経営破綻から再生した教訓や当時の稲盛和夫会長のフィロソフィが反映されたものと言えるだろう。

◉─── プロフィットセンターか、コストセンターか

　一般的にはコストセンターとされる部門をあえてプロフィットセンターとすることがある。例えば広報部分や中央研究所などをプロフィットセンターとするなどだ。後者としては本田技研工業が、本田技術研究所を別会社としてプロフィットセンターとして扱ってきた例などが有名である。

　こうしたプロフィットセンター化にあたってよく用いられるのが**移転価格**の制度だ。移転価格は社内移転価格あるいは振替価格と呼ばれることもある。これはCASEにもあったように、たとえ同じ会社の中であっても、あたかも企業間で売上が発生したように管理会計上扱うことである。移転価格中心に売上が計上されるプロフィットセンターを**疑似プロフィットセンター**と呼ぶこともある。なお、ここでいう移転価格の制度は、36ページで説明した、グローバル企業の租税回避のためのスキームとは趣を異にするので注意されたい。

　広報部門であれば、各事業部から例えば売上の1％を移転価格としてもらい、広報部門の仮想の売上とする。そうすると、広報部門にも、「売上の1％を移転価格として取っている以上、その分のサービスを各事業部に提供し、かつ自部門も利益を出さなくては」という良い意味での緊張感が生じるのである。

　コストセンターは往々にして利益に関する執着が弱い。また、コストを管理されるとはいえ、216ページでも触れたように自分の仕事を減らされたくはないものだ。そこで予算策定段階で、本来は不要な費用も残そうとする傾向がある。そこをプロフィットセンター化することは、会社全体としてより利益に対するこだわりを持たせることにつながるのである。

　一方で、それに伴うデメリットやリスクもある。まず、移転価格の設定が難しい。先の広報の例であれば、仮に全社平均的には1％が妥当だとしても、部門によっては「1％も取られた割にそれに見合う便益（広報に係る社内サービス）を得られたとは思えない」という部署もあれば、「1％でこのくらい頑張ってくれたならお釣りがくる」と思う部署もあるだろう。そうした濃淡はどうしてもついてしまうのである。それが不平不満につながると、会社の雰囲気は悪くなる。

　移転価格が甘すぎたり厳しすぎたりして、モチベーションを削ぐケースもある。例えばある疑似プロフィットセンターが甘い移転価格で利益を出せることが確実な一方で、もともとのプロフィットセンターの利益が削られるとしたら、これも社内に不公平感を生む。逆に移転価格が厳しめに設定されているにもかかわらず、利益を出すことを強調されたら、部門としての士気は下がる。

「各事業部の売上の1％」といった大ざっぱなやり方ではなく、各プロフィットセンターとの「取引」ごとに価格をつけるという方法をとる場合もある。ただこれは煩雑さを増すし、価格の妥当性の問題は結局は残る。

　企業によっては移転価格を経営レベルで決めるのではなく、プロフィットセンター間で当事者に交渉させるケースもある。次ページのコラムで触れる京セラのアメーバ組織はその例だ。ただ、このようなやり方は往々にして部門の力関係が反映されがちとなるし、社内交渉というあまり生産的ではない業務に必要以上に時間をとられ、機会費用ばかりが増える可能性もある。

　結局、万人が納得する移転価格の手法は存在せず、どこかで妥協しなくてはならないのだが、その加減が非常に難しいのである。

　もともとコストセンターだった部門をプロフィットセンターとしたがゆえに全社的には好ましくない行動を誘発することもある。例えばある企業ではかつてコストセンターだったカスタマーサービス部門をプロフィットセンター化した。彼らにも利益に対する感覚を持ってもらおうという意図である。ところがカスタマーサービス部門は経営陣が意図しなかった行動に出た。「売上を上げないと利益が出せない」ということで、顧客に多少強引な営業をかけ、「サポートの押し売り」的な行動に出たのである。利益を求められた以上、当事者には妥当性の高い行動ではあったが、これは顧客の不興を買い、

顧客満足度を下げることにつながった。そのことに気がついた経営陣は、改めてカスタマーサービス部門をコストセンターに戻し、顧客満足度や対応時間といった他の大事なKPIを中心に評価することにしたのである。利益に対するこだわりは大切な一方で、戦略に沿わない行動を誘発したり、組織のベクトルがずれたりするような事態はやはり避けるべきだ。

コラム：京セラのアメーバ経営

　数人から50人程度の小組織（アメーバ）をプロフィットセンターとし、利益創出にこだわっているのが京セラである（厳密には、アメーバが責任を持つのは人件費控除前の利益であるが、実質的なプロフィットセンターといって良いだろう）。京セラのユニークな点は、バリューチェーン（特に製造工程）を細かく切り分けてそれぞれをプロフィットセンターとしている点だ。

　それぞれのアメーバ間で価格交渉を行わせている点もユニークである。例えば図表中の加工アメーバは、焼成アメーバからは安く買う交渉を行うとともに、営業アメーバには高く売る交渉を行うことになる。京セラでは「下工程には高く売る（高く売れるようなモノを提供する）」ことが推奨されている。これは創業者の稲盛和夫氏の「売上を極大に、経費を極小に」の哲学を反映したものになっている。

図表　京セラのアメーバ

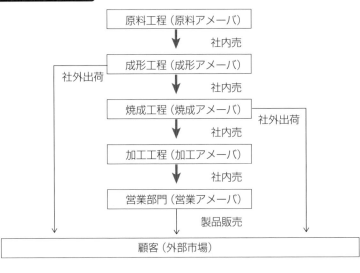

　アメーバのメリットとしては、ミニ経営者が育ちやすい、意思決定のスピードアップ、企業家精神や責任感、当事者意識の醸成などがある。また、多くの企業でありがちな「営業が安値で受注してしまう」という事態が起きにくいのも大事な点だ。通常、バリューチェーンを幅広く包含したプロフィットセンターは、営業が安値で受注したとしても、他の部署の努力でそれを打ち消すことができる。言い換えれば営業の怠慢がうやむやになってしまう。ところが京セラのアメーバでは、営業がうかつに安値で売ってしまうと、製造系のアメーバにはそれを考慮して安い移転価格を受け入れる義務はないので、当の営業アメーバだけが評価が下がってしまうのである。営業アメーバは、努力して高く売るか、製造アメーバに多少の安値を納得してもらうだけの数量を売らないといけない。こうしたアメーバごとの利益に対するこだわりが、全社としての利益率向上につながるのである。

　社内交渉の手間暇や、視野狭窄のリスク、協調的な態度を削ぐリスク等については、他の組織的施策や、リーダーやマネジャーの差配、京セラフィロソフィなどで解消するというのが同社のやり方だ。非常に高度な施策間のバランスが要求されるため、他企業がすぐに真似られるものではないが、日本を代表するユニークなやり方として知っておく価値はあるだろう。

2●業績評価

　人間は評価を気にして行動する動物である。適切に評価を行い、**報奨**（非金銭的なものも含む）を与えるからこそ、人は動機づけられ、スキル向上にも励むのである。評価報奨（評価報酬ということもあるが大差はない）は組織のあらゆる階層において重要であるが、本書ではプロフィットセンターのリーダーの評価を中心に議論を行う。なお、以降は、プロフィットセンターのリーダーという表現ではなく、多くの企業で最もその役割を果たしていることが多い**事業部長**という表現で議論を進める。

◉——— 評価対象となる利益

　プロフィットセンター（疑似プロフィットセンターを含む）を預かる事業部長の場合、評価において利益が重視されるのは当然のことである。事業部長の評価をどの利益レベルで行うかは企業の方針によるが、一般的には**図表4-23**に示した「事業部長業績1」の**貢献利益**のレベル、あるいは本社間接費も配賦後の「事業部長業績2」の間接費配賦後貢献利益のレベルで行うことが多い。

図表4-23　責任会計における典型的な事業部長評価

項目	事業部A	事業部B	事業部C	…	本社	全社	
売上高（社外）	aaaaaa	bbbbbb				zzzzzz	
売上高（移転価格）			cccccc				
変動費	aaaaaa	bbbbbb	cccccc		yyyyyy	zzzzzz	
限界利益	aaaaaa	bbbbbb	cccccc			zzzzzz	
管理可能費	aaaaaa	bbbbbb	cccccc		yyyyyy	zzzzzz	
貢献利益	aaaaaa	bbbbbb	cccccc			zzzzzz	事業部長業績1
本社間接費配賦	aaaaaa	bbbbbb	cccccc			zzzzzz	
間接費配賦後貢献利益	aaaaaa	bbbbbb	cccccc			zzzzzz	事業部長業績2
管理不能費	aaaaaa	bbbbbb	cccccc		yyyyyy	zzzzzz	
事業部利益	aaaaaa	bbbbbb	cccccc			zzzzzz	事業部業績
本社間接費非配賦					yyyyyy	zzzzzz	
最終利益						zzzzzz	全社業績（経営者業績）

※1　移転価格は支払側の事業部にとって、変動費的な場合もあれば管理可能費となることもある。また、全社で総計を出す場合、移転価格の収入と費用は相殺されるので、その分は差し引いて合計額を見せる。

※2　貢献利益（コントリビューション）は、限界利益を指すこともあれば、本図表のように直接的な管理可能費を差し引いた額を指すこともあるので、社内での定義には注意する必要がある。

　なお、図表4-23ではA事業部とB事業部は典型的なプロフィットセンター、C事業部は移転価格で仮想的に収入を得る疑似プロフィットセンターをイメージしている。

　責任会計の観点からは、本来、事業部長に管理できない費用については問わないのが筋とも言えるが、企業によっては緊張感を持たせるべく、管理不能な費用も差し引いた事業部利益で事業部長を評価することもある。管理不能とはいえ、実際に費用が生じたのは事実であるため、それはそれとして評価にも組み込むべきという発想である。

　さて、先の「事業部長業績2」、すなわち本社間接費配賦後の貢献利益で事業部長を評価する際は、ABCのパートでも触れた間接費の配賦が課題として生じてくる。よくあるのは売上や直接費（変動費＋管理可能費）、あるいは人員数に比例させて配賦する方法であるが、これはどんぶり勘定になってしまい、不公平感を生む可能性がある。例えば売上は小さいものの収益性が高いコンサルティング事業と、薄利多売の製品製造販

売部門がある場合、売上に比例させて本社間接費を配賦すると、過度に製品製造販売部門が負担を負うことになり、不満が生じるのだ。

　理想論でいえば、こうした不満を最小限にするために、ABCの考え方を応用・援用した手法を用いて「各事業部が得た便益」に応じてきめ細かく本社間接費を配賦できるといいのだが、通常、評価だけのためにここまで行っている企業は少ない。人事部や総務部の間接費に関しては人数比例（一人ひとりの社員が同じ便益を得ていると仮定）、財務部の費用については売上や粗利に比例させるなどの工夫を行っている企業もあるが、必ずしも多数派ではない。

　何事にも言えることだが、物事は正確さを追うほど実費としての費用や機会費用が生じる。正確さをいたずらに追い求めるのではなく、皆が「それならまあいいか」と思える最大公約数的な妥協点を模索することが必要だ。

　なお、本社間接費の配賦とは多少意味合いが異なるが、社内金利を差し引く企業もある。社内金利とは、事業部が使用している資本に応じて、本社があたかも銀行のように金利を移転価格的に徴収する制度である。事業部長に資本コストの感覚を持たせるための制度である。229ページで解説したEVAの発想に近い部分がある。社内金利は理想的には各事業のリスクを反映した事業ごとのWACCを用いるほうが良いだろうが、簡便的に一律とするケースも多い。

●──── 配賦する本社間接費としない間接費

　本社の間接費を配賦する場合、配賦対象となりやすい費用は、人事、経理、総務、ITシステムといった社内サービスの費用である。それに対し、CEOやCOOの人件費、あるいは中央研究所の開発費など、特定の事業部に紐づけることが難しい費用は非配賦とするケースが多い。

　ただ、どこまでの本社間接費を事業部に配賦するかは会社のポリシーによって千差万別である。例えば欧州企業のABBは、人事や経理などの費用はもちろん、先端開発の研究費のような、既存の事業部と紐づけることが難しい費用についてもルールを決めてすべて配賦するという方針をとっている。これは、それぞれの事業部が間接費配賦後の段階で利益をしっかり出さないと、全社的にも赤字になるという意識を強く植え付けるためである。

　一方で、本社の間接費をまったく配賦しない企業もある。本社間接費の比率が多い場合はこれは問題だが、それが全費用の5、6％程度であれば、へたに配賦して不公平感を持たれるよりも、あえて配賦をせず、事業そのものの収益性で事業部長を評価しようという発想である。事業部の利益はしっかり目標設定しつつ、本社経費については一定

のレベル内に抑えるという方法である。このやり方を採用している企業は多い。

●──── その他の評価項目

　事業部長やさらにそれを束ねるカンパニー長は当然、財務上の利益が評価の大きな部分を占めるが、もちろん評価項目はそれだけではない。成長ステージの事業であれば、利益よりも売上高成長率や市場シェアなどがより重視されるだろう。顧客満足度やNPS（ネット・プロモーター・スコア）が重視される事業もあるかもしれないし、ビジネスによっては事故件数や納期遵守率などが重要なKPIとなるかもしれない。

　事業部長やカンパニー長は、数字という結果で評価されるが、定性面の評価も大切だ。例えばリーダーシップの発揮度合い、部下の育成力、重要なステークホルダーとの関係維持、SDGsへの取り組み、良き組織文化の維持醸成などだ。これらのバランスをどう考えるかは会社の方針次第だが、利益にどん欲な会社ほど定量面、特に利益の比重が大きくなる傾向がある。

●──── 評価のタイミング

　翌年の報奨決定につながるような評価（事業部長のみならず、それ以下の階層も同様）は、通常1年というマネジメントサイクルで行われる。ただし、年度末にいきなりそうした評価を行うと、本人の期待値と上長の評価のギャップが大きくなり、トラブルを招く可能性がある。それゆえ多くの企業では四半期でMBOを行うなどして、きめ細かく評価を行い、期待値とのギャップを埋めるようにしている。公式のMBOの場のみではなく、適宜ワン・オン・ワン・ミーティングなどでフィードバックを行うのは有効である。

　なお、評価の目的には能力開発のみならず、PDCAを回すこと、適切な報奨とリンクした動機づけ、企業の戦略へのコミットメントなど、多くのものがあることを忘れてはならない。以下、金銭的支出（最終的な財務指標）とも大きく関連する、報奨の制度について述べる。いうまでもなく、これらは人事施策と非常に大きな関係性を持つ。通常は経営会議の場などでその方針が決められることが多い。

●──── 報奨

　評価と表裏一体で検討する必要があるのが報奨だ。報奨には金銭的なものと非金銭的なものがある。また、金銭的なものの中でも組み合わせは多様だ。これらに関する絶対解はなく、その会社の経営理念や戦略に加え、業界の相場観、他の社員に対するメッセージ性などを加味して多面的観点から決定することになる。

　以下では、非金銭的な報奨（称賛や自己実現の場の提供、権利の付与など）ではなく、企業の財務面にも影響を与える金銭的（経済的）な報奨について述べる。金銭的な報奨には以下のものがある。

● **給与**

　毎月支払われる給与のことである。基本給と手当からなる。手当には、地域手当、通勤手当、資格手当などがある。基本給は通常は1年に1度改定する。かつては日本では年功給的要素が強かったが、近年では日本でも実績に応じた成果給的色彩が強まっている。特に事業部長クラスになると成果給の占める比率は一気に上がる。

● **賞与**

　通常、年に2回支払われるボーナスのことである。給与に比べると毎年の企業業績の結果を反映して変動させやすい。日本企業では、特に一般の従業員や課長クラスの管理職においては、賞与も生活給として大きくは変動させない傾向があるが、事業部長クラスになると業績によって大きく変動させることも多い。

　企業によっては、賞与に**プロフィットシェア**の要素を入れることもある（あるいは、通常の賞与とは別に、年度末にプロフィットシェアの賞与を設けるケースもある）。プロフィットシェアとは、税引前の利益額に応じて、その企業が定めたルールのもと、従業員に金銭を与えることである。例えば税引前利益の30%は執行役員以下の従業員に還元するなどである。

● **福利厚生**

　福利厚生は非金銭的な報奨に含めることもあるが、ここでは金銭的な報奨として扱う。典型的なものとしては、住宅補助や社宅、学習補助（MBA等への派遣留学なども含む）、年金、社員旅行、サバティカル休暇（一定の資格者に与えられる長期休暇）などがある。複数の福利厚生から従業員が好きな組み合わせを選ぶことのできる方法をカフェテリアプランという。

　福利厚生は**法定福利厚生費**と**法定外福利厚生費**に分けることもできる。法定福利厚生費のほとんどを占めるのは健康保険、介護保険、厚生年金保険であるが、これは右肩上がりに増えており、今後も増加が見込まれている。それに対して、企業が独自に行っている法定外の福利厚生にかける費用はトータルとしては減少傾向にあり、今後もその傾向が続く見込みである。

● 株式報酬

　欧米などで先行して用いられていたのが株式報酬である。特に導入が進んでいるのが米国で、大企業の経営者レベルでは報奨の半分以上を占めている。日本でも最近導入する企業が増えている。株式報酬は、経営陣はもちろん、従業員が中長期的に企業を発展させるインセンティブになるとされる。また株主と同じ視点を持てることで**ガバナンス**強化につながることも期待される（株式を付与された人間は議決権も持つため、株主総会にも参加できる）。一方で、株価の値上がりが期待できない時にはインセンティブとして働きにくい、景気や株式相場の過熱感などの外部環境に左右されやすく運の要素が強いといった弱点もある。

　株式報酬は単純に株式の購入権を与えるものもあるが、譲渡制限などの条件が加わったやや複雑なものもある。以下、代表的な株式報酬について紹介する。

・ストックオプション

　ストックオプションとは、経営陣や従業員が、自社の株式をあらかじめ定められた価格で取得できる権利のことである。付与された従業員は、権利行使価格と株価上昇分の価格との差を利益として得られる。株式公開をすれば一気に株価が上がるベンチャー企業で多用される。権利を付与された従業員が株価の上昇によって利益を得られる可能性がある一方で、付与されていない従業員が不公平感を抱きやすいというデメリットもある。また、ストックオプションの行使によって、報酬を手にした従業員の早期退職を促すリスクもある。

・譲渡制限付株式報酬（RS）

　一定の勤務期間を経過しないと譲渡できない条件が付いた株式のこと。期間前に退職した場合、株式は会社に売る必要がある。ただし保有期間は議決権を持ち、また配当も得られる。人材の流出防止効果を強く意識した方法である。

・業績連動型株式（PS）

　一定期間経過後の業績目標の達成度合いに応じて譲渡制限が解除される株式のこと。業績達成に向けての動機づけを強く意識している。

◉──── 報奨における検討項目

　従業員への報奨を決める場合、以下のことを勘案する必要性がある。

● 評価との整合

　当然ながら、高い評価（翌年度以降の期待も含む）を得た従業員が高い報奨を受け取るのが理想である。ただし現実には、あまりパフォーマンスを出していなくても高給をとるベテラン社員がいるといった職場は少なくない。一度上げた報奨（特に固定給）は下げにくいという問題もある。パフォーマンスやその評価に応じ、どの程度報奨やその増減にメリハリをつけるかは、人事戦略としても非常に難しい課題である。

● 報奨項目の組み合わせ

　報奨は従業員にとっては収入であるが、企業にとってはコストである。それゆえ、どの組み合わせでどの程度の人件費を出せば動機づけにつながり、企業の中長期的な利益が最大化するかを検討する必要がある。ベンチャー企業でストックオプションが多用されるのは、現金支出がなく、かつ動機づけにつながるからである。そうした工夫も必要だ。また、金銭的報奨には原資が必要であるが、非金銭的報奨にはそれが必要ない。それゆえ、それをバランスよく与えることも必要となる。やりがいのある仕事の付与などといった、現場でのマネジメントが非常に重要だ。

● 人材の維持と獲得への影響

　人材の流動性が高まっている昨今、報奨の水準次第で優秀な人材を維持したり、獲得できたりする可能性が変わってくる。企業の競争力の源泉は人材である。原資との相談となるが、競争力のある報奨水準は目指したい。

　国によって異なる相場観を踏まえ、どうやって優秀な外国人スタッフ（特に事業部長やカンパニーリーダークラス）を獲得・維持するかは重要な課題である。海外のほうが人材の流動性が一般的には高いという事情もこの問題を難しいものにしている。

コラム：グローバル企業の管理会計制度と情報システムのあり方

　企業活動の地理的な範囲が拡大すればするほど、グループガバナンスを強化し、いかにグループ会社を管理するかが親会社の重要な経営課題となる。特に海外のグループ会社については、国内会社と同様に月次で損益計算書を中心に経営情報を収集してはいるものの、事業の状況を正確に把握できているとはいえず、またタイムリーかつ精緻な情報に基づいたグループとしての経営判断ができていないケースが多い。

　そのような企業では、多くの経理財務担当者が「グループ会社の経理部、財務部、経理企画部、あるいは経理シェアードサービスセンター等、どこで（誰が）どのよ

うな情報を持っているかが把握できていない」、「モニタリングとは言っても表計算ツールによる月次残高ベースでの情報収集に留まっており、購買、在庫、生産、販売、回収など事業別の詳細な活動状況までは把握できていない」といった悩みを抱えている。

　企業活動の拡大、複雑化に伴い、グループの管理会計制度も見直され、月次財務諸表数値の背景にある事業活動を示す情報の一元管理とタイムリーな可視化が実現されなければならない。しかしながら実際には、情報システムの対応の遅れがネックとなって管理会計制度の成長が阻害されることがよくある。今後企業活動のグローバル化・複雑化は一層加速すると考えられるが、企業の持続的成長を支えるためには、管理会計制度とそれを実現する情報システムの継続的な見直しが不可欠である。

　グローバル企業の代表的な事業運営パターンを整理すると、大きく以下の3パターンに分類できるが、親会社が管理すべき情報や、グループ経営管理上必要なシステム構成はそれぞれ異なる。管理会計制度と情報システムの見直しにあたっては、親会社として目指す事業運営のスタイルを明確にし、これと整合させる必要がある。

● **事業運営パターン別の情報管理のあり方**
　①**グローバル統合型**
　本社主導の経営管理をグローバルレベルで行う方式。このようなグループではグローバルレベルで業務・システムの集約、統一を推進する。外資系企業、オーナー型企業などに多く見られる（**図表1**）。

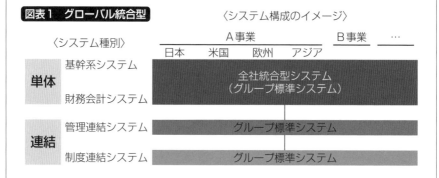

図表1　グローバル統合型　　　　〈システム構成のイメージ〉

　②**連邦制型**
セグメント（地域や事業など）別に統括会社を設定し、統括会社を中心にグルー

プを編成してガバナンスを効かせる方式。経営環境の変化による業務等の変更には
セグメント単位で柔軟に対応する。日本企業に多く見られる（**図表2**）。

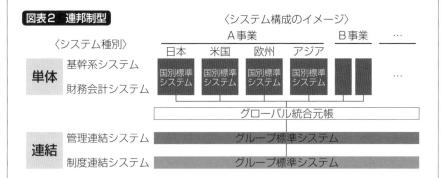

図表2 連邦制型

〈システム構成のイメージ〉

③投資志向型

　基本的な経営管理は各拠点のグループ会社等に委ねつつ、親会社では各社への投
資判断に必要な情報のみ収集し、買収、売却を重ねる。金融機関、投資会社が採用
するパターン（**図表3**）。

　グローバルでの経営情報（販売数量等の非財務数値を含む）の可視化を目的とす
るのであれば、業務や情報システムをグローバルで統合しなくとも、親会社が管理
すべき情報を定義し、例えば以下のような施策を講じて必要なデータを収集可能な
基盤を作ることでも対応することはできる。

　・マスター、コード体系（勘定科目、取引先、製品、組織等）の標準化
　・データ収集ツールのフォーマットの標準化

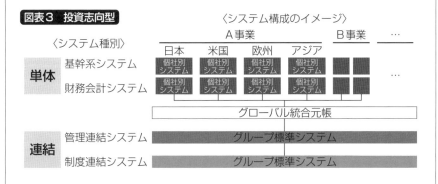

図表3 投資志向型

〈システム構成のイメージ〉

　一方で、情報の可視化に加え、グローバルレベルでのタイムリーな製販調整、業務プロセスや各種ルールの標準化、業務集約化によるコスト削減等も目的とする場合は、グローバルで情報システムの統合を図ることで大きな効果が期待できる。親会社は、現在及び将来の経営環境を分析・考察して事業戦略を定め、これを実現するために最適な事業運営パターンを選択し、最適な管理会計制度とITに求める要件を明確にしたうえで、これからのグループにとって必要な情報システム基盤を整備してゆくアプローチをとることが望ましい。

◉ 参考文献

■財務会計

桜井久勝著『財務諸表分析（第8版）』中央経済社、2020年

吉田有輝著『決算書の読み方 最強の教科書 決算情報からファクトを掴む技術』ソシム、2020年

佐伯良隆著『会計超入門！　知識ゼロでも2時間で決算書が読めるようになる！　改訂版』高橋
　　書店、2018年

秋葉賢一著『エッセンシャルIFRS 第6版』中央経済社、2018年

成道秀雄監修、坂本雅士編著『現代税務会計論 第4版』中央経済社、2021年

グロービス著、溝口聖規執筆『[ポケットMBA] 財務諸表分析 ゼロからわかる読み方・活かし
　　方』PHPビジネス新書、2018年

日本取引所グループ「IFRS（国際財務報告基準）への対応」（https://www.jpx.co.jp/equities/
　　improvements/ifrs/02.html）

財務省「法人税など（法人課税）に関する資料―諸外国における法人実効税率の国際間比較」
　　（https://www.mof.go.jp/tax_policy/summary/itn_comparison/j03.htm）

国税庁「税源浸食と利益移転（BEPS: Base Erosion and Profit Shifting）への取り組みについ
　　て―BEPSプロジェクト―」（https://www.nta.go.jp/taxes/shiraberu/kokusai/beps/index.
　　htm）

M＆Aオンライン「メルカリを『会計的思考』からひも解く」https://maonline.jp/articles/
　　mercari20180704?page=3

■管理会計

日本公認会計士協会／企業会計基準委員会共編『会計監査六法』日本公認会計士協会、2022年

岡本清著『原価計算（六訂版）』国元書房、2000年

櫻井通晴著『管理会計〔第七版〕』同文舘出版、2019年

高田直芳著『決定版 ほんとうにわかる管理会計&戦略会計』PHP研究所、2004年

駒井伸俊著『基本も実務知識もこれ1冊で！ 管理会計本格入門』ソシム、2021年

グロービス経営大学院編著『グロービスMBAミドルマネジメント』ダイヤモンド社、2021年

グロービス著『KPI大全―重要経営指標100の読み方&使い方』東洋経済新報社、2020年

KPMG FAS、あずさ監査法人編集『ROIC経営 稼ぐ力の創造と戦略的対話』日本経済新聞出版、
　　2017年

ロバート・S・キャプラン、デビッド・P・ノートン著、櫻井通晴訳『キャプランとノートンの
　　戦略バランスト・スコアカード』東洋経済新報社、2001年

ロバート・S・キャプラン、デビッド・P・ノートン著、櫻井通晴、伊藤和憲、長谷川惠一監
　　訳『戦略マップ［復刻版］―バランスト・スコアカードによる戦略策定・実行フレームワ
　　ーク』東洋経済新報社、2014年

稲盛和夫著『アメーバ経営』日本経済新聞出版、2010年

ロバート・サイモンズ著、伊藤邦雄監訳『戦略評価の経営学―戦略の実行を支える業績評価と
　　会計システム』ダイヤモンド社、2003年

◉ 索引

執筆者紹介

【第1章担当】
大山みのり（おおやま・みのり）

オックスフォード大学サイード・ビジネス・スクール経営学修士課程（MBA）修了。公認会計士。中央青山監査法人にて監査業務従事後、PwCアドバイザリー合同会社ディールズ部門にて国際案件のM&A統合支援業務に従事。その後、大山みのり公認会計士事務所を開設。グロービス経営大学院教員。

井上智映子（いのうえ・ちえこ）

大学卒業後、大手通信会社でIRに従事。その後メガバンクで非日系案件審査、ベンチャー企業の資金調達マネジャーを経て、グロービスへ入社。アカウンティング領域リーダーとしてコンテンツや新規デジタルプロダクトの開発をリード。ベンチャー企業の社外取締役やNPO法人の監事も務める。グロービス経営大学院教員。

東樹敏明（とうじゅ・としあき）

大学卒業後、国際電信電話（現KDDI）株式会社に入社。海外現法での新規事業立上げ、海外現法の業績管理等を担当。その後、ベンチャー企業を経てグロービスへ入社。現在は、人材育成・組織開発コンサルティングに加え、アカウンティング領域のコンテンツ開発／講師育成を担う。また、ベンチャー企業の財務アドバイザーやNPO法人の監事も務める。

【第2章・第3章担当】
溝口聖規（みぞぐち・まさき）

大学卒業後、大手監査法人にて会計監査業務等に従事。その後、溝口公認会計士事務所を開設。現在は、管理会計、株式公開、内部統制、企業価値評価等に関するコンサルティング業務に従事。グロービス経営大学院教員。上場企業の社外取締役も務める。公認会計士／証券アナリスト／公認内部監査人／地方監査会計技術者。

【第4章担当】
嶋田毅（しまだ・つよし）

東京大学理学部卒業、同大学院理学系研究科修士課程修了。戦略系コンサルティングファーム、外資系メーカーを経てグロービスに入社。累計160万部を超えるベストセラー「グロービスMBAシリーズ」のプロデューサーを務める。著書に『KPI大全』（東洋経済新報社）、『グロービスMBAミドルマネジメント』（ダイヤモンド社）他、多数の共著書、共訳書がある。グロービス経営大学院教員。

【コラム執筆】
嘉鳥昇、熊倉彰宏、堤あづさ、平川理恵
（有限責任 あずさ監査法人）

【企画・執筆協力】
大島一樹（グロービス出版局）

■改訂3版（2008年8月）
監修・執筆　西山茂
構成・執筆　嶋田毅
執筆　青山剛　陶久季彦

■新版（2004年2月発行）
監修・執筆　西山茂
構成・執筆　嶋田毅
執筆　青山剛

■初版（1996年6月発行）
監修・執筆　西山茂
執筆　グロービス・アカウンティング研究会およびアドバイザー
　　渡辺博文、池谷裕之、鈴木　一、林　朋文、宮林葉子、吉安典子、大瀧直子
　　平林信隆、藤井純一、森　正人

【編著者紹介】

グロービス経営大学院

社会に創造と変革をもたらすビジネスリーダーを育成するとともに、グロービス
の各活動を通じて蓄積した知見に基づいた、実践的な経営ノウハウの研究・開
発・発信を行っている。
- ●日本語（東京、大阪、名古屋、仙台、福岡、オンライン）
- ●英語（東京、オンライン）

グロービスには以下の事業がある。(https://www.globis.co.jp)
- ●グロービス・エグゼクティブ・スクール
- ●グロービス・マネジメント・スクール
- ●企業内研修／法人向け人材育成サービス
  （日本、中国、シンガポール、タイ、米国、欧州）
- ●GLOBIS 学び放題／GLOBIS Unlimited（定額制動画学習サービス）
- ●出版／電子出版
- ●GLOBIS 知見録／GLOBIS Insights（オウンドメディア）
- ●グロービス・キャピタル・パートナーズ（ベンチャーキャピタル事業）

その他の事業：
- ●一般社団法人G1（カンファレンス運営）
- ●一般財団法人KIBOW（インパクト投資、被災地支援）
- ●株式会社茨城ロボッツ・スポーツエンターテインメント（プロバスケットボ
  ールチーム運営）

［改訂4版］グロービスMBAアカウンティング

2022年9月27日　第1刷発行

グロービス経営大学院　編著

©2022 Graduate School of Management, GLOBIS University

発行所　ダイヤモンド社
郵便番号　　　　　　150-8409
東京都渋谷区神宮前6-12-17
編　集　03(5778)7228
販　売　03(5778)7240
https://dhbr.diamond.jp

編集担当／DIAMONDハーバード・ビジネス・レビュー編集部
校正／加藤義廣（小柳商店）
製作進行／ダイヤモンド・グラフィック社
印刷／加藤文明社
製本／ブックアート

ISBN 978-4-478-11672-2　Printed in Japan

グロービス○読み継がれてきた"定評の書"を大改訂
MBAマーケティング 改訂4版
グロービス経営大学院 編著

グロービス○文章で人とビジネスを動かす
MBAビジネス・ライティング
嶋田 毅 監修　**グロービス経営大学院** 著

グロービス○グランド・デザイン構築の鍵
MBA経営戦略 新版
グロービス経営大学院 編著

グロービス○代表的な戦略理論を網羅
MBA事業戦略
相葉 宏二　**グロービス経営大学院** 編

グロービス○ビジネスを創造する力
MBA事業開発マネジメント
堀 義人 監修　**グロービス経営大学院** 編著

グロービス○プロフェッショナル化の時代に対応する
MBA組織と人材マネジメント
佐藤 剛 監修　**グロービス経営大学院** 著

○意思決定の質とスピードを高める！
MBA定量分析と意思決定
嶋田 毅 監修　**グロービス・マネジメント・インスティテュート** 編著

○業務連鎖の視点で生産性を向上させる！
MBAオペレーション戦略
遠藤 功 監修　**グロービス・マネジメント・インスティテュート** 編

○戦略的思考を鍛え、行動に活かせ！
MBAゲーム理論
鈴木 一功 監修　**グロービス・マネジメント・インスティテュート** 編

ダイヤモンド社

Harvard Business Review

DIAMOND ハーバード・ビジネス・レビュー

［世界50カ国以上の
ビジネス・リーダーが
読んでいる］

世界最高峰のビジネススクール、ハーバード・ビジネス・スクールが
発行する『Harvard Business Review』と全面提携。
「最新の経営戦略」や「実践的なケーススタディ」など
グローバル時代の知識と知恵を提供する総合マネジメント誌です

毎月10日発売／定価2100円（本体1909円＋税10%）

本誌ならではの豪華執筆陣
最新論考がいち早く読める

◎マネジャー必読の大家

"競争戦略"から"CSV"へ
マイケル E. ポーター

"イノベーションのジレンマ"の
クレイトン M. クリステンセン

"ブルー・オーシャン戦略"の
W. チャン・キム＋レネ・モボルニュ

"リーダーシップ論"の
ジョン P. コッター

"コア・コンピタンス経営"の
ゲイリー・ハメル

"戦略的マーケティング"の
フィリップ・コトラー

"マーケティングの父"
セオドア・レビット

"プロフェッショナル・マネジャー"の行動原理
ピーター F. ドラッカー

◎いま注目される論者

"リバース・イノベーション"の
ビジャイ・ゴビンダラジャン

"ライフ・シフト"の
リンダ・グラットン

日本独自のコンテンツも注目！